OEUVRES
COMPLÈTES
D'ÉTIENNE JOUY.

TOME XV.

ON SOUSCRIT A PARIS:

Chez JULES DIDOT AÎNÉ, rue du Pont-de-Lodi, n° 6;
BOSSANGE père, rue de Richelieu, n° 60;
PILLET AÎNÉ, imprimeur-libraire, rue Christine, n° 5;
AIMÉ-ANDRÉ, quai des Augustins, n° 59;
Et chez L'AUTEUR, rue des Trois-Frères, n° 11.

ŒUVRES

COMPLÈTES

D'ÉTIENNE JOUY,

DE L'ACADEMIE FRANÇAISE;

AVEC DES ÉCLAIRCISSEMENTS ET DES NOTES.

Essais sur les mœurs.

TOME XV.

PARIS

IMPRIMERIE DE JULES DIDOT AINÉ,
RUE DU PONT-DE-LODI, N° 6.

1823.

OBSERVATIONS

SUR

LES MOEURS FRANÇAISES

AU COMMENCEMENT DU 19ᵉ SIÈCLE.

VOLUME XV.

PRÉFACE
DE L'ERMITE EN PRISON.

MES PROCÈS.

Il n'est point permis à l'écrivain qui se voue à la défense des vérités, de la morale, et des principes de la liberté publique, de passer inaperçu au milieu des troubles civils; il a pour ennemis naturels tous ceux qui s'agitent dans l'ombre qu'il éclaire, tous ceux qui vivent des préjugés qu'il attaque, tous ceux qui profitent des crimes qu'il dénonce : sans doute il doit se trouver trop heureux, après avoir soutenu pendant vingt-cinq ans cette lutte inégale de la raison contre cette foule d'intérêts et de passions que sa voix effraie, de ne figurer en définitive, dans la plainte commune, que pour une année d'exil volontaire, et quelques mois de détention dans les prisons d'Amiens, du *Bon-Fils* à Lille, et dans celle de Sainte-Pélagie à Paris.

S'il est vrai qu'au milieu de tant de victimes innocentes, que je vis tomber autour de moi, je fus souvent exposé au péril qui les menaçait; si je me vis, sous les cinq ou six régimes où j'ai vécu, appelé à la barre des tribunaux, je triomphai du moins des plus graves accusations qui tombèrent sur moi des sommités sociales, et je n'expiai le courage de ne jamais trahir ma pensée, de ne jamais transiger avec ma conscience, que par des inquiétudes personnelles, des sacrifices de fortune, et des emprisonnements dont le souvenir n'a rien de pénible pour moi.

Les oscillations révolutionnaires m'ont porté d'un tribunal à un autre, toujours innocent et coupable tout à-la-fois : tant la politique, étrangère à la morale, a perverti dans tous les temps les idées du juste et de l'injuste ! Ce serait une histoire bien philosophique et bien curieuse que celle des tribunaux en France, à toutes les époques de nos annales : opinions variables d'une session à l'autre; jugements en sens divers sur le même fait; arrêts de la même cour qui se détruisent mutuellement; sentences qui noircissent, sentences qui blanchissent tour-à-tour les mêmes actions : jamais plus de preuves n'ont attesté la légèreté cruelle de cette Thémis bigarrée, dont la bouche a si long-temps soufflé le froid et le chaud. Vertueux sous la monarchie, coupable sous la république, innocent sous le directoire, criminel sous l'empire, le même fait et le même homme ont été qualifiés de vingt manières différentes, et toujours légales: quelle peut être la moralité des peuples quand l'immoralité est vivante dans leurs lois?

Peut-être puis-je dire avec plus d'exactitude que Beaumarchais: *Ma vie a été un combat.* Jeté l'épée à la main, et presque au sortir de l'enfance, sur des rives étrangères, la guerre où s'écoula ma première jeunesse m'entoura de moins grands périls, au milieu des peuples barbares de l'Amérique et de l'Asie, qu'au sein de ma patrie, à la défense de laquelle j'étais accouru.

A la suite d'un premier procès devant le tribunal révolutionnaire de Paris, à la justice duquel je fus assez heureux pour me dérober par la fuite, je me vis condamner à mort, c'est-à-dire à errer, jusqu'à la condamnation de mes juges, dans les montagnes inhospitalières de la Suisse.

Ramené sous les drapeaux de la France par

la chute de Robespierre, j'y fus atteint de nouveau, comme complice de Pitt et Cobourg, et jeté préalablement dans un cachot à Lille, où l'on m'oublia pendant quelques mois : je n'ai jamais bien su par quel ordre j'avais été mis en prison, et je ne sais pas encore par quel ordre j'en suis sorti. Quoi qu'il en soit, j'avais acquitté, comme soldat, ma dette envers la patrie; mon sang avait coulé sur plusieurs champs de bataille; je demandai ma retraite, je l'obtins, et je me mis en devoir de défendre, la plume à la main, la cause sainte de la patrie et de la liberté pour laquelle j'avais combattu.

Un homme de génie, à qui il ne manqua, pour être plus grand que sa fortune, que de savoir dédaigner l'appareil de la puissance et les ressources du despotisme, releva sur des trophées le trône où il se plaça lui-même. Il savait que l'emploi des formes légales dans les actes illégaux est une des plus odieuses maladresses dont le pouvoir puisse se rendre coupable envers lui-même; aussi ne chargea-t-il pas les tribunaux de le venger des écrivains assez téméraires pour lui demander compte de l'autorité sans bornes qu'il exerçait : il respectait assez les lois pour ne point y chercher une excuse ou un prétexte à sa volonté. C'était bien entendre le despotisme. Quand le pouvoir se montre cauteleux, inquiet et cruel, il témoigne de son impuissance, et cette découverte annonce toujours le triomphe d'une faction; c'est un des principes de tyrannie que Machiavel a commenté avec le plus de talent. Napoléon punit arbitrairement par l'exil un écrivain célèbre qu'il redoutait; mais en général, loin de persécuter les gens de lettres, il ne fut occupé qu'à les séduire : quelques uns échappèrent à ses faveurs, et ne dissimulèrent pas assez peut-être le peu de prix qu'ils y attachaient. Napoléon, qui eût puni une insulte directe, ne s'offensa point des allusions, quelquefois très frappantes, que renfermaient les écrits de ceux qu'il appelait dédaigneusement ses ennemis, et le courageux auteur du bon petit roi d'*Yvetot* fit impunément chanter à toute la France la satire indirecte du monarque tout-puissant qui régnait sur elle et sur l'Europe.

On m'avait faussement attribué des couplets satiriques sur la naissance du roi de Rome; M. Pasquier, alors préfet de police, avant d'exécuter l'ordre qu'il avait reçu de me faire arrêter, crut devoir prendre des informations qui me justifièrent pleinement, sans néanmoins détruire les préventions défavorables que l'empereur nourrissait contre moi : je ne desirais pas l'en faire revenir; il le savait, et ne me persécuta pas.

Un grand destin était achevé, et la France, dans une paix qu'elle payait peut-être un peu cher, jouissait des bienfaits de la restauration, et se consolait de la perte de sa gloire par l'espoir de la liberté, que lui garantissait enfin la Charte constitutionnelle. La liberté de la presse nous était rendue : cette époque devait être l'âge d'or des gens de lettres; la politique en décida autrement pour quelques uns.

La municipalité de Toulon crut trouver dans un de mes ouvrages [1] une allégation défavorable à son patriotisme. Traduit devant une cour d'assises, j'y fus absous tout d'une voix du crime d'avoir mal parlé de l'Angleterre, et d'avoir posé en principe qu'aucune circonstance ne saurait justifier la conduite de magistrats qui livrent à l'ennemi la cité

[1] Voyez le IXe volume de l'*Essai sur les mœurs*, IIe de l'*Ermite en province*, L'INVALIDE, pag. 390 et suiv.

dont ils doivent compte à la patrie qui leur en a confié la garde.

La fondation d'un journal (le Miroir) auquel je coopérais devint une nouvelle source de querelles judiciaires : la susceptibilité ministérielle crut devoir prendre sous sa protection spéciale tous les ridicules que l'on attaquait dans cette feuille. Après en avoir déféré trois fois sans succès les auteurs aux tribunaux, la police prit le parti de supprimer le journal importun. Cette massue du pouvoir levée contre des épigrammes, cet appareil de justice déployé dans une occasion si puérile, n'eut cette fois d'autre résultat que de ruiner un libraire et d'amuser un public oisif.

Je fus moins heureux dans le procès qui me fut intenté à propos d'une notice sur les frères Faucher, insérée dans la nouvelle Biographie des contemporains. En réparation de ce délit, dont mes lecteurs vont être à même de juger la gravité, on m'envoya méditer pendant un mois, sous les verrous d'une prison, sur le sort des écrivains philosophes. Cherchant à faire entendre au milieu des partis le langage de la raison et de la vérité, j'en sortis convaincu qu'une justice errante au gré du pouvoir les absout ou les condamne, et que c'est à leur seule conscience qu'ils doivent en appeler pour casser ou sanctionner des arrêts mobiles, presque toujours dictés par les passions des hommes.

Un livre tire quelquefois son plus grand intérêt et sa plus grande utilité des circonstances qui l'ont fait naître : celui que je publie est incontestablement de ce nombre. Quelque opinion que l'on puisse avoir du corps de l'ouvrage, on me saura gré du moins d'une introduction qui contient deux plaidoyers que M. Dupin prononça pour ma défense, et dans lesquels le plus célèbre de nos avocats traite, avec cette supériorité, cette indépendance de talent qu'on lui connaît, les questions politiques de la plus haute importance[1].

[1] Le public qui a déjà si favorablement accueilli cet ouvrage, sous le double titre des *Ermites en prison* et des *Ermites en liberté*, ne trouvera pas dans cette nouvelle publication les excellents articles de mon honorable ami M. Jay, qui fut en même temps mon compagnon de prison et mon collaborateur à Sainte-Pélagie ; j'ai dû me borner à recueillir dans mes œuvres ce qui m'appartenait exclusivement dans ce travail commun.

PRÉLIMINAIRE.

Un procès en diffamation, intenté à un écrivain par quelques officiers municipaux; un procès où toutes les formes de la justice ont été remplies, et qu'un arrêt équitable a terminé, peut encore être mis sous les yeux du public avec quelque intérêt, quand d'une cause particulière un orateur éloquent, un jurisconsulte habile, a fait ressortir des principes d'un ordre supérieur, et des vérités politiques d'une application générale : mais si, dans une question soumise aux tribunaux, des écrivains de parti ont osé prendre une criminelle initiative; si, au mépris de la chose jugée, ils n'ont pas craint de déclarer coupable celui dont la loi proclamait l'innocence; si des censeurs ont abusé d'un pouvoir de circonstance au point d'interdire dans les journaux la défense après y avoir permis l'attaque; s'ils ont poussé l'oubli de toute équité, de toute pudeur, jusqu'à s'opposer à ce que je fisse connaître par la voie des feuilles constitutionnelles les motifs du jugement rendu contre moi, et le plaidoyer auquel j'ai dû un honorable acquittement, la cause d'un seul individu devient alors celle de tous les citoyens, et la publicité qu'on lui donne est d'autant plus utile, que certains hommes ont tout sacrifié pour y mettre obstacle.

D'un bout du monde à l'autre, chez les nations civilisées, le respect pour tout homme traduit devant les tribunaux, et non encore jugé, n'est pas seulement un mouvement généreux, un principe d'humanité, mais une règle de pudeur publique que nul ne peut violer, sans s'exposer au blâme et au mépris de ses concitoyens; et parmi nous, dans le cours de la plus terrible révolution, on ne citerait pas un autre exemple d'un procès où il ait été défendu aux journaux de rendre compte de la défense d'un accusé, même après la condamnation.

En 93, à cette fatale époque où l'arrêt le plus inique frappa la plus auguste victime, les feuilles quotidiennes répétèrent à l'envi le courageux plaidoyer de M. Desèze, et les éloquentes douleurs du vertueux Malesherbes.

Sous le directoire, la défense de Babeuf fut rendue publique par la voie des journaux, le lendemain du jour où elle fut prononcée.

On imprimait, on criait sous les fenêtres du premier consul, la défense du général Moreau, pendant que les juges allaient aux opinions.

Le plaidoyer pour mademoiselle de Cicé, sur lequel se fonde la plus belle partie de la réputation de M. Bellart, fut inséré dans tous les journaux du temps.

Enfin, en 1815, pour terminer, comme nous avons commencé, par une époque de terreur et de lois d'exception, les journaux publièrent, sans y changer, sans y ajouter, sans en retrancher un seul mot, les défenses du maréchal Ney, du colonel Labédoyère, des trois Anglais sauveurs de M. de Lavalette, et de tant d'autres, dont la postérité seule aura le droit de réviser les jugements.

Jusqu'ici, dans les temps mêmes où l'esprit de parti

se déchaînait avec le plus de fureur, on n'avait pas cessé de regarder et de flétrir comme une lâcheté l'action de provoquer à l'avance la rigueur des magistrats contre un prévenu, dont la justice, mieux éclairée, peut reconnaître et proclamer l'innocence; la morale publique, pervertie à tant d'autres égards, ne permettait pas que des préventions défavorables, que des insinuations perfides, vinssent se placer prématurément entre la justice et l'accusé. On avait senti qu'au milieu des dissensions civiles c'était trop, pour un prévenu de délit politique, d'avoir à combattre à-la-fois les conseils de l'ambition personnelle, qui dit à tout magistrat : *Si tu es juste, tu peux déplaire*, les influences du pouvoir, les molles résistances à l'autorité qui poursuit, et les inspirations de l'esprit de parti qui menace. Dans les pays où la liberté de la presse est souvent poussée jusqu'à la licence, les écrivains qui se respectent le moins n'ont jamais méconnu les droits du malheur, jusqu'à demander que les prisons s'ouvrent ou que les échafauds se dressent pour celui que la loi elle-même répute innocent, jusqu'à ce qu'elle l'ait déclaré coupable. Cet excès d'ignominie était réservé à une époque où la liberté de la presse a été remise en France sous la tutelle honteuse de la censure.

Il faut le dire, à la honte éternelle des hommes de la seconde terreur, qui en appellent de toutes leurs forces une troisième, c'est par une détestable hypocrisie qu'ils s'élèvent chaque jour contre leurs devanciers de 93; ils ont accepté de l'héritage des premiers terroristes ce qu'il offrait de plus vil, la délation et la persécution :

s'ils ont fait moins de mal, c'est qu'ils ont eu moins de pouvoir, moins de temps; s'ils ont été moins cruels, par une odieuse compensation ils se sont montrés plus perfides : qu'on nous cite un seul des déplorables procès dont nos tribunaux ont retenti depuis cinq ans où l'opinion du prévenu n'ait été considérée par eux, et d'avance, comme la preuve incontestable du délit?

Quand la loi laissait à chacun, sous sa propre responsabilité morale, le droit de braver l'opinion, de violer les règles de la justice et de la décence, la honte de l'insulte n'atteignait que le lâche qui s'en rendait coupable; mais aujourd'hui qu'elle ne peut se manifester, du moins dans les feuilles publiques, qu'avec approbation et privilége, que penser des censeurs qui l'autorisent? quelle étrange magistrature ont-ils acceptée? sur quelle législation s'appuie-t-elle, s'ils ne parviennent pas à trouver dans les faits et dans les souvenirs de deux époques également funestes des antécédents qui puissent au moins leur servir de prétexte? Les exemples se présentent en foule, bornons-nous à ceux que ce procès a mis en évidence.

La ridicule susceptibilité de quelques officiers municipaux de Toulon est le motif ou le prétexte de l'action judiciaire que ces magistrats intentent à l'auteur de l'ouvrage intitulé *l'Ermite en province*; on plaide, il est honorablement acquitté : il est en droit de demander des indemnités, des réparations; il n'en réclame aucune, satisfait de l'idée que sa justification, rendue publique dès le lendemain par les journaux, détruira dans un moment, sur tous les points de la France, l'impression défavorable qu'une accusation injuste aurait pu produire.

Non seulement la censure défend aux journalistes constitutionnels de rendre compte de ce procès, mais elle permet aux feuilles anti-libérales de renouveler l'accusation, au mépris de la chose jugée, et de plaider pour les Anglais, en faveur desquels personne n'avait été tenté de parler à l'audience.

Aucune voix, aucun écrit, avant le jugement, n'avait essayé de solliciter la décision favorable du jury; et, trois jours avant la tenue des assises où je devais être jugé, la censure autorise, dans un journal, la publication de la lettre d'un prétendu Toulonnais qui porte deux faux témoignages : selon ce correspondant anonyme, l'ermite voyageur *a été traduit en justice par l'ancien maire de Toulon, pour avoir imprimé que ce respectable magistrat avait livré cette ville aux Anglais en* 1793. Première et double imposture : ce n'est pas l'ancien maire qui a porté plainte, et il n'y a pas un mot, un seul mot dans le passage *incriminé*, qui puisse, de près ou de loin, s'appliquer à cet ancien magistrat. *La population, d'une voix presque unanime, adhéra au grand événement dont il s'agit.* Autre imposture : la majorité des Toulonnais se détermina à suivre l'exemple que Lyon avait donné, à secouer le joug du gouvernement atroce sous lequel la France gémissait alors ; mais jamais, non jamais, cette même majorité des bons et des braves habitants de Toulon n'a consenti à cette déplorable transaction dont le résultat fut de livrer aux Anglais, c'est-à-dire à la flamme et au pillage, les plus beaux vaisseaux et les plus riches magasins de notre marine.

La veille même du jugement, une autre feuille, dont un des rédacteurs est membre de la commission de censure, dirige contre le prévenu une attaque plus violente encore ; en voici l'expression littérale : *Un certain ermite prêchant la vertu, à-peu-près comme Bonaparte plaidait la cause de la légitimité, et qui s'en allait* CALOMNIANT *les départements après avoir calomnié la capitale, attendu qu'il était juste que chacun eût son tour,* etc.

Jusque-là du moins la chose n'était pas jugée, et ces écrivains, obéissant aux vœux de leur haine ou aux ordres de leur parti, n'outrageaient que la décence, et ne blessaient qu'un individu accusé : mais enfin la déclaration unanime du jury atteste son innocence ; le juge la proclame ; les censeurs qui ont autorisé, c'est-à-dire commis l'outrage contre un citoyen sous le poids d'une accusation, feront respecter du moins ce qu'il y a de plus respectable parmi les hommes, la décision d'un jury : non, c'est vainement que la loi acquitte ; les censeurs laisseront poursuivre l'accusation par la voix de leurs journalistes.

L'un d'eux, le lendemain du jugement, répète que c'est à l'un des *magistrats qui habitent l'hôtel-de-ville* que l'ermite a dit qu'il fallait donner *une place de shérif à Londres*; bien qu'il eût été prouvé au procès que je n'ai voulu nommer ni même désigner personne. La même feuille ajoute, dans le même article, que M. Dupin *s'est beaucoup plus occupé d'accuser les Anglais que de défendre son client.*

Un autre journaliste, après avoir entendu la déclaration du jury, a imprimé, de l'aveu des censeurs : *Le ministère public a appelé toute la sévérité des jurés sur l'un de ces écrivains qui semblent ne prendre plaisir qu'à réveiller de pénibles souvenirs et entretenir des haines.*

Enfin, un troisième libelliste quotidien attaque formellement la chose jugée : selon lui, « l'avocat général « s'est montré seul éloquent, logicien, impartial; il a « *détruit* tous les arguments de la défense; » et cependant le jury acquitte! quelle idée se faire, après cela, d'un pareil jugement? Les journaux constitutionnels donneront sans doute l'analyse du plaidoyer; le public comparera la logique accusatrice de M. de Vatimesnil, et l'éloquence défensive de M. Dupin : NON, il ne sera permis à aucune feuille libérale de donner une analyse des discours justificatifs : perdant toute pudeur, comme elle avait perdu toute équité, la censure ne laissera pas insérer une seule ligne à l'appui de la justification; elle a permis l'attaque, elle interdit la défense.

Cette injustice, la plus révoltante peut-être que l'on puisse signaler dans les odieuses annales de la censure, ne sera point sans profit pour la cause des lois, de la raison, et de la liberté, puisqu'elle nous fournit l'occasion de conserver à la postérité une de ces oraisons dignes de la tribune de Rome, où l'éloquence d'un des premiers orateurs du barreau français a fixé plusieurs points de cette haute jurisprudence qui doit, sous un régime constitutionnel, rattacher les droits civils aux droits politiques; puisqu'elle nous fait un devoir de payer un juste tribut de respect et d'éloges au digne magistrat président de la cour d'assises devant laquelle deux causes du même genre ont été plaidées dans cette séance; puisqu'elle nous donne de nouvelles raisons d'apprécier le bienfait de l'institution du jury; puisqu'elle met dans tout son jour les graves inconvénients de la censure et la révoltante partialité de ceux qui l'exercent;

Puisqu'elle nous autorise, enfin, à consigner comme un fait que ces choses se sont passées,

L'an de grace 1820, sous l'empire d'une loi suspensive de la liberté de la presse.

PREMIER PROCÈS.

LA MUNICIPALITÉ DE TOULON

contre

l'auteur de l'ouvrage intitulé

L'ERMITE EN PROVINCE.

Le 31 juillet 1820, la cour d'assises du département de la Seine, réunie sous la présidence de M. Parisot, s'est occupée de la plainte portée par des officiers municipaux de Toulon contre l'auteur du livre intitulé *l'Ermite en province*.

M. de Vatimesnil, avocat du roi, prend la parole pour soutenir l'accusation. Nous aurions desiré pouvoir rapporter textuellement le réquisitoire d'un orateur en qui nous aimons à reconnaître des talents très distingués, et une éloquence dont la passion n'égare pas toujours la logique. Il fallait que la cause qu'il avait à soutenir fût dénuée de tous moyens de succès, puisque la chaleur et le zéle d'un pareil défenseur n'ont pu lui laisser un moment l'espoir du triomphe.

Réduits à donner un simple extrait du discours de M. de Vatimesnil, nous l'empruntons au seul journal qui ait obtenu la faveur d'en citer quelques passages :

« A l'examen de cette affaire, dit l'avocat du roi, on ne sait si on doit être plus frappé de la dignité de la partie offensée, des sentiments qui l'ont animée, de la nature de l'offense, ou enfin de la mauvaise foi qui paraît avoir présidé à la rédaction de l'article inculpé.

« Nous disons d'abord la dignité de la partie offensée : ce n'est pas un simple particulier, ce sont les habitants d'une ville entière qui, par l'organe du corps municipal, se plaignent d'une horrible diffamation.

« La mauvaise foi, nous sommes obligés de le dire avec regret, a présidé à la rédaction de l'article. Quelle est la vérité historique? Les Toulonnais ont fait avec l'amiral Hood le traité le plus honorable : ils se seraient ensevelis sous les ruines de leurs murailles plutôt que de consentir à cesser de faire partie de la France. Ils voulaient rappeler sur le trône ce roi enfant doublement intéressant par ses malheurs propres et par ceux de sa famille; ils voulaient le rappeler avec la constitution que son père avait jurée; car ils connaissaient ce mot sublime du roi martyr qui déclarait vouloir l'observer malgré les imperfections que son œil pénétrant y découvrait alors, et qui ont été bien reconnues depuis. Ces dernières paroles d'un roi expirant les ont dirigés. Si le traité qu'ils avaient conclu a été violé, peut-on leur en faire un crime? »

M. Dupin, défenseur de M. Jouy, répond en ces termes :

Messieurs les jurés,

Voici encore un procès facheux qui, sans utilité pour la chose publique, et sans avoir pour cause réelle la poursuite et la répression d'un délit véritable, n'est qu'un cadre destiné à faire ressortir la vanité des plaignants, en leur fournissant l'occasion, qu'ils ont avidement saisie, de faire parler d'eux et d'exalter leur fidélité passée, en vue de l'avantage présent qu'ils espèrent sans doute en retirer.

Combien il est imprudent de soulever en présence de la justice ces sortes de questions où l'on ne peut déclarer *fidèle* une partie de la France sans accuser l'autre de *rebellion!* où l'on ne peut satisfaire quelques amours-propres qu'avec la certitude d'en blesser profondément un plus grand nombre! où l'on est sûr enfin de réveiller les haines, les oppositions, les animosités, les partis !...

Vous pensez bien, messieurs, que je ne discuterai pas la question dans les termes où l'ont posée messieurs les municipaux de Toulon : le procès ne consiste pas, comme ils l'ont complaisamment prétendu, à savoir *si la ville de Toulon est digne ou in-*

digne des armoiries que le roi a daigné lui accorder; mais il s'agit de savoir si une inscription exposée aux regards des nationaux et des étrangers, dans une ville que son port met en relation avec les quatre parties du monde; une inscription qui se rattache à une époque historique déja loin de nous, et diversement appréciée par les écrivains de différents partis; si cette inscription, dis-je, a pu devenir l'objet d'observations critiques qui eussent pour but de prémunir les contemporains et la postérité contre cette idée, que la fidélité française ait pu jamais consister à livrer le sein de la patrie aux regards et aux insultes de l'étranger, et à confier le plus vaste de nos ports, la plus belle de nos escadres, et nos établissements maritimes les plus importants, à qui?... à un amiral anglais!

La question de fidélité aux Bourbons est étrangère à ce procès. A Dieu ne plaise que j'ôte rien à ce que cette fidélité eut de louable en tout temps, et de généreux à l'époque désastreuse dont nous parlons! Si l'inscription rappelait la réception d'un prince français dans les murs de Toulon, cette ville n'aurait eu à déplorer ni de sanglantes réactions, ni la perte de sa marine, ni l'incendie de ses arsenaux.... Mais *la question est tout entière entre la France et l'étranger:* elle consiste à savoir si l'action de livrer une place quelconque, et sur-tout une place de guerre, aux ennemis de son pays, peut, dans aucun cas, dans aucun temps, et sous quelque prétexte ou couleur que ce soit, être revendiquée comme une preuve de fidélité.

Pour apprécier l'accusation portée contre M. Jouy, il faut d'abord considérer que l'occupation de Toulon par les Anglais est un fait, un fait constant, un fait devenu historique. Il convient aussi de voir comment ce fait a été transmis à notre connaissance, en quels termes et sous quelles couleurs il a été présenté par les divers écrivains des divers partis. Il deviendra facile ensuite de décider si la manière dont M. Jouy a parlé, *après eux*, de ce même événement, est répréhensible, et constitue le délit de *diffamation* dont il est accusé.

Je ne rechercherai pas les causes qui, en 1793, déterminèrent à recevoir les Anglais et les Espagnols dans l'enceinte de Toulon. Que ce soit la haine de la Convention, ou l'amour de la légitimité, ou ces deux sentiments réunis; la crainte des réactions, ou l'envie d'en exercer à son tour; la famine qui désolait alors le pays, ou le résultat d'insinuations étrangères, peu importe, je ne m'attache qu'au fait.

.... A l'époque dont nous parlons, les flottes anglaise et espagnole étaient en vue du port de Toulon. Un parti se déclare dans la ville; on parle d'y introduire les étrangers, et de se placer sous leur protection. Une vive opposition se manifeste d'abord; les avis sont partagés; une longue délibération s'engage, et son résultat final est que la ville sera ouverte aux armées étrangères : les royalistes au nom de Louis XVII, la très grande majorité des habitants avec la *condition* qu'on se replacera sous la constitution de 1791.

La preuve de ces premiers faits se trouve dans un ouvrage non suspect de jacobinisme ; il a été imprimé seulement depuis la restauration ; mais l'auteur affirme avoir laissé son manuscrit à Londres en 1802, et n'y avoir rien changé depuis. Ce livre a eu trois éditions, en 1814, 1816 et 1818 ; il renferme une double dédicace, au *Roi* et à S. A. R. *Monsieur*. L'auteur a tout vu ; il paraît avoir pris une grande part aux événements : ce qu'il n'a pas fait, il l'a du moins conseillé ; c'est lui qui a rédigé les adresses de félicitation à MM. les généraux anglais et étrangers, et qui a été chargé par les autorités d'alors d'offrir à ces messieurs *une branche de laurier*. Il a ensuite écrit l'histoire de cette brillante époque, où rien de ce qui le touche n'est oublié. A l'appui de sa brochure, et comme *pièces justificatives*, se trouvent les certificats les plus honorables de l'*amiral Goodal, gouverneur anglais à Toulon*, de l'*amiral Parker* et du *chevalier Elliot*.

M. GAUTHIER DE BRÉCY donc, dans sa *Révolution royaliste de Toulon en* 1793, page 16 de la troisième édition, s'exprime en ces termes : « Cependant les députés avaient été reçus à bord de l'amiral anglais; ils apportaient pour réponse que l'amiral, touché de la situation critique des Toulonnais, saisirait *avec empressement* l'occasion de leur fournir tous les secours en son pouvoir, pourvu qu'il reconnût la possibilité de le faire sans compromettre les intérêts de son roi, et même ceux des habitants de Toulon, par une démarche dont l'issue paraissait encore incertaine; que néanmoins il desirait qu'il lui fût envoyé de nouveaux députés expressément chargés de *traiter* avec lui, et d'arrêter les plans et les projets convenables à la circonstance. La joie fut complète et générale sitôt qu'on entrevit une lueur d'espérance d'échapper aux persécutions de Robespierre et à sa vengeance. On choisit aussitôt des députés, on leur donne les pouvoirs nécessaires en leur traçant une partie des principales *conditions*, et il fut *presque unanimement convenu* que la France se trouvant dans l'état actuel des choses, sous un régime oppresseur, sans gouvernement, sans constitution, puisque la représentation nationale avait, par le fait, disparu, et n'existait plus, il était *convenable de revenir à une constitution* qui avait été JURÉE PAR LA NATION ENTIÈRE, adoptée par une représentation LÉGALE, et *sanctionnée* par le ROI; qu'à cet effet il serait *offert* à l'amiral anglais de lui *remettre la ville et le port de Toulon*, et ses dépendances, pour les occuper au nom du roi légitime de France, *avec le régime de la constitution arrêtée par l'assemblée na-*

tionale de France aux années 1789, 90, 91, etc., etc. Ce plan, dicté par la sagesse, fut adopté à la *majorité* des voix dans les sections, après de longs *débats et de longues oppositions;* » et en note M. de Brécy ajoute : « Les avis furent long-temps *partagés* entre le *retour pur et simple à la monarchie ancienne* et celui à la *constitution de* 1791, mais le dernier parti *prévalut;* on crut que *la politique du moment* exigeait de se borner à reconnaître le roi. »

M. de Brécy nous dit que l'amiral Hood avait déclaré accepter avec *empressement* l'occasion d'occuper Toulon : je le crois. Aussi cet amiral, qui sentait le besoin de rassurer les esprits contre ce qu'avait d'extraordinaire et d'inquiétant l'introduction des forces britanniques dans une ville française, cet amiral, dis-je, après avoir tenu un conseil de guerre, s'empressa de donner une *déclaration préliminaire* en ces termes : « Je déclare qu'il ne sera touché en aucune manière aux propriétés; que, *bien au contraire,* elles seront toutes très scrupuleusement protégées, n'ayant que le vœu de rétablir la paix chez une GRANDE NATION, sur un pied juste et honorable.

« Les conditions ci-dessus doivent être la base du traité.

« Et lorsque la paix aura eu lieu, ce que j'espère bientôt, *le port de Toulon avec tous les vaisseaux qui s'y trouvent,* ainsi que les forteresses et toutes es forces qui y sont réunies, *seront rendus à la France,* d'après l'*inventaire* qui en aura été fait actuellement.

« Donné à bord du vaisseau de S. M. britannique *la Victoire*, le 27 octobre 1793. *Signé* Hood. »

L'amiral Hood ne s'en tint pas là : pour que ses intentions ne parussent pas douteuses, il adressa aux Toulonnais deux *proclamations*; dans l'une il s'exprime dans ces termes : « Les sections de Toulon m'ayant fait une déclaration solennelle... qu'elles feront tout en leur pouvoir pour rétablir *la monarchie, telle qu'elle fut acceptée par leur souverain défunt, en l'année* 1789..., je ne veux, par cette présente, que répéter ce que j'ai déja déclaré aux habitants du sud de la France, que je ne prends possession de Toulon que pour le *tenir* et LE PRÉSERVER pour Louis XVII. »

Dans l'autre proclamation *le très honorable amiral* devient plus caressant et plus affectueux : « Braves Toulonnais, leur dit-il, *votre commerce est anéanti;* une horrible famine vous menace : voilà le tableau de vos maux; il a dû *affliger les puissances coalisées....* Je viens vous *offrir* les forces qui me sont confiées pour *épargner l'effusion du sang*, pour *écraser les factieux, rétablir l'harmonie et la tranquillité....* Comptez sur la *fidélité d'une nation* FRANCHE; je viens de donner une preuve éclatante de SA

LOYAUTÉ. Plusieurs vaisseaux chargés de blé, venant de Gênes, arrivent dans vos ports, escortés par des vaisseaux anglais. »

N'oubliez pas ces derniers mots, messieurs, *comptez sur la* FIDÉLITÉ *d'une nation* FRANCHE, et qui veut vous *donner une preuve éclatante de sa* LOYAUTÉ. — C'est le cas de dire, avec le Misanthrope, *Nous verrons bien....*

Au moment de l'entrée des flottes combinées, anglaise et espagnole, les royalistes proclament Louis XVII, les généraux étrangers les laissent faire ; mais lorsque ces mêmes royalistes, au lieu du drapeau de 1791, dont la conservation avait été si solennellement stipulée, veulent arborer le drapeau *blanc*, l'amiral anglais déploie celui de S. M. britannique. C'est pour elle qu'il commande, et Toulon commence à sentir qu'il est au pouvoir de l'Anglais....

Quelques jours après (dans la vue sans doute de se soustraire à ce joug déjà si pesant), une députation des sections de cette ville se présenta aux généraux anglais et espagnols pour leur faire part d'une délibération par laquelle elles demandaient à reconnaître *Monsieur* comme *régent*, et à rappeler leur ancien évêque et leurs émigrés.

Il semble qu'ils devaient accepter avec empressement : ils se disaient les *alliés* du roi ; Hood avait dit dans sa première proclamation : *Je ne prends posses-*

sion de Toulon que pour le tenir et le préserver pour Louis XVII; il avait dit dans la seconde : *Comptez sur la fidélité d'une nation franche;* etc. : cependant, messieurs, quelle fut sa réponse? La voici :

« RÉPONSE *des commissaires anglais à la requête des Toulonnais; à Toulon,* 28 *novembre* 1793.

« Messieurs, nous avons reçu la communication, etc., etc., et nous y reconnaissons avec le plus grand plaisir les sentiments dignes du *patriotisme* de cette ville distinguée. Nous partageons avec elle le desir de voir renaître un gouvernement fondé sur les *bons principes....* Nous nous trouvons *néanmoins* dans l'impossibilité de concourir immédiatement à l'accomplissement de vos souhaits....

« Le régime de la France intéresse l'Europe entière, et sur-tout les puissances coalisées, puisque, dans les circonstances présentes, l'autorité du régent, comme celle du trône même, ne peut être réalisée que par leur seul secours.

(Donnez-le donc ce secours, si vous êtes de bonne foi. — L'avocat continue.)

« D'ailleurs, une affaire aussi importante, et qui embrasse des relations politiques aussi étendues et aussi combinées, ne peut être terminée avec effet, ni même avec avantage, par *une seule ville*, respectable à la vérité par toutes sortes de titres, mais qui est, pour le moment, non seulement *isolée du reste de la France*, mais ayant contracté, pour l'intérêt du royaume et pour son propre salut, des relations récentes et sacrées avec une autre puissance....

« (Jusqu'à ce que les ministres de S. M. B. aient consulté leur cour, et obtenu des pouvoirs directs) ne nous trouvant point autorisés à compromettre S. M. sur la question de la régence, *nous pouvons encore moins consentir* à la proposition qui a été faite d'appeler *M. le comte de Provence* pour y exercer les fonctions de régent; parceque (le motif est remarquable; écoutez, messieurs), parceque ce serait DESTITUER S. M. britannique, *avant l'époque stipulée*, de l'autorité qui lui a été dernièrement *confiée* à Toulon.

« Ces raisons ne nous obligent cependant pas à nous opposer au desir que pourraient avoir les habitants de cette ville de porter leurs hommages aux pieds de ce prince, et de lui exprimer tous les vœux *que doivent* inspirer ses vertus personnelles, ou *que peuvent* réclamer les droits de sa naissance. »

Ce refus parut inexplicable aux royalistes. « Je « ne chercherai point, dit M. Gauthier de Brécy « (*page* 30), à pénétrer les motifs qui purent déci- « der les *alliés* à abandonner une si belle cause. » — Ni moi non plus; mais enfin voilà le fait, et vous savez que je ne veux m'attacher qu'aux faits.

Pendant que les Anglais se montraient si soigneux d'empêcher un prince français d'aborder en France, ils affectaient, il faut en convenir, une bien grande indifférence sur le sort des Toulonnais. Au lieu de montrer des égards et des ménagements pour ceux qui les avaient appelés, au lieu sur-tout d'user de leur influence pour faire régner l'ordre et la paix, ils trouvèrent bon que la réaction s'organisât sous leurs yeux, et que le parti qui, par leur secours, se trouvait momentanément le plus fort exerçât ses vengeances sur le parti que leur seule présence avait comprimé.

Dans les pièces jointes au dossier de la procédure contre M. Jouy, se trouve sous la cote troisième un imprimé envoyé par les plaignants, et qui est intitulé : *Recueil des pièces à charge des autorités et habitants contre-révolutionnaires de Toulon en* 1793. Dans ce recueil, on voit que les réactionnaires avaient institué un *tribunal populaire-martial*, pour juger les gens du parti contraire. C'est de ce tribunal que parle M. de Brécy en disant, comme si c'était la chose du monde la plus simple (*pag.* 25 *et* 26) :
« Le tribunal criminel continua les procès des révo-
« lutionnaires qui étaient en prison; la guillotine fut
« supprimée, et l'ancien supplice, *la potence, fut*
« *rétabli.* »

En effet, messieurs, dans le recueil des pièces dont je vous ai parlé se trouve un jugement ainsi conçu :

« Louis, par la grace de Dieu et *par la loi con-*

« stitutionnelle *de l'état,* roi *des Français,* à tous
« présents et à venir, salut:

« Le tribunal populaire-martial de Toulon a
« rendu le jugement suivant..., contre J.-B. Gueit,
« accusé...

« Considérant qu'il est prouvé... (suivant diffé-
« rents faits) qu'il n'a rien oublié pour ralentir la
« fermeté *des bons citoyens,* encourager et enhardir
« les *scélérats* et les *forcenés,* et parvenir, par cette
« voie, à faire *livrer* la ville de Toulon, son port et
« ses arsenaux, *à des armées de brigands,* ennemis
« jurés de la royauté, et de tous les *habitants hon-*
« *nêtes* de cette ville, qui avaient voué au fond
« de leurs cœurs une fidélité à toute épreuve à la fa-
« mille des Bourbons...

« Vu l'article 11 du titre II, première section du
« code pénal, et l'article 2, deuxième section,
« titre I de la même loi... (laquelle loi, notez bien,
« dit que « tout condamné à mort aura la tête tran-
« chée), » le tribunal condamne à *l'unanimité* ledit
« J. B. Gueit à être *transmarché* des prisons royales
« à la place Saint-Pierre pour être *pendu* et *étran-*
« *glé,* jusqu'à ce que mort s'ensuive, à une *potence*
« qui, pour cet effet, y sera élevée. »

Ainsi, vous le voyez, on n'était pas plus sage ni
plus modéré chez les Grecs que chez les Troyens;
on vengeait des horreurs passées par des horreurs
présentes, et l'on préparait ainsi des horreurs à

venir : c'est le crime et la faute de tous les partis.

Seditione, dolis, scelere, atque libidine, et irâ
Iliacos intra muros peccatur et ULTRA.

Cependant le gouvernement alors établi en France regarda l'introduction des flottes ennemies dans une ville française comme une *trahison;* l'armée républicaine vint mettre le siége devant Toulon, et, après trois mois de combats, la reddition de la place devint imminente.

Déja l'étranger songeait à la retraite... Mais ici encore quelle fut sa conduite envers les habitants et la ville de Toulon? Vous peindrai-je le rivage couvert au point du jour par une foule de citoyens désespérés de se voir lâchement abandonnés, tendant des mains suppliantes vers ces perfides vaisseaux qui, en s'éloignant, ne répondaient à leurs signaux de détresse que par des détonations qui se croisaient avec les décharges des assiégeants? vous peindrai-je notre escadre détruite, nos vaisseaux emmenés, incendiés ou coulés, bas; le *Thémistocle,* qui servait de prison aux patriotes, sautant avec les prisonniers, l'explosion des poudrières, l'incendie des magasins et des chantiers, et l'arsenal entier de la marine sur le point d'être consumé par les flammes, si les galériens, rompant leurs fers, ne fussent parvenus à couper le feu? Quel sujet de tableau pour nos artistes, Toulon préservé du feu des Anglais par le dévouement des forçats!!!

Enfin la ville est reprise ; des vengeances atroces vont avoir lieu : je les déplore et j'en gémis, non pour justifier des réactions plus récentes, mais pour les détester, pour les condamner toutes également, de quelque part qu'elles soient excitées. Le *tribunal populaire-martial* sera remplacé par un *tribunal révolutionnaire;* des confiscations vont être prononcées : que sais-je où se portera l'ardeur des représailles ? Au milieu de ce deuil on ordonne des *fêtes;* des *hymnes* sont composés pour célébrer ce qu'on regarde comme une victoire ; toute la haine de l'évènement se reporte sur l'étranger ; et à côté du poëte républicain Chénier on voit un versificateur royaliste, qui depuis a rédigé le *Conservateur*, composer un hymne pour célébrer la retraite des Anglais et détester la perfidie d'Albion ! Tous ces faits, messieurs, tous sont prouvés par les pièces les plus authentiques : ce sont des *décrets* insérés au bulletin, des *jugements*, des *proclamations*, des *rapports officiels* de généraux commandant le siège, et, pour tout dire enfin, les rapports mêmes de l'ennemi.

En effet voici ce que dit Sidney Smith dans son rapport à l'amiral anglais : « *J'ai mis le feu à tout ce qui s'est trouvé à notre portée;* c'est à regret que j'ai *été forcé d'épargner* quelques établissements, quelques vaisseaux, mais j'espère que sa seigneurie sera *contente* de ce que nous avons fait. »

Mais nous ! devions-nous, pouvions-nous en être contents ? en présence de tels résultats, pouvions-nous considérer la résolution qui avait mis *Toulon au pouvoir des Anglais*, comme un acte de *fidélité envers la France?*

A présent éloignons-nous du lieu de la scène, et du temps où elle s'est passée; à cette double distance nous jugerons avec plus de calme et d'impartialité. L'histoire s'est emparée de ces événements, et il est bien important pour la défense de M. Jouy de voir comment elle en a parlé.

Pour mieux éclairer votre conscience, messieurs, je ne me bornerai pas à la citation d'un seul auteur; mais je vous en indiquerai en assez grand nombre pour que vous puissiez juger de l'impression générale qu'a laissée dans les esprits l'occupation de Toulon par les Anglais.

Un auteur bien recommandable par son nom, son talent, et son caractère, dont la vie fut constamment irréprochable, et dont je m'honore d'avoir été l'ami, malgré l'inégalité d'âge et de position, M. le vicomte de TOULONGEON, ancien officier-général de dragons, membre de l'assemblée constituante et de l'institut; à qui nous devons la seule *Histoire de la révolution française* vraiment digne de ce nom; histoire qu'il a tracée sous la domination de Bonaparte, et qu'il a terminée à l'époque de son consulat, parcequ'il ne lui était plus permis de parler des temps postérieurs avec sa sincérité

accoutumé; M. de Toulongeon, qui, dans cette histoire commencée sous la république, parle du procès de Louis XVI en des termes si convenables, qu'on n'y trouverait rien à desirer ni à reprendre aujourd'hui, s'exprime ainsi au sujet de l'occupation de Toulon : « Une *trahison* ourdie avec plus d'art,
« et dont les suites devaient être plus funestes pour
« la république, *livra* le port de Toulon aux Anglais.
« Depuis long-temps les départements méridionaux
« étaient agités par des troubles plus civils encore
« que religieux... A Lyon, à Marseille, *la grande*
« *masse* des habitants voulait la république et la li-
« berté; mais il était inévitable que la *politique étran-*
« *gère* intervînt pour profiter de ces mouvements;
« et poussant d'un côté à la *résistance*, tandis qu'elle
« poussait le côté opposé à *l'oppression*, elle devait
« se tenir prête à se saisir des débris que le choc
« pourrait produire.

« Selon ce système, on laissa Marseille secouer
« le joug des jacobins; mais on maintint la lutte
« dans Toulon, afin que les royalistes, et ce qu'on
« appelait les *modérés*, insuffisants pour se mainte-
« nir par eux-mêmes, et trop faibles pour se passer
« d'appui, *se décidassent à accepter le secours étran-*
« *ger* qui leur serait offert. » (*Tome* II, *page* 313.)

« Toulon *livré* vit flotter les pavillons anglais ar-
« borés sur ses flottes et sur ses arsenaux. » (*Tome* VI, *page* 30.)

« Bientôt la mer se couvrit de légers bâtiments
« chargés de familles fugitives qui cherchaient, sur
« la flotte ennemie, un asile *contre le ressentiment*
« MÉRITÉ *de leur patrie.* Après un siége de quatre
« mois, l'armée républicaine rentra en possession
« du territoire que la *trahison* avait conquis, et que
« la valeur recouvra. » (*Tome* IV, *page* 88 et 89.)

L'ouvrage intitulé *Victoires, Conquêtes, Désastres, Revers et Guerres civiles des Français,* de 1792 à 1815, imprimé à Paris en 1817, renferme sur Toulon un article ainsi conçu : « *Toulon livré aux Anglais.*
« Nous avons dit que Toulon avait pris part à la
« grande insurrection qui s'était formée dans le
« midi de la France contre la Convention. Nous al-
« lons dire maintenant quels en furent les *tristes*
« *résultats...* Fiers de leur triomphe, les *insurgés*
« toulonnais, partagés en sections, procédèrent aus-
« sitôt au renouvellement de toutes les autorités;
« mais trop emportés peut-être par l'ardeur de la
« vengeance, ils mirent à créer un *nouveau tribunal*
« *criminel* un empressement tel, qu'ils prouvèrent
« que *la réaction* est toujours l'arme favorite de
« ceux qui excitent les troubles civils... Toulon
« avait été mis hors la loi par la Convention... Une
« croisière formidable, composée de vaisseaux an-
« glais, espagnols et napolitains, se trouvait alors
« en vue de la rade de Toulon, les royalistes ima-
« ginèrent que le seul moyen de salut qui leur restât

« était d'appeler cette croisière à leur secours, et
« de *livrer la ville*, menacée par la Convention,
« *aux étrangers*. Ce projet, communiqué au *parti*
« *républicain insurgé contre la Convention*, inspira
« d'abord une vive répugnance...; mais la nécessité,
« cette loi terrible qui ne connaît point d'obstacles,
« eut bientôt levé tous leurs scrupules... La résolu-
« tion de livrer Toulon aux Anglais fut donc prise
« à l'unanimité, par les uns avec joie, par les autres
« avec douleur... Nous verrons plus tard quelle fut
« *l'issue* de cette occupation. »

Ces passages se trouvent dans le *tome* I, depuis
la *page* 241 jusqu'à la *page* 249.

Dans le second volume, *page* 155, se trouve la relation du siége de Toulon ; on y voit la description
de « la belle attaque dirigée contre la grande re-
« doute par les généraux Labarre et Victor, *cette*
« *redoute conquise avec tant de gloire!* » (*Page* 162.)

(*Page* 164.) « Cependant la confusion et la ter-
« reur régnaient dans Toulon ; des batteries avaient
« été dirigées sur la ville, et avaient mis le feu à plu-
« sieurs maisons : la mésintelligence commençait à
« éclater parmi les troupes alliées. Décidés à aban-
« donner Toulon, les Anglais détruisent tout ce
« qu'ils ne peuvent emporter. Ils mettent le feu à
« l'arsenal et dans les magasins de la marine ; ils in-
« cendient les vaisseaux français qu'ils ne peuvent
« emmener. A la vue des flammes qui éclairaient la

« ville, un cri s'élève dans l'armée républicaine :
« tous les soldats demandent qu'on les conduise à
« l'assaut, pour empêcher les Anglais de s'embar-
« quer, et leur faire expier les désastres qu'ils cau-
« sent; mais il était trop tard, et déja les canon-
« nières tiraient sur les dernières barques qui trans-
« portaient les ennemis, ainsi que les déplorables
« victimes de *leurs promesses fallacieuses*, à bord
« des vaisseaux de la flotte alliée.

« Les forçats avaient rompu leurs chaînes, et
« s'étaient jetés dans l'arsenal. Ces hommes dégra-
« dés, *moins féroces que les Anglais*, parviennent à
« éteindre une partie des mèches enflammées que
« ces derniers y avaient attachées. »

Mais il est curieux de savoir ce qu'ont dit les Anglais eux-mêmes de la prise et reprise de Toulon. Nous verrons mieux par-là l'idée que nous devons en concevoir, nous Français. JOHN BIGLAND, dans son *Précis de l'Histoire politique et militaire de l'Europe*, traduit en français par M. Macarthy, s'en explique en ces termes, *tom. I, pag.* 319 *et suiv.*, édit. de 1819 :

« Les habitants de Toulon étant entrés en négo-
« ciations avec l'amiral Hood *lui livrèrent leur ville*,
« ainsi que les vaisseaux qui se trouvaient dans le port.
« Hood en prit possession au nom de Louis XVIII
« *sous la condition expresse* qu'il ferait tous ses ef-
« forts pour contribuer à rétablir la constitution
« de 1791. »

Parlant ensuite des progrès du siége, et de la nécessité où se trouvèrent les Anglais de songer à la retraite, BIGLAND continue... « Les alliés jugè-
« rent *à propos* de mettre le feu aux magasins, et
« aux vaisseaux qu'ils ne pouvaient emmener, et
« d'évacuer la place... Les matières combustibles
« avaient été disposées de la manière *la plus avan-*
« *tageuse*, et des traînées de poudre *combinées*... »
(Les Anglais s'y entendent: ils ont étudié l'art des incendies et perfectionné le genre. — L'orateur reprend :) « des traînées de poudre combinées de
« façon qu'à peine le signal fut-il donné, que les
« magasins de la marine furent en flammes et pro-
« duisirent un horrible embrasement... Les mal-
« heureux habitants se pressaient en foule vers le
« rivage, et réclamaient des alliés la protection
« qui leur avait été promise.... Beaucoup de ces
« malheureux se jetèrent à la mer, et firent d'inutiles
« efforts pour atteindre la flotte; d'autres se donnè-
« rent la mort pour éviter de la recevoir... D'après
« les rapports officiels, il y eut quinze vaisseaux de
« ligne, et un certain nombre de frégates et de bâ-
« timents marchands, détruits dans cette occasion;
« les Anglais emmenèrent trois vaisseaux, et les
« autres alliés quelques frégates et navires d'une
« plus petite dimension. LA PRISE DE TOULON FUT
« UN COUP MORTEL POUR LA MARINE FRANÇAISE. »

A ce dernier trait, messieurs, vous pouvez déja

juger si la livraison de Toulon aux Anglais fut un acte *de fidélité envers la France.*

WILLIAM GUTHRIE, dans *sa nouvelle Géographie universelle,* qui a été traduite et plusieurs fois réimprimée en français, n'est pas moins naïf que son compatriote Bigland. « Toulon (dit-il, *tome* II, « *page* 129) fut bombardé en 1707 par l'armée « impériale, mais le duc de Savoie et le prince Eu- « gène furent obligés d'en lever le siége. (Quand on « le veut, on se défend.) Les Anglais eurent plus de « succès en 1793, et s'emparèrent du port, le 16 « août, par *le moyen d'une intelligence qu'ils avaient* « *dans la ville;* mais leur triomphe fut de peu de du- « rée, et le 18 décembre suivant ils en furent chas- « sés, ainsi que le ramas d'étrangers qu'ils y avaient « introduits. *Le résultat le plus funeste* qu'eut cette « *perfidie* pour la France fut la perte d'un grand « nombre de vaisseaux et de frégates, emmenés, « brûlés ou perdus. »

Des grandes géographies si nous passons aux petites, nous verrons, en ouvrant celle de VOSGIEN à l'article *Toulon*, que cette ville fut *livrée aux Anglais* en 1793. Cette vérité était donc bien répandue ; car ce livre est un ouvrage élémentaire qui est dans les mains de tous les jeunes gens, et qui leur sera donné en prix encore cette année, à moins que cette remarque ne lui fasse tort, et que l'université ne le mette à *l'index.*

Enfin, messieurs, cette idée que Toulon fut non pas remis au roi légitime, mais *livré à l'étranger*, était tellement devenue triviale, qu'il n'est pas un simple dictionnaire imprimé depuis qui ne consacre ce fait; témoin le *Dictionnaire historique portatif* de BOISTE, imprimé sous l'empire, et qui pourtant ne flattait pas l'empereur, puisqu'il fut supprimé par le motif que, donnant tous les mots nouveaux avec l'indication de ceux qui les avaient introduits, à la suite du mot *spoliatrice* l'auteur avait coté *Bonaparte,* donnant peut-être à entendre par-là, du moins à ce que supposait la censure, que l'inventeur du mot pouvait fort bien n'être pas entièrement étranger à la chose...

Voilà, messieurs, des faits connus, des faits constants, des faits historiques, passés et avérés depuis plus de vingt-sept ans quand M. Jouy s'est cru permis d'en parler à son tour.

Chacun de vous, messieurs, connaît M. Jouy; il est membre de l'Académie, et l'un des ornements de la littérature française. Ses titres à l'estime publique sont les seuls faits sur lesquels la notoriété m'ayant suffisamment instruit, je n'ai rien eu à lui demander.

Lorsqu'un ouvrage vous est déféré, votre premier soin doit être d'en observer le caractère: est-ce une diatribe de journal, un pamphlet, un libelle? ou, au contraire, est-ce un ouvrage de longue halcine, entrepris avec réflexion, conduit avec sagesse, exécuté avec habileté, accueilli avec faveur, parce-qu'il sait unir l'agréable à l'utile?

Ces derniers traits distinguent sur-tout les ouvrages de M. Jouy. Qui ne connaît son *Ermite de la Chaussée-d'Antin?* quelles charmantes peintures de mœurs! Tous les vices, tous les ridicules de la capitale y sont décrits! que de gens ont pu s'y reconnaître, et ont eu la discrétion de ne pas se nommer! L'ouvrage a été traduit dans toutes les langues, et l'auteur n'a pas été traduit devant les tribunaux.

Après avoir à-peu-près épuisé les travers de la capitale, le moderne La Bruyère a entrepris de peindre ceux de la province : vaste champ!

Deux volumes de *l'Ermite en province* avaient déja paru, et l'auteur n'avait reçu que des encouragements, sans exciter aucune plainte : la raison en est simple ; il ne parle que des faits sans nommer les personnes : si, pour le besoin du dialogue, il amène sur la scène des interlocuteurs, ce sont toujours des noms supposés, des personnages fantastiques. — Il semble avoir pris pour devise : *Parcere personis, dicere de vitiis*

L'ermite sortait de Marseille ; il ne pouvait se dispenser d'entrer à Toulon. En lisant tout ce qu'il en raconte, messieurs, vous reconnaîtrez que son récit est rédigé manifestement dans un esprit de bienveillance pour la ville de Toulon. Il se fait raconter l'événement par un personnage fictif qu'il nomme *Mérens,* pour faire allusion peut-être aux souvenirs affligeants de cette sanglante époque. Mérens est un ancien officier de la marine royale, qui a été témoin oculaire; il servait sur la flotte des alliés, et raconte les déceptions de l'étranger. Ils déplorent de concert les malheurs de cette ville « où toutes les factions ont à plusieurs reprises « exercé leurs fureurs (*p.* 249). » Dans une de ses promenades, le bon ermite refuse de suivre son guide sur la place dite le *Champ de bataille,* où tant de victimes furent égorgées, et qu'il nomme le *champ d'exécration;* mais il va voir les *prisons;* il en signale l'horreur et la putridité; il regrette cette vieille tour, dite *des Phocéens,* qui portait une horloge encore plus regrettée des gens du voisinage.

Il s'arrête peu sur *le pavé d'Amour;* il traverse la place *au foin...* Mais tout-à-coup son guide l'arrête, et lui dit :

« Regardez, je vous prie, cette *maison.* Vous n'y
« apercevez rien de remarquable, mais le *person-*
« *nage* qu'elle renferme l'est beaucoup. C'est un des
« citoyens de Toulon qui ont mérité à notre bonne
« ville l'inscription que vous verrez tout-à-l'heure,
« écrite en gros caractères sur la façade de la mai-
« son commune : *Fidélité de* 1793. Comme la ville,
« le port, et tout ce qu'ils renfermaient, furent *li-*

« vrés en même temps aux Anglais et aux Espagnols,
« on ne sait si c'est à l'Angleterre ou à l'Espagne
« que ces messieurs furent fidèles : *ce ne fut pas du
« moins à la France*. Aussi cette inscription ne ré-
« jouit-elle que les étrangers ; et l'on s'étonne que la
« *fidélité du propriétaire* de cette maison n'ait pas
« été récompensée par une place de shérif à Lon-
« dres, ou de corrégidor à Madrid, au lieu de l'être
« par une *place dans la magistrature française*. Nous y
« voici ; lisez, monsieur l'ermite. Mon attention ne
« se porta pas sur cette étrange inscription, etc., etc. »
(*Ermite en province,* tome III, page 258.)

Il est à regretter, messieurs, qu'au lieu d'être de
l'académie *française* M. Jouy ne soit pas de l'académie des *inscriptions :* sa compétence du moins ne
serait pas contestée.

Mais enfin il est frappé de ces mots, *fidélité*
de 1793 : l'explication en est demandée par tous
les voyageurs ; pour beaucoup de Français elle est
inintelligible : notre ermite se rappelle que dans son
jeune âge il servit son pays ; il est couvert de nobles cicatrices ; son vieux sang bout encore dans
ses veines, et l'honneur militaire lui dit, ou plutôt
lui rappelle que l'action de livrer une place de
guerre aux ennemis de sa nation ne peut, dans aucun cas, dans aucun temps, et sous quelque couleur ou prétexte que ce soit, être alléguée comme
une preuve de fidélité envers sa patrie.

Il se souvient que les Lyonnais aussi se sont révoltés contre le régime odieux de 1793; mais à leurs dépens, et non aux dépens de la France; non en livrant leur commerce, leurs manufactures et nos arts à l'ennemi de notre industrie nationale; mais en courant à leurs armes, en faisant un appel à leur propre valeur, sans prétendre ensuite braver le reste de la France, et triompher d'elle, pour ainsi dire, par une inscription qui leur transporterait, d'une manière insultante pour le reste de la nation, le privilège exclusif de la fidélité.

Tels sont, messieurs, les mouvements que M. Jouy a ressentis; c'est l'idée qu'il a exprimée.

L'ouvrage n'était pas de nature à rester longtemps ignoré... Les membres mêmes du conseil municipal de Toulon en furent informés. Aussitôt grande rumeur chez quelques uns d'entre eux.

On s'assemble, toute la mairie est en émoi... A l'ouverture de la séance un des membres présents prend la parole, et dit :

Messieurs,

« *Il m'est revenu* que la 258ᵉ page du tome III de
« l'ouvrage intitulé *l'Ermite en province* contenait
« un article que *l'on peut* regarder comme injurieux
« à la ville de Toulon. Je me suis procuré cet ou-
« vrage, et j'ai vérifié que la page indiquée ren-

« fermait le passage suivant. » (L'honorable membre en donne lecture.)

« SURQUOI le conseil municipal, considérant, etc.,
« a délibéré et délibère que le passage suivant dont
« il s'agit sera *lu, discuté* et COMMENTÉ par une
« commission composée de cinq membres du con-
« seil municipal, à l'effet de faire un rapport au
« conseil sur la *question* de savoir SI cet écrit est at-
« tentoire à l'honneur de la ville de Toulon, et dans
« le cas de l'affirmative, d'indiquer les moyens
« convenables pour parvenir à la répression de l'in-
« jure faite à la ville, etc., etc. »

Ici, messieurs, se présente une réflexion toute naturelle. Quoi! l'assemblée est composée de *vingt membres*, l'article soumis à la discussion n'a pas plus de *vingt lignes* (une ligne par chaque membre), et ces vingt personnages, réunis en bureau consultatif, ne peuvent décider si cet article est, ou non, attentatoire à l'honneur de leur ville! Et pourtant ce sont des fontionnaires publics, des hommes d'esprit!... des municipaux enfin!... N'importe; ils ne peuvent se rendre compte à eux-mêmes de l'impression qu'ils éprouvent; ils ne ressentent pas ce premier mouvement de l'honneur offensé qui, chez les hommes, est aussi rapide que celui de la pudeur outragée dans une femme vertueuse. Il faut nommer une commission pour *lire*, et, qui plus est, pour *dis-*

cuter, et même enfin pour COMMENTER ce fameux passage. Si, tout vu, tout considéré, les cinq commissaires reviennent dire aux quinze autres membres : Non, il n'y a pas calomnie ; ceux-ci répondront : Eh bien! à la bonne heure; restons-en là. — Mais si le commentaire donne un résultat calomnieux, alors, bien sûrs qu'en effet on a voulu les calomnier, ces mêmes hommes agiront avec rigueur...

Après quatorze jours de *commentaire*, les commissaires font enfin leur rapport. — On a dit des commentateurs, en parlant de l'un d'eux :

Il commenta, commenta, commenta,
Et rien du tout n'imagina.

Cela doit arriver souvent en littérature : mais quand le génie de l'accusation inspire un commentateur, il arrive bien rarement que le commentaire soit stérile ; on est même étonné de ce qu'il produit :

Miraturque novas frondes, et non sua poma!

Que de choses un esprit subtil peut découvrir dans une seule phrase! C'est un panorama d'abord vague, où tout s'éclaircit ensuite; c'est le miracle du microscope qui grossit les objets, et fait voir distinctement ce qu'on ne découvrirait jamais à l'œil nu.

Vous allez juger du talent de MM. les commissaires, en ce genre, par la série des griefs qu'ils ont fait ressortir de l'article de notre ermite, et qui sont consignés dans leur délibération du 15 mai. —

Je me garderai bien, messieurs, de vous lire ce rapport en entier. Sa prolixité me le défend ; il est environ *douze fois plus long que le texte.*

Mais, en résultat, l'opinion de MM. les commentateurs est *qu'on ne peut s'empêcher* de voir dans l'article signalé une diffamation dirigée contre les corps constitués.

« *Ces messieurs*, dit l'auteur (l'ermite) d'une ma-
« nière générale : or (voici le commentaire) *ces*
« *messieurs* sont *la généralité des habitants de Tou-*
« *lon* en 1793, et notamment les *autorités d'alors,*
« composées, *entre autres*, des huit sections de la
« ville, représentées par leurs présidents et secré-
« taires, du conseil général des mêmes sections, de
« l'administration provisoire du département du
« Var, de l'administration provisoire du district
« de Toulon, et de la municipalité de la même
« ville. » (En voilà, j'espère, un assez bon nombre ; mais continuons.) « L'existence de ces corps con-
« stitués est constatée par une autre pièce contenue
« aux pages 30 et suivantes du recueil imprimé,
« mentionné ci-devant, consistant en une procura-
« tion faite par *les autorités contre-révolutionnaires*
« de Toulon, relativement à un emprunt d'un mil-
« lion de piastres fortes à hypothéquer sur les do-
« maines nationaux, royaux et publics, tant de terre
« que de mer ; procuration que, *pour le dire en*

« *passant*, les républicains ont eu la mauvaise foi de
« travestir dans divers écrits en un *acte de vente* de
« la ville de Toulon, quoiqu'elle soit demeurée sans
« effet. »

Tels sont les termes du rapport; et si l'on en croit MM. les commissaires, le nombre des personnes diffamées est assurément considérable.

Cependant le conseil, délibérant ensuite, sent le besoin de préciser l'accusation qu'il va porter. Il ne se constitue pas le défenseur de toutes les autorités passées, présentes ou futures; il ne se tient pas même pour insulté; il ne rend pas plainte en son nom, mais seulement *au nom de la ville;* et même il ne juge pas à propos que la ville se constitue *partie civile;* il se borne à décider que M. le procureur du roi sera invité à poursuivre d'office l'*insulte faite à la ville de Toulon.*

Ce rapport fut aussitôt transmis à M. le procureur du roi du département de la Seine. « Votre in-
« tégrité, dit M. le maire, dans sa lettre d'envoi du
« 18 mai 1820, m'est un sûr garant de votre empres-
« sement à poursuivre d'office l'*impudent* auteur de
« ce *libelle*; et j'ose me flatter que la ville de Tou-
« lon devra bientôt à votre *zèle* la réparation de
« l'insulte qui a excité la juste indignation de ses
« habitants contre cet écrivain. »

En effet M. Jouy ne tarda pas à être renvoyé à la cour d'assises. Certes, ce n'est pas que la chambre d'accusation ait pu se dissimuler la faiblesse de la dénonciation; mais elle aura sûrement considéré que si cette dénonciation était écartée de prime abord, et sans même attendre aucune explication contradictoire, ce rejet aurait quelque chose de trop désobligeant pour la mairie de Toulon : elle vous a délégué le soin d'acquitter M. Jouy.

Commençons d'abord par assurer notre marche et par bien fixer l'accusation.

M. Jouy est accusé de diffamation : qui a-t-il diffamé?

Si nous prenons l'arrêt de renvoi, M. Jouy aura diffamé bien des gens. Il est renvoyé devant vous comme « suffisamment prévenu d'avoir commis le
« délit de diffamation envers *le conseil municipal* de
« la ville de Toulon *représentant* les habitants de
« cette commune, en imputant aux autorités, *soit*
« anciennes, *soit* actuelles, des faits qui portent at-
« teinte à l'honneur et à la considération, *soit* de ces
« autorités, *soit* de l'universalité des citoyens de la
« ville de Toulon, par l'insertion du passage sui-
« vant, » etc.

Ainsi l'arrêt même ne porte pas sur un fait bien précis, bien arrêté. Accuser quelqu'un d'avoir diffamé, *soit* un tel, *soit* un tel, ou encore tel autre, c'est dire qu'on ne sait pas qui : *soit* les autorités d'une ville, *soit* la ville tout entière, ce n'est pas la même chose ; les autorités, *soit* anciennes, *soit* nou-

d.

velles, c'est encore pis ; car si ce sont les anciennes qui ont cessé d'être depuis vingt-sept ans, ce ne sont plus des autorités.

On demandera peut-être pourquoi je fais ces difficultés. C'est qu'elles sont fondamentales ; elles tiennent à l'essence même de l'accusation : l'incertitude laissée par l'arrêt de renvoi fait qu'à proprement parler il n'y a pas d'accusation.

L'article 13 de la loi du 17 mars 1819 exige que le ait dénoncé ait porté atteinte à la considération fd'une*personne* ou d'un *corps* déterminé, *à qui* ce fait soit nominativement imputé. Il faut que le plaignant et l'accusé puissent se connaître et s'aborder corps à corps, et qu'on sache avec certitude à qui l'on a réciproquement affaire. Dire qu'un écrivain a diffamé soit un tel, soit un tel, c'est comme si, en renversant la proposition, un homme se plaignait d'avoir été diffamé soit par un tel, soit par tel autre.

En matière criminelle tout doit être fixé. « Celui qui agit en diffamation, dit le préteur, doit parler net et dire franchement de qui et de quoi il se plaint : il ne doit pas divaguer ; mais tout doit être désigné avec certitude et soigneusement spécialisé dans sa plainte : il ne suffit donc pas que la prévention soit présentée sous une alternative, il faut préciser. »

L'importance, et, si je puis m'exprimer ainsi, *l'indispensabilité* de ce principe va se faire bien mieux sentir en raisonnant successivement dans toutes les hypothèses de l'accusation.

J'examinerai plus tard s'il y a diffamation ; mais quant à présent, je cherche d'abord qui on aurait diffamé.

Est-ce un seul individu, ou quelques individus, ou l'universalité des citoyens de Toulon qui se prétendent diffamés?

Sont-ce les autorités? lesquelles? sont-ce les anciennes, les intermédiaires, ou les nouvelles?

D'abord il est évident qu'aucun *individu* n'est diffamé; dans l'article argué on ne trouve aucun nom propre : et en effet vous ne voyez aucun habitant de Toulon se plaindre individuellement et nominativement d'avoir été diffamé. S'il en est un que l'article ait offensé personnellement, qu'il se nomme ; on a joué l'Avare, qu'il se montre et dise hautement : C'est moi qui suis Orgon.

Sont-ce les *autorités?* je demande lesquelles? Je le demande, parceque l'arrêt de renvoi ne les désigne pas ; il dit bien les autorités, soit anciennes, soit actuelles, mais il ne les indique pas ; par une bonne raison, c'est que la chambre d'accusation n'a pu les connaître: il n'y a pas eu plainte de leur part.

Séparons d'abord ce qui regarderait les autorités anciennes, c'est-à-dire celles de 1793, de ce qui peut concerner les autorités nouvelles.

Les autorités anciennes, d'ailleurs, ne pourraient

plus figurer dans la cause comme *autorités*. D'abord elles n'ont jamais été regardées en France comme *légalement constituées;* c'étaient des autorités sans caractère, et, dans tous les cas, elles l'auraient perdu depuis plus de vingt-sept ans, depuis la reprise de Toulon, en un mot.

Et puis, dans tous les cas, ce serait à ces fonctionnaires à se plaindre : personne n'aurait le droit de le faire pour eux. Or ceux qui ont pu survivre ont le bon sens de ne pas se plaindre ; les descendants de ceux qui sont décédés ne se plaignent pas non plus : il n'y a donc pas accusation du chef de ces prétendus fonctionnaires.

Quant aux autorités actuelles, c'est autre chose ; elles pourraient se plaindre, mais dans quel cas ? Dans le cas seulement où on les aurait diffamées pour des faits qui leur fussent personnellement imputables.

Or il est évident que les autorités de 1820 ne sont pas responsables de ce qu'ont pu faire les autorités de 1793 : celles-ci auraient mérité des éloges, que les fonctionnaires de 1820 ne pourraient pas se les approprier ; ces mêmes autorités auraient commis une action blâmable, que les fonctionnaires d'aujourd'hui, eussent-ils hérité des mêmes fonctions, ne répondraient pas des faits de leurs prédécesseurs. Par exemple, les *tribunaux actuels* de Toulon ne se regardent pas comme la continuation du *tribunal populaire-martial* de 1793, pas plus que la *cour d'assises* devant laquelle j'ai l'honneur de parler ne se regarde comme la continuation du *tribunal criminel révolutionnaire* qui, en 1793, siégeait dans cette même enceinte; nos magistrats se respectent trop pour se regarder comme solidaires avec de tels prédécesseurs. Les reproches qui seraient adressés à ceux-ci ne regardent pas la magistrature actuelle : *nemo alieni criminis successor constituitur. L. 26, ff. de pœnis.*

Remarquons d'ailleurs une chose; c'est que la loi du 29 mai 1819, d'après laquelle M. Jouy est poursuivi, porte, article 4 : « Dans le cas de diffa-
« mation ou d'injure contre les *cours, tribunaux* ou
« autres *corps constitués*, la poursuite n'aura lieu
« qu'après une délibération de ces corps, prise en
« assemblée générale et requérant les poursuites. »

Donc elle n'aura pas lieu si ces corps n'ont pas requis de poursuites.

Eh bien! ici, et en point de fait, y a-t-il eu délibération et réquisition de poursuites, pour cause de diffamation, de la part des cours, tribunaux et autres corps constitués de Toulon?

Observons d'abord qu'ici chaque corps aurait dû se plaindre pour son compte; car, de même qu'un citoyen ne peut pas agir en diffamation pour son voisin, un corps ne le peut pas pour un autre corps. La municipalité ne le pourrait pas pour les tribunaux, et réciproquement. Ce n'est pas comme en matière de solidarité, *indivisément l'un pour l'autre, un seul pour le tout.*

Aussi la municipalité de Toulon, par son arrêté du 15 mai, n'a pas requis de poursuites dans l'intérêt vague et indéfini de toutes les autorités, soit anciennes, soit actuelles; elle n'en a pas même requis dans son intérêt propre, comme municipalité dont on aurait diffamé les membres ou les actes; elle n'en a requis que dans l'intérêt limité et circonscrit de *la ville de Toulon*, dont elle a prétendu que *l'universalité des habitants* avait été offensée par l'ermite.

Ainsi tenons pour constant qu'il n'y a pas de plainte au nom d'aucun *particulier* qui prétende avoir été individuellement diffamé; — qu'il n'y a pas de plainte au nom de ce qu'on appelle les *autorités anciennes;* — qu'il n'y en a pas davantage au nom des *autorités actuelles;* qu'il n'y en a pas même au nom de la mairie ou municipalité de Toulon, comme corps de mairie ou de municipalité; — qu'il n'y en a enfin qu'au nom de la *ville de Toulon*. — Reste donc à examiner si l'on peut ainsi porter plainte au nom d'une ville entière.

L'article, dit-on, contient une diffamation contre *l'universalité des habitants.* Quoi! tous les habitants, femmes, enfants, vieillards, vingt-cinq mille personnes, sans en excepter un seul individu?

Mais qui vous a dit, à vous MM. les commissaires départis pour le commentaire, à vous MM. les membres délibérant sur ce commentaire, que tous vos concitoyens se tenaient pour offensés de l'article de M. Jouy? Avez-vous oublié que même en 1793 les opinions étaient divisées? que la nécessité seule avait emporté la délibération, que cette délibération même n'avait passé qu'à une simple *majorité*, et encore avec la *condition expresse* du régime constitutionnel de 1791? que la restauration et sur-tout l'usage de la potence avaient augmenté le nombre des dissidents; et que ceux qui avaient adhéré de confiance, et dans l'espoir que l'étranger protégerait leur ville au lieu de la détruire, ont bien pu changer d'avis en voyant le ravage porté par les Anglais dans nos établissements maritimes? enfin, que les décès, les naissances, les voyages, les transmigrations, et aussi les établissements nouveaux formés chez vous par des Français auparavant étrangers à votre ville, et cela depuis vingt-sept ans, en ont renouvelé en grande partie la population, changé les intérêts et modifié les opinions? Aujourd'hui, peut-être, les Toulonnais pensent tous, comme M. Jouy, qu'il vaut mieux tout souffrir des siens que de se livrer à la merci de l'étranger; et quant au petit nombre de ceux qui conserveraient le préjugé contraire, qui sait s'ils ne sont pas assez sages, assez amis de leur pays, pour sentir que s'ils ont dû leurs premiers malheurs à des discordes civiles, il ne faut pas s'exposer à les voir renaître en réveillant les haines qu'il convient sur-tout d'assoupir? A-t-on consulté leur vœu, les a-t-on réunis en assemblée générale?...

Mais, dit l'arrêt, le maire d'une ville est le *représentant* naturel de tous ceux qui l'habitent. — Ah! messieurs, rien n'est moins assuré que cette prétendue *représentation*. Beaucoup d'administrateurs ne voudraient pas qu'on les confondît avec leurs administrés; et beaucoup d'admistrés sur-tout ne voudraient pas être confondus ainsi avec leurs administrateurs. Chacun de nous sait à quel point on a abusé de cette prétendue maxime, que les maires *représentent* leurs communes. C'est à cette fatale erreur qu'il faut attribuer et certaines *adhésions* que tant de gens ont ensuite désavouées, et ces *pétitions* prétendues générales, encore bien qu'elles n'exprimassent que le vœu personnel de leurs auteurs, et cet élan de MM. les maires qui, sous l'empire, offraient dans leurs *adresses* au chef de l'état la vie, l'honneur, les biens et les enfants de leurs administrés; à tel point que chacun, en lisant le lendemain son journal, était tout surpris de voir que la veille on avait ainsi parlé pour lui, et disposé, à son insu, de sa personne, de sa fortune, et de ses plus chères affections. Les maires *représentent* leurs concitoyens: oui, lorsqu'il s'agit d'administrer les affaires publiques, de gérer les biens communaux, d'entretenir le bon ordre, la police et la propreté; mais non pour exercer, au nom des citoyens, une action en diffamation, qui est essentiellement une action personnelle et privée. Les maires chargés d'administrer notre honneur! quelle étrange prétention!

Elle est d'autant plus absurde que l'imagination se refuse à concevoir comment une ville entière peut être diffamée. S'il en était ainsi, il faudrait dire des nations entières ce que l'on soutient ici au nom de la ville de Toulon; et dans ce cas, les géographes, et sur-tout les voyageurs, seraient bien malheureux s'ils s'avisaient de dire encore, comme on voit dans les géographies et dans les voyages, que le Français est léger, l'Italien perfide, l'Allemand lourd, l'Anglais brutal, etc., etc. : ils se verraient exposés à autant d'actions en calomnie; les rois seraient obligés de porter plainte pour leurs peuples, comme les maires pour leurs communes: on arriverait ainsi à l'absurde.

Non, une ville entière, une ville de vingt-cinq mille habitants ne peut pas être diffamée en masse. La diffamation, dans le sens de nos lois, consiste à imputer à une personne désignée, ou à un corps déterminé, un vice ou un crime qui nuise à sa considération personnelle aux yeux des autres hommes; mais quand le reproche est général, quand c'est tout le monde, ce n'est plus personne : l'erreur même, en pareil cas, fait droit: *Error communis facit jus.* C'est comme si, dans Constantinople, un chrétien reprochait la polygamie à un Turc.

On trouve cent exemples, dans l'histoire, de villes assiégées, et dont les habitants sont accusés, par les historiens, ou de n'avoir pas voulu se défendre, ou d'avoir forcé le gouverneur à capituler, ou d'avoir ouvert eux-mêmes leurs portes : et vit-on jamais leurs échevins ou leurs bourgmestres demander réparation d'honneur aux écrivains qui avaient fait la relation du siége ?

Combien de fois n'a-t-on pas dit que les journées de septembre avaient déshonoré Paris ! cela voulait dire qu'avec un peu d'énergie les honnêtes gens auraient pu réprimer une poignée de sicaires : les douzes maires en ont-ils conclu que les huit cent mille habitants de Paris étaient *diffamés?* J'en ai dit autant de la ville d'Avignon, en parlant de l'assassinat du maréchal Brune : quelqu'un est-il venu d'Avignon dire que j'avais voulu diffamer *l'universalité des Avignonnais?*

Ces généralités ne diffament personne.

Dire que la ville de Toulon s'est livrée aux Anglais, sans en accuser nommément qui que ce soit, c'est énoncer un fait général, qui, dans aucun cas, ne peut autoriser une action en diffamation. On l'a jugé dans une espèce où la déconsidération attachée au reproche avait bien moins de latitude pour se fixer.

En 1819, une pétition pour le maintien de l'ex-

loi des élections avait été déposée, à *Auxerre*, chez
M. Chomereau, notaire, et là plusieurs personnes
avaient apposé leur signature sur cette pétition.

Un article de *la Quotidienne*, publié à cette époque, portait qu'une pétition avait été déposée chez
un notaire, et que là on se procurait des signatures
par toutes sortes de moyens ; qu'on allait même
jusqu'à *surprendre la signature* des personnes qui
allaient dans l'étude pour passer des actes.

Le notaire porta plainte.

Elle fut écartée, par le motif que la personne du
notaire *n'avait pas été désignée d'une manière assez
précise*, et que rien ne prouvait que l'article fût relatif à M. Chomereau.

Or à Auxerre il n'y a, je crois, que cinq notaires ; et par cela seul cependant que l'accusation
flotte incertaine sur les cinq notaires, sans se fixer
précisément sur aucun, la justice en conclut qu'il
n'y a pas diffamation contre celui d'entre eux qui
sort des rangs pour se plaindre : *à fortiori*, par conséquent, il en doit être de même d'un reproche qui,
dans le système de l'accusation, s'adresserait en
masse à l'universalité des habitants de toute une ville.

Ainsi, messieurs, *il n'y a vraiment pas de partie
en cause qu'on puisse légalement prétendre avoir
été diffamée ;* il n'y a pas d'action.

Supposons cependant qu'une action a été régulièrement introduite ; que les vingt-cinq mille habitants ont nominativement porté plainte; que les anciens fonctionnaires en ont fait autant; que les autorités actuelles ont agi de même : eh bien! voyons, de quoi s'agit-il?

Qu'a prétendu M. Jouy? Il a dit que ces mots, *fidélité de* 1793, ne pouvaient pas signifier *fidélité envers la France;* qu'en effet Toulon ayant été *livré à l'étranger*, ce serait donc à l'étranger qu'on aurait été fidèle; que, s'il en était ainsi, l'étranger seul devrait s'en réjouir, et devrait récompense à ceux qui ont valu cet honneur à leur ville : M. Jouy, en un mot, trouve cette inscription *étrange*.

M. Jouy a parfaitement raison en ce sens.

Il ne reproche pas aux Toulonnais leur fidélité envers le roi. Si telle avait été son intention et son langage, il serait inexcusable, et mes sentiments ne seraient point ici d'accord avec les siens. Il nie seulement que livrer une place française à l'ennemi soit un acte de fidélité envers la France. Voilà tout son crime. — Eh bien! je le répète, il a raison, même dans le sens de la légitimité.

En effet, même en partant de cette idée, que toute la France, sauf quelques Toulonnais commandés par M. le baron d'Imbert, était *infidèle*, ou, si l'on veut, *rebelle*, je dis que le roi ne pouvait pas desirer que les ports et les arsenaux de la marine française fussent livrés à l'Angleterre, à l'étranger, en un mot : et j'en ai pour garant ce qui s'est passé en 1815. Lorsqu'à cette époque les Bourbons se virent obligés de fléchir sous l'empire des événements, et de se replier vers le nord de la France, un des plus nobles interprètes du roi publia, d'après les instructions formelles de S. M., deux ordres du jour remarquables. L'un, daté de Lille, du 20 mars, est adressé à tous les commandants de place, et leur rappelle « qu'ils ne doivent pas permettre « *qu'aucune troupe étrangère,* sous quelque prétexte « que ce soit, y soit admise. » Pourquoi ? Parceque les ennemis de S. M. faisaient courir le bruit, très défavorable pour elle, qu'elle voulait introduire les étrangers dans le royaume, tandis qu'au contraire S. M. sentait parfaitement qu'il était de sa dignité comme de son intérêt de n'être défendue que par des Français.

Le second ordre du jour, daté de Lille le 23 mars, porte : « Le roi vient de sortir de Lille ; je vous « dégage de l'observation des ordres que je vous « ai transmis en son nom : je m'en rapporte à votre « *patriotisme* pour faire ce que vous croirez le plus « convenable *aux intérêts de la France.* »

Or il n'a jamais été, il ne sera jamais convenable aux intérêts de la France de livrer son territoire à l'occupation de l'étranger, et sur-tout de mettre sa marine et ses ports à la merci de l'Angleterre. Aussi a-t-on vu toutes nos places fortes fermer leurs portes à l'étranger, et conserver intact l'honneur de leurs remparts. On a vu, dans Huningue, le brave commandant d'une garnison de cinquante hommes résister à une armée de quinze mille hommes : mais aucune ville, aucun fort ne s'est ouvert ni livré à l'étranger; aucun commandant français ne s'est rendu à d'autres qu'au roi, et le roi ne demandait pas autre chose. En effet les bons rois sont comme la vraie mère : elle aimait mieux perdre son fils tout entier que de le partager avec une femme étrangère. Un bon roi comme le nôtre aimait encore mieux, j'en suis sûr, voir son royaume, ses ports, sa marine, ses arsenaux, intacts et florissants dans les mains de ses sujets, *même infidèles,* que de les voir incendiés et détruits par l'étranger. Henri IV nourrissait Paris, au risque d'en prolonger le siége: « J'aimerais mieux, disait-il, n'avoir point de Paris « que de l'avoir tout ruiné et désolé par la mort de « tant de personnes. » Louis XVIII aussi a admiré le courage de nos armées, et il a eu la grandeur d'ame de rendre hommage à leur valeur dans le temps même où chaque victoire semblait l'éloigner à jamais du trône de France.

Le régime de la Convention était intolérable sans doute. Eh bien, imitez les Lyonnais; séparez-vous de la Convention : mais ne vous séparez pas de la France; mais ne vous livrez pas à l'étranger; mais n'engagez pas votre ville comme un bien qui soit dans le commerce; et ne l'hypothéquez pas, par acte devant notaire, au remboursement d'une somme d'argent qu'il s'agit d'emprunter!

Une femme malheureuse avec son mari s'en sépare quand la vie commune lui est devenue insupportable; mais tout lien, tout devoir, n'est pas rompu; toute pudeur n'est pas détruite; et ce n'est pas une raison pour qu'elle se prostitue au premier venu, et lui livre les meubles de la communauté, sauf à mettre ensuite sur la maison commune : *Fidélité conjugale*.

Si l'on veut apprécier l'action dont il s'agit, il faut la juger par les *faits*. Respectons les intentions, l'entraînement, l'erreur, la fausse confiance; mais enfin voyons et pesons les *résultats*.

Certes, personne n'est plus disposé que moi à rendre justice au caractère du peuple anglais. Il compte dans son sein un grand nombre d'hommes généreux qui honorent leur nation et leur siècle.

Mais, pouvons-nous nous dissimuler la politique machiavélique de son gouvernement envers la France? sa rivalité sans cesse aiguisée par les souvenirs historiques, sa jalousie constamment entretenue par notre prospérité, sa haine vindicative allumée par le souvenir, si récent alors, des secours que nous avions donnés à l'indépendance américaine?

Eh quoi donc! l'Anglais ne fut-il pas de tout temps l'ennemi, l'implacable ennemi de notre commerce et de notre industrie, de notre marine et de nos ports, sur-tout dans la Méditerranée, où il ne possédait encore, à l'époque dont nous parlons, ni Malte ni Corfou?

Ces insulaires entrent dans Toulon, quelle est leur conduite? Ils y arborent leur pavillon, ils refusent d'y admettre un prince français : Ce serait, dit l'amiral anglais, *destituer* S. M. britannique. Voilà donc le roi que s'est donné Toulon !

A leur retraite, ils détruisent tout ce qu'ils ne peuvent emporter.

A l'exception d'un certain nombre de privilégiés, ils laissent le reste de leurs amis sur le rivage, exposés au double feu de la flotte qui s'éloigne et des assiégeants qui y pénétrent. Funeste prélude de *Quiberon*, où les restes de notre marine royale devaient aussi périr entre deux feux !

Français ! voilà l'étranger tel qu'il fut constamment pour vous : toujours prêt à se mêler de vos querelles pour les envenimer; et, après vous avoir mis aux prises et rançonnés, toujours alerte à se retirer en foudroyant indistinctement et ceux qui le repoussaient et ceux qui l'avaient appelé.

Henri IV le connaissait bien, lorsqu'il criait aux siens : « AMIS, *main basse sur l'étranger !* » Que cela serve à jamais de leçon à ceux qu'une aveugle confiance porterait encore à se jeter dans ses bras. « Bras si tendres à s'ouvrir, dit notre ermite, mais

« qui ne se resserrent que pour étouffer tout ce qu'ils
« embrassent. »

Après cela, faut-il discuter encore l'article de
M. Jouy ? s'étonnera-t-on de ce qu'il s'étonne que la
fidélité du propriétaire (de l'être fantastique dont
il parle) n'a pas été récompensée par une place de
shérif à Londres ou de corrégidor à Madrid ?

Mais ce qu'il n'a dit qu'à titre d'ironie se trouve
être une réalité ; car l'un de ceux qui se vantent d'a-
voir pris le plus de part à la livraison de Toulon
aux Anglais n'a pas seulement obtenu de leur dés-
intéressement les certificats les plus satisfaisants de
la bonne conduite qu'il a tenue à leur égard, mais
il a encore obtenu une *pension* du gouvernement
anglais. Cette pension, qu'il la conserve ! il en peut
toucher les intérêts en sûreté de conscience : c'est
un pécule assez chèrement acquis.

Quant au reproche d'avoir contesté à la ville de
Toulon la validité ou la dignité de ses *armoiries,*
c'est une pure rêverie de messieurs les commentateurs. Nous ignorions que la ville eût obtenu des
armoiries ; l'article n'en dit pas le mot, l'accusation
n'en dit rien non plus : la défense n'en dira pas davantage.

Jusqu'ici, messieurs, j'ai démontré qu'il n'y avait
pas de véritable plaignant ; j'ai ensuite établi qu'en
tout cas l'article n'était pas diffamatoire.

J'admets maintenant, et par pure hypothèse, que le reproche dont il s'agit fût réellement de nature à porter atteinte à la considération d'une personne connue ou d'un corps déterminé : mais, dans ce cas-là même, M. Jouy ne pourrait être condamné qu'autant que les faits avancés par lui seraient faux ; car s'ils sont vrais et prouvés, quelque désagréables qu'ils soient, ils ne peuvent pas être réputés diffamatoires.

Or il se trouve précisément que tout ce qu'a dit M. Jouy est vrai et prouvé. Je ne parle pas des témoins qu'il aurait pu appeler de Toulon même, en les prenant en grand nombre parmi les vingt-cinq mille habitants soi-disant plaignants par l'organe de leur maire, s'il en avait eu besoin, ou s'il eût aimé le scandale, et qu'il n'eût pas craint de réveiller les haines des partis ; mais je parle de preuves écrites, de preuves qui, même sous l'empire du Code pénal, qui exigeait la *preuve légale*, auraient suffi, car elles ont éminemment ce caractère.

Qu'on ouvre *le Bulletin* des lois, que l'on consulte *le Moniteur* : on y trouvera des *Proclamations du gouvernement*, des *Rapports officiels*, des *Décrets* émanés d'une autorité en qui la Charte a reconnu le pouvoir législatif, qui ont qualifié l'introduction des Anglais dans Toulon de la manière la plus rigoureuse, en prescrivant, à titre de représailles et d'indemnités, des confiscations et des actes de sévérité qui, pour être déplorables, n'en sont pas moins des faits certains; or il ne s'agit que des faits.

A côté de tant d'actes authentiques et législatifs se trouve le témoignage et la puissance de l'histoire, d'une histoire écrite en France et chez l'étranger, où les évènements de Toulon sont présentés sous des couleurs bien plus rembrunies que celles dont s'est servi l'*Ermite en province*.

Ici en effet, messieurs, s'ouvre une thèse qui suffit seule à la décision de la question. Elle n'est pas seulement de raisonnement; elle est aujourd'hui de jurisprudence, ayant été accueillie dans une circonstance où tout cependant semblait devoir en écarter l'application.

Un journal avait accusé le maréchal Brune de *s'être engraissé du sang et de la ruine de l'Helvétie*: sa veuve porta plainte; l'affaire fut renvoyée à la cour d'assises. Là tout semblait présager le succès, la faveur des faits; car non seulement la preuve des inculpations n'était pas rapportée, mais la veuve représentait *les pièces authentiques* qui attestaient que la comptabilité de l'Helvétie avait été tenue avec la plus scrupuleuse régularité sous le commandement du général Brune.

La calomnie semblait d'autant plus odieuse qu'elle s'attachait à la mémoire d'un guerrier dont la rage des partis avait pu trancher la vie, mais dont la mémoire au moins devait être respectée.

Enfin qui se plaignait? Une veuve portant le deuil de cette mort sanglante et toujours invengée!...

Cette cause, assurément, inspirait plus d'intérêt que celle d'un corps de ville qui plaide pour l'universalité de ses habitants. Eh bien! que nous a dit le ministère public quand nous avons présenté la plainte de la veuve? J'ouvre *le Moniteur*, et j'y trouve, à côté de ma plaidoirie, le réquisitoire de M. de Broë, dont j'extrais les passages suivants : « Il « faut, avant tout, bien fixer nos idées sur ce que « l'on peut nommer *faits historiques.*

« Si nous parlons de faits qui remontent déjà à « des temps *assez éloignés de nous*, on pourra nom-« mer *historiques* tous les faits, de quelque nature « qu'ils soient, qui nous ont été *transmis par les di-« vers écrits publics sur l'histoire de ces temps.*

« S'il s'agit au contraire de faits moins anciens, « *l'autorité et le nombre des ouvrages déjà publiés* se-« ront encore d'un grand poids, puisqu'ils commen-« ceront cette tradition historique que le temps seul « peut affermir.

« Mais aussi, lorsque la date des événements sera « contemporaine, il semble que la qualification de « *fait historique* dépendra moins de la publication « qui en aura déjà été faite dans des écrits récents « que de la nature même des faits, et des impres-« sions qu'a reçues à leur égard une opinion pu-« blique qu'il est facile d'interroger encore.

« Ainsi, des faits de la vie privée qui seront ré-
« vélés par des libelles ne deviendront pas, par cela
« seul, des *faits historiques*.

« Mais il est *d'autres faits* dont la connaissance
« appartient au public, par cela même qu'ils l'inté-
« ressent plus directement : ce sont ceux qui ont
« une telle *relation* avec *les intérêts généraux de l'état*,
« que leur *importance* doit leur assigner *une place*
« *dans l'histoire*, et sur-tout dans l'histoire contem-
« poraine.

« Dans ce nombre se placent naturellement les
« *actions militaires* des généraux, les *négociations*
« *diplomatiques* des ambassadeurs, les actes des mi-
« nistres, les propositions des membres des deux
« chambres, et autres objets du même intérêt dans
« l'ordre politique de l'état.

« A l'instant où des actes de cette nature s'exécu-
« tent, l'attention générale s'en empare, et *l'opinion*
« *publique les juge*.

« C'est là, messieurs, que commence le domaine
« de l'histoire contemporaine, chargée en même
« temps d'instruire le siècle présent et de fournir
« aux temps à venir des matériaux pour l'histoire
« générale.

« Il est facile de sentir que beaucoup de détails
« sur les hommes et sur les choses sont utiles et même
« nécessaires dans l'histoire contemporaine, préci-
« sément à cause du double but qui lui appartient.

« Où l'historien recueillera-t-il ces détails? sera-ce
« uniquement dans des documents officiels? mais il
« sera le plus souvent impossible de se les procurer
« ou de les réunir.

« Et d'ailleurs, parmi les faits qui appartiennent
« à l'histoire et que nous venons de signaler, n'en
« existe-t-il pas une foule qui, par leur nature même,
« ne comportent pas l'existence de preuves écrites?

« Il faut donc reconnaître que, par la force ordi-
« naire des choses, les éléments ordinaires de l'his-
« toire contemporaine seront des *relations du mo-
« ment*, des *bruits publics*, en un mot une *sorte de
« notoriété* souvent conforme, mais quelquefois
« aussi contraire à la vérité, souvent du moins su-
« jette à une grande exagération.

« Il faut reconnaître enfin qu'exiger de l'historien
« qu'il ne travaillât que sur des pièces authentiques,
« et lui demander la preuve de tous les détails qu'il
« avance, serait le réduire à l'impossible, *et empê-
« cher d'écrire l'histoire.*

« . . . .
« Mais quand aura-t-il la liberté d'écrire sans crainte,
« s'il doit prévoir encore *des procès* après la mort de
« ceux dont il est cependant nécessaire qu'il parle
« *avec franchise?* . . . .
« . . . .
« Si la société confie au ministère public le soin de
« poursuivre en son nom la punition des délits qui

« l'offensent, l'organe de la loi ne peut point oublier
« que la société ne veut être vengée que selon la loi.

« La démarche honorable d'une veuve, si mal-
« heureuse par ce seul titre, peut toucher son cœur
(le cœur du ministère public!); mais la pitié ne sau-
« rait transformer en droits légaux un intérêt pure-
« ment moral et le cri touchant de la douleur. »

La cour était présidée par le même magistrat;
ses souvenirs sont ici d'accord avec les miens : la
doctrine du ministère public prévalut, et l'accusé
fut renvoyé absous.

Verrait-on donc ici une décision en sens contraire?
Et quelle serait, je vous prie, la raison de différence? à moins qu'on ne dise que l'auteur du *Drapeau blanc* était un *historien* et M. Jouy un *libelliste;* que l'un a été acquitté parcequ'il avait maltraité un *général français* qui avait versé son sang
pour son pays, tandis que M. Jouy a osé médire
de *l'étranger;* ou bien encore que l'occupation de
Toulon, son siége et sa reprise, sont des faits moins
éclatants, moins historiques, que le décompte des
sommes trouvées dans les caisses de la ville de
Berne!

M. Jouy a trouvé l'*Histoire de Toulon* tout écrite;
il a pu en parler comme il l'a fait. Il a pu dire, et
je le répète avec lui, que les mots *fidélité de* 1793
n'exprimeraient jamais que la fidélité d'une ville de
France pût consister à ouvrir ses portes à l'étranger.

En fait d'histoire et de mœurs il faut se reporter aux temps dont on parle, et non se concentrer dans les temps où l'on écrit; autrement les historiens du Bas-Empire condamneront tout ce qui s'est fait sous le règne des Fabricius, des Camille, et des Scipions : la liberté de ces premiers temps deviendrait une offense trop directe pour les temps de bassesse et de servilité.

Si l'on ne peut écrire l'histoire des trente années qui viennent de s'écouler qu'avec les idées qui dominent aujourd'hui, c'est-à-dire avec l'idée acquise ou innée de la légitimité, chaque victoire sera réputée carnage, chaque trait d'héroïsme un forfait éclatant, chaque fonctionnaire un traître, tout citoyen un rebelle. On ne changerait pas seulement les principes, on dénaturerait tous les faits. Pour peu qu'un écrivain s'écartât du point de vue sous lequel l'autorité voudrait voir certains faits présentés, la censure vous dirait d'abord : « Racontez le fait d'une « autre façon : tels et tels écrivains l'ont ainsi pu- « blié; *cette version paraît plus vraisemblable.* » Et si l'auteur ne se rendait pas à cette observation, on le traduirait à la cour d'assises. Ainsi le gouvernement n'aurait plus besoin d'historiographes; on ferait de l'histoire avec le jury.

Relativement à la France, les Anglais et les Espagnols étaient nos ennemis; ils nous faisaient la guerre en 1793. Or lorsque, dans une guerre où toute la France était engagée contre ces puissances, une seule ville s'est détachée de la cause commune pour se réunir à l'étranger, peut-on dire qu'elle soit restée *fidèle* à la France?

Si, dans une bataille livrée par des Français contre l'étranger, un général déserte le poste qu'il a d'abord accepté; si, au lieu de s'y comporter en brave, il traverse la ligne et passe à l'ennemi au moment où l'action s'engage, emportant avec lui le secret des opérations; s'il a livré ainsi ses camarades au fer et au feu de l'ennemi, pourra-t-il graver sur son épée le mot *fidélité?*...

Il est des devoirs envers son prince; il en est envers sa patrie. Ah! sans doute ce mot sacré, si diversement défini par quelques uns, veut être sainement entendu par tous; mais, si je l'ai bien compris, à mon sens *la patrie est un dieu jaloux qui ne veut pas qu'on sacrifie sur son autel à des dieux étrangers.*

Vous êtes Français, vous a dit M. l'avocat général : vraiment oui, et je m'en félicite avec lui. Eh bien, jurés français! pesez cette seule considération; songez à quel point les Anglais auraient sujet de se réjouir s'ils voyaient des Français condamner un Français pour avoir osé dire que livrer Toulon aux Anglais ne passerait jamais pour un acte de fidélité envers la France, sur-tout quand les rapports officiels adressés à leur gouvernement attestent, et quand leurs historiens proclament avec emphase, que cet événement a porté un coup mortel à la marine française!

Eh! qui condamnerait-on? quel homme immolerait-on en cette circonstance à l'orgueil britannique? Un de nos littérateurs les plus distingués, un homme qu'on ne saurait accuser d'avoir été révolutionnaire; un citoyen qui, à cette même époque où Toulon ouvrait ses portes à l'ennemi, échappait par la fuite à une sentence de mort portée contre lui au tribunal révolutionnaire, où il avait été traduit avec son brave et loyal ami le général Omoran, dont il était alors aide-de-camp, et qui périt sur l'échafaud!

Que ce procès est désolant pour tout bon Français! qu'il est sur-tout impolitique!... Si les hommes qui ont livré Toulon aux Anglais ont le droit de s'appeler *fidèles* par opposition au reste de la nation, et comme *par privilége*, de quel nom faudrat-il donc nommer tous les autres Français, et surtout ces guerriers dont le bras a reconquis ses murs sur l'étranger?

O imprudente mairie de Toulon! que le roi, votre sire et le nôtre, a bien mieux jugé les hommes et les choses, en admettant également auprès de sa personne et ceux qui crurent le servir en appelant imprudemment l'étranger et ceux qui crurent servir la France en chassant glorieusement l'ennemi de son territoire! Il a récompensé les bonnes intentions de M. de Brécy, par exemple, en le nommant lecteur de son cabinet; mais, dans son palais aussi, parmi ceux qu'il affectionne le plus, et à la tête de sa garde dont il est major-général, se trouve un maréchal de France, Victor, qui, digne de ce beau nom, reprit sur les Anglais la grande redoute de Toulon, que l'aspérité de ses abords avait fait surnommer le *Petit-Gibraltar*, et qui mérita, par ce haut fait d'armes, le grade de général de brigade qui l'a conduit depuis au sommet des honneurs dont il est aujourd'hui revêtu.

De tout temps il a été permis aux citoyens d'énoncer leurs opinions sur les inscriptions qui décorent ou qui chargent les édifices publics. On corrige leur style, on en reprend le sens; et ce qui n'est qu'un droit, quand la critique est purement grammaticale ou littéraire, devient un devoir de la part de celui qui aperçoit dans une inscription privilégiée quelque chose d'injurieux à l'honneur de son pays et au caractère de ses compatriotes.

Une inscription est passible de toutes les critiques, précisément parcequ'elle est exposée à tous les regards. Un savant les commente, le voyageur les interroge; chacun peut en dire son sentiment.

En disant le sien sur celle de Toulon, M. Jouy a usé de son droit comme Français et comme écrivain; il n'a diffamé personne: aucun individu nominativement ne peut se dire attaqué ; il n'a parlé que des faits et n'a jugé que les faits. Ces faits sont diversement appréciés ; les opinions, les témoignages sont divisés ; eh bien ! que chacun reste provisoirement dans son sentiment : les uns prétendent qu'en appelant l'étranger chez eux ils ont fait un acte de patriotisme, et M. Jouy, ainsi que beaucoup d'autres, soutiennent que ce n'est pas un acte de fidélité envers la France : la postérité jugera cette question.

Mais que dis-je? les Toulonnais eux-mêmes l'ont déja jugée. A Toulon, comme dans toutes les cités françaises, les bons citoyens sont en grand nombre, en immense majorité. Aucun d'eux, j'en suis sûr, ne se vante d'avoir contribué à livrer sa ville aux Anglais : tous déplorent cet événement comme le résultat d'une funeste et terrible nécessité. Mais cette nécessité même, qui les excuse aux yeux de tous, ne les absout pas à leurs propres yeux. M. l'avocat-général a parlé du respect des anciens pour leurs murailles, qu'ils avaient mises au rang des *choses saintes :* mais Romulus poussant la sévérité dans l'application du principe jusqu'à tuer son frère Remus, qui avait franchi la nouvelle enceinte de Rome, n'a pas voulu dire qu'on pourrait impunément en ouvrir les portes à l'étranger. Ce n'est pas le sens de cette leçon terrible qu'il grava sur ses murailles : *Sic deinceps qui transiliet mœnia mea.*

Qui ne connaît en effet l'orgueil d'une place de guerre pour ses remparts, sa défiance inquiète contre l'étranger, et l'antipathie naturelle qu'une ville maritime du premier ordre devait nourrir dans son sein contre l'implacable ennemi de la marine française? Ainsi ce n'est point, comme on le prétend, l'universalité des Toulonnais qui accuse le trop véridique ermite... : ils savent bien que cet historien de nos mœurs n'a point voulu diffamer leur cité. Il a déploré ses malheurs....; mais il n'a pas voulu qu'on s'en fît un prétexte pour accuser le reste de la France.

Il a dit de Toulon ce que tous ses habitants savent aujourd'hui par expérience: que, s'il y a parfois des risques à courir parmi les siens, il n'y a jamais de salut à attendre de l'étranger.

Les Toulonnais en sont si fortement convaincus, qu'en 1815, lorsque l'Anglais s'est présenté devant la ville, se disant encore allié, et s'offrant comme libérateur, on lui a répondu à coups de canon. Par là les Toulonnais ont reconquis leur honneur : qu'on ne vienne pas demander pour eux une autre réparation à la cour d'assises.

Que leur noble cité s'honore constamment de son attachement pour son roi : rien de plus légitime.

Mais qu'elle ne se prenne pas d'orgueil au point de prétendre, aux dépens du reste de la France, qu'elle seule connut la *fidélité*, même en 1793 ; car personne au monde ne détruira la vérité de cette proposition, que, pour pouvoir se dire fidèle à la France, une ville française ne doit jamais se livrer à l'ennemi.

M. de Vatimesnil a repris la parole pour discuter non plus le fond de l'affaire, qu'il a paru abandonner, mais seulement quelques points de droits. L'avocat de M. Jouy n'ayant pas jugé nécessaire de répliquer, ce dernier a prononcé le discours suivant :

Messieurs, je n'ai rien à ajouter pour ma défense personnelle, et je craindrais d'affaiblir par la véhémence des paroles où pourrait m'entraîner une trop juste indignation l'ascendant du bon droit, la force des vérités, l'évidence des raisons qu'une voix éloquente et patriotique a bien voulu prêter à ma cause ; qu'il me soit seulement permis de vous soumettre quelques réflexions dont vous apprécierez la justesse dans l'intérêt général de cette sage liberté de la presse, dont l'absence constitue pour une nation l'état d'esclavage, et dont les droits ne sauraient être mieux garantis que par les lois mêmes qui en proscrivent l'abus.

J'écris un ouvrage où je me suis proposé l'examen spécial des mœurs françaises à l'époque de notre histoire où s'y est opéré le plus grand changement.

Treize volumes déjà publiés sur ce sujet, et multipliés par la traduction dans toutes les langues de l'Europe, ne m'ont point fait illusion sur l'insuffisance de mes efforts à lutter dans une carrière où les La Bruyère et les Addison ne souffrent point de rivaux ; je n'ai dû, je le sais, un succès auquel j'étais loin de prétendre qu'à ce respect pour la vérité, à cet amour pour la patrie, auxquels j'ai voué ma vie et consacré ma plume

J'ose croire que ces sentiments sont plus particulièrement empreints dans la dernière partie de mon ouvrage, qui a pour objet les mœurs des diverses provinces de France.

Arrivé à Toulon, je n'ai pu passer sous silence les déplorables événements de 1793, qui tiennent tant de place dans l'histoire de cette ville. Il m'était permis sans doute d'en parler après vingt-sept ans comme en parlera la postérité, et d'user du droit acquis à tout historien de citer les faits dans toute leur exactitude, dans toutes leurs conséquences, et de les juger d'après les principes inexorables de cette morale universelle qui ne reconnaît plus l'empire des circonstances, et qui donne au patriotisme lui-même la justice et l'humanité pour régles.

Cependant, messieurs, il vient de vous être prouvé que, cédant à des considérations auxquelles je pouvais me soustraire, je me suis contenté de dire qu'à cette funeste époque de 1793 il existait dans les murs de Toulon, comme dans le reste de la France, trois partis bien distincts, les terroristes, les contre-révolutionnaires, et les constitutionnels, appelés alors *fédéralistes;* que ceux-ci, révoltés des excès odieux auxquels se portaient les premiers, dont l'audace avait momentanément usurpé la puissance, encouragés par la noble insurrection des Lyonnais, se déterminèrent à méconnaître l'autorité du gouvernement révolutionnaire, et à s'isoler dans leurs murs, en protestant de leur fidélité à la constitution de 1791. J'ai ajouté que la faction contre-révolutionnaire s'empara de ce mouvement généreux pour satisfaire ses vengeances, et que d'horribles représailles furent exercées non seulement contre les terroristes, mais aussi contre de vrais patriotes. En avouant la réciprocité du crime, j'en ai voilé l'épouvantable tableau, et j'ai réservé toute l'indignation de mon ame pour peindre les maux affreux que la domination étrangère attira sur cette belle et malheureuse cité.

A Dieu ne plaise, messieurs, que je cherche jamais à atténuer l'horreur que la guerre civile inspire! Je dois le dire cependant, il est une guerre plus odieuse encore, c'est celle où la vengeance arme contre la patrie des mains étrangères. Sylla est, à mes yeux, moins coupable que Sertorius : celui-là du moins voyait la patrie dans Rome subjuguée par le sénat et par des légions romaines ; l'autre voulait que la patrie résidât en lui seul : *Rome n'est plus dans Rome*, disait-il ; *elle est toute où je suis.* Un pareil langage est celui de l'orgueil en démence. La patrie n'est point où est un homme, elle est où sont les tombeaux de nos pères et les berceaux de nos fils ; elle est où sont les devoirs qui nous enchaînent, les institutions qui nous protégent, où sont, en un mot, nos affections, nos besoins, nos souvenirs et nos espérances.

Ce sentiment qui domine dans l'écrit qui vous est dénoncé ne m'a rendu injuste ni envers les habitants ni envers les magistrats de Toulon : loin de les accuser, le chapitre qui les concerne dans mon ouvrage, et que j'aurais voulu mettre tout entier sous vos yeux, n'a pour objet que de les venger autant qu'il est en moi d'un soupçon que le malheur des temps a fait peser sur eux.

Placés entre la terreur que leur inspirait l'armée conventionnelle, qui s'avançait contre eux, et la honte d'ouvrir leurs murs à l'ennemi, dont la flotte était en vue, les Toulonnais ne prirent conseil que de leur désespoir, et le plus beau port de la Méditerranée, la ville maritime la plus riche en magasins, en chantiers, en arsenaux, fut livrée aux ANGLAIS !

L'histoire, messieurs, ne permet pas aux partis de s'emparer des événements pour s'arroger un honneur qui ne leur est point dû. Ce n'est point par attachement à la dynastie qui règne aujourd'hui sur la France que Toulon, en 1793, ouvrit ses portes à nos plus implacables ennemis; ce fut par nécessité, et j'appelle de ce nom cet instinct de la conservation de soi-même que l'héroïsme seul peut vaincre, et qui nous porte machinalement, dans des circonstances éminemment périlleuses, à prendre le parti où nous croyons voir une chance de salut.

Si quelques uns des habitants de Toulon, dont les conseils prévalurent dans cette fatale journée, étaient dirigés par l'espoir de conserver cette ville aux héritiers d'un trône que l'orage révolutionnaire avait renversé, combien leur illusion dut être courte ! Tout le monde sait quelle fut la conduite des Anglais pendant les quatre mois qu'ils furent maîtres de cette ville, pendant le siège qu'ils y soutinrent, et la dernière postérité se souviendra des horribles adieux qu'ils firent aux Toulonnais, lorsqu'ils se virent contraints à les abandonner.

En rendant compte de cette grande catastrophe, j'aurais pu répéter ce qui est écrit par-tout, ce que l'impartial historien des *Victoires et Conquêtes* a développé dans les deux premiers volumes de ce recueil; ce que l'on trouve dans le moindre dictionnaire géographique ; EN 1793 TOULON A ÉTÉ LIVRÉ A L'ENNEMI. Mais, beaucoup plus scrupuleux que tous les autres écrivains, je n'ai accusé que les malheurs des temps; et, sans m'armer contre les individus de l'irréfragable témoignage du *Moniteur* et de tant de preuves légales qu'il pouvait me fournir, je me suis contenté de poser en principe général que l'action de livrer une place aux ennemis de son pays ne pouvait, en aucun temps, en aucun cas, être donnée comme une preuve de fidélité : s'il était possible qu'une pareille réflexion parût coupable à des jurés, à des juges français, quel autre parti resterait-il à l'écrivain le plus fort de ses principes, le plus sûr de ses intentions, que de briser sa plume en proclamant cette dernière vérité, qu'à aucune époque de notre histoire la presse et la pensée n'auraient gémi sous un plus honteux esclavage, et s'écrier, avec l'immortel président Montesquieu : « Malheur, parmi nous, à tout écrivain
« qui a quelque noblesse dans l'esprit et quelque
« droiture dans le cœur ! on lui suscite mille persé-
« cutions; on ira contre lui soulever les magistrats
« sur un fait qui s'est passé il y a cent ans, et on

« voudra que sa plume soit captive, si elle n'est
« pas vénale ! Plus heureux cependant que ces hom-
« mes lâches qui abandonnent leur foi pour une
« médiocre pension; qui, à prendre toutes leurs
« impostures en détail, ne les vendent pas seule-
« ment une obole; qui renversent la constitution de
« l'état, donnent aux princes, ôtent aux peuples,
« font revivre des droits surannés, flattent les pas-
« sions qui sont en crédit de leur temps, et imposent
« à la postérité d'autant plus indignement qu'elle
« aura moins de moyens de détruire leur témoi-
« gnage ! »

L'auteur de l'*Esprit des Lois*, président de la seconde cour du royaume, s'exprimait ainsi en 1728, sous un gouvernement absolu; et moi, en 1820, sous un régime constitutionnel, je suis traduit devant un tribunal pour avoir insinué que les hommes qui, en 1793, ont livré une ville française à l'ennemi auraient pu se prévaloir avec moins de faste de ce qu'ils appellent leur fidélité ! C'est à vous, messieurs, de juger le mérite d'une pareille accusation.

M. le président a résumé la plaidoirie avec cette noble simplicité, avec ce calme d'une raison impartiale, qui caractérisent ce digne magistrat.

Après une absence de quelques minutes les jurés

ont repris leur place, et le chef a déclaré en leur nom que la plainte n'était point fondée.

Le jury se composait de
MM. Lot, *avoué.*
  Colin de Saint-Menge, *notaire.*
  Dumas Descombes, *négociant.*
  Fessart, *négociant.*
  Empaire, *négociant.*
  Vautour, *négociant.*
  Bertrand, *notaire.*
  Beauval, *sous-chef aux impositions indirectes.*
  Doniol, *chef à l'administration de l'enregistrement.*
  Richard de La Hautière, *négociant.*
  Gueffier, *imprimeur.*

SECOND PROCÈS.

PLAIDOYER DE M. DUPIN
POUR M. JOUY.

Audience du 29 janvier 1823.

Si l'on me demandait mon sentiment particulier sur les *Biographies des hommes vivants*, je n'hésiterais pas à désapprouver ce genre d'ouvrages : ils devraient être interdits; et j'estime bien plus sage la méthode de Plutarque, invoquée par M. l'avocat du roi, ou même celle des Égyptiens, qui ne jugeaient les hommes qu'après qu'ils étaient ensevelis dans la tombe, mais qui, à cet instant solennel, jugeaient même les actions de leurs rois.

Cependant, messieurs, du moment qu'un ouvrage de ce genre a paru, s'il a pris la couleur exclusive d'une opinion, il appelle la contradiction de l'opinion contraire. En cela, comme en toute controverse, qui n'entend qu'une partie n'entend rien. Les faits ont été travestis, on voudra les rétablir; certains actes mal qualifiés, il faudra leur restituer leur véritable caractère; des réputations injustement ternies, il s'agira de les réhabiliter. Telle est l'intention qu'ont annoncée les auteurs de la *Biographie nouvelle des contemporains*. Ont-ils tenu parole? Oui, si l'on en juge par la manière dont ils ont traité les articles *Bonchamps, Catelineau, Charette :* rendant un juste hommage à la valeur et au dévouement de ces chefs vendéens, et relevant avec éloge les actes de courage et d'humanité qui les ont honorés sur le champ de bataille ; oui, si l'on en juge par l'article du *duc de Choiseul*, dont le nom, comme la vie, rappelle tout l'héroïsme d'un dévouement chevaleresque et d'un patriotisme éprouvé.

Enfin, ce qui parle en faveur de cet ouvrage plus haut que notre discours, neuf volumes ont déja paru, contenant chacun plus de huit cents articles : un seul volume est dénoncé, et dans ce volume, deux articles seulement sont signalés par le ministère public; et dans ces articles enfin, l'un n'offre qu'une phrase, et l'autre ne contient qu'une ligne que l'accusation ait cru pouvoir vous déférer.

M. Jouy est depuis long-temps l'objet d'une sollicitude particulière; il a déja essuyé presque autant de procès que *Sylla*[1] sut obtenir de consulats.

---

[1] On ne pouvait rappeler avec plus d'art que l'accusé est auteur de la tragédie de *Sylla*, qui était alors à sa cinquante-unième représentation.

On l'accuse, cette fois, d'avoir voulu provoquer à la haine et au mépris du gouvernement du roi ; et cette accusation est grave, car, suivant un écrivain[1] dont l'opinion peut servir de commentaire à la loi qui a motivé l'accusation, il n'y a rien de plus dangereux pour un gouvernement que d'encourir la haine et le mépris.

(M. Dupin lit ensuite l'article des *frères Faucher*, dont M. Jouy s'est déclaré l'auteur. Il n'y trouve point le caractère de criminalité que lui prête l'accusation.)

M. Jouy a expliqué ses motifs d'intérêt personnel pour les frères Faucher. Il a exprimé ses regrets d'une condamnation qui appartient à des temps déjà loin de nous. Il a parlé de deux condamnations ; toutes deux sont historiques : il a remarqué une différence saillante, et l'on peut dire sanglante entre les deux ; mais il n'a point pour cela provoqué à la haine contre le roi ni contre son gouvernement.

Ce serait tout au plus sur le ministère de 1815 que tomberait le reproche ; ministère qui a cessé, ministère contre lequel on a épuisé toutes les formules d'injures, d'attaques, et de diffamation ; ministère dont celui-ci n'a pas jusqu'à présent entendu se rendre l'apologiste, ni se constituer le vengeur.

Ou bien ce sera, si l'on veut, une attaque contre

---

[1] Machiavel, dans son livre *du Prince*, chap. IX, intitulé : *Il faut éviter de se rendre méprisable et odieux*.

le parti qui, en 1815, était impatient de condamnations et pressait les exécutions. Que n'a-t-on pas dit en effet, avec toute liberté, sur les réactions de 1815, à Bordeaux, à Lyon, à Nîmes, et ailleurs? Mais tout cela n'est pas le gouvernement du roi, car ce gouvernement n'est pas celui d'un parti.

Enfin, ce sera, je le suppose, un trait lancé contre la juridiction expéditive qui a prononcé sur le sort des frères Faucher; juridiction heureusement abolie, et qui, parmi les souvenirs qui s'y rattachent, n'a pas du moins laissé le sentiment du regret.

Le célestin de Marcoussi osa dire à François Ier, qui visitait le tombeau de Montaigu, et qui plaignait ce ministre d'avoir été condamné à mort *par justice :* « Vous vous trompez, sire, *ce fut par des « commissaires.* » On a pu dire de même en parlant des frères Faucher: *Ce fut par des prevôts* qu'ils furent condamnés; ce fut par des juges soi-disant militaires, des juges d'exception enfin, qui ne laissèrent pas à la grace le temps d'arriver! Le célestin ne fut pas accusé d'avoir voulu exciter à la haine et au mépris du gouvernement du roi (il est vrai que c'est au roi lui-même qu'il avait parlé); M. Jouy n'est pas plus coupable, bien qu'il ne soit pas célestin.

Mais il a dit que les temps étaient *changés !* Il l'a dit en parlant de 1815, et par opposition à 1793, voulant exprimer par-là que le gouvernement de

1815 était plus impitoyable que celui de 1793.

Aimeriez-vous donc mieux que M. Jouy eût dit que les temps étaient *les mêmes?*...

Oui, les temps étaient changés : en 1793, une fureur populaire pouvait vous perdre ; un mouvement contraire pouvait vous sauver.

En 1815, formes différentes. Alors on était sous l'empire des tribunaux d'exception. La législation de 1815 n'admettait pas ces délais, ces recours, ces sursis, qui jadis avaient sauvé les frères Faucher. Il n'était pas même permis de se pourvoir en cassation ; et l'exécution fut si prompte que l'ordre de la suspendre n'eut pas le temps d'arriver. La clémence royale était à Paris, et les juges siégeaient à Bordeaux.

Mais enfin qu'a dit M. Jouy, même en parlant de ces juges d'exception, de leur sentence de mort, et de sa trop rapide exécution? Il ne leur a pas même dit : Vous fûtes sans justice ; il leur a dit seulement : Vous fûtes sans pitié !

Pitié, larmes, regrets, de tout temps vous fûtes permis sur une condamnation ! On a pu plaindre Calas et Labarre sous l'ancien régime ; pleurer les victimes de la révolution en présence de la révolution même. Sous l'empereur on a plaint le roi légitime, et c'est alors que furent offerts les premiers sacrifices d'expiation. Moi-même j'ai pu, sous ce gouvernement, déplorer l'assassinat du duc d'Enghien¹ : on a supprimé mon livre, mais on ne m'a pas fait de procès ; on a étouffé ma plainte, on l'a empêchée de se répandre, mais du moins on a eu la pudeur, ou, si l'on veut, la politique de ne la point transformer en délit.

Que les temps sont *changés!* Combien de faits s'expliquent par ce peu de mots! Tel a péri, jugé à telle époque, qui eût été sauvé, jugé un peu plus tard. Un vol est toujours un vol ; un meurtre est toujours un meurtre : mais en matière politique tout est instantané, tout dépend du moment ; et tant de réhabilitations devenues célèbres, comment les expliquer, si ce n'est par la différence des temps?...

Abordons maintenant l'objection tirée contre M. Jouy de ce qu'il a consigné dans son article que les frères Faucher n'avaient point été défendus.

Il serait sans doute à regretter qu'un barreau qui a fourni tant de fonctionnaires pour les places les plus éminentes n'eût pas offert d'avocat au malheur, ni de défenseur à des accusés ; mais le bruit en a couru ; les journaux l'ont répété ; la tribune en a retenti ; qui de vous, enfin, a lu ce plaidoyer?...

C'était une rumeur devenue populaire ; M. Jouy l'a accueillie ; fût-elle inexacte (et je le desire pour

¹ Voyez mon *Précis historique du Droit romain*, page 49 ; et l'écrit intitulé *Discussion des actes de la commission instituée en l'an XII par le gouvernement consulaire pour juger le duc d'Enghien* (Note de M. Dupin.)

l'honneur du barreau de Bordeaux), que pourrait-on en inférer? — Ce serait une attaque contre les hommes pusillanimes qui n'auraient pas osé faire le devoir de leur état, mais ce ne serait pas une provocation à la haine contre le gouvernement du roi.

(M. Dupin termine par des considérations générales communes aux deux accusés. Il déplore ces accusations multipliées, la plupart suggérées par des instigations ministérielles.) La justice doit s'en défendre, et conserver son véritable caractère, qui est l'indépendance. Au moment sur-tout où la nation va s'engager dans une lutte qui peut devenir terrible, au lieu d'aigrir et de diviser les esprits, ne vaudrait-il pas mieux déposer tous les ressentiments, et rallier les opinions en un même point, pour diriger plus sûrement les efforts vers un même but? Les magistrats rempliront cette mission : ils ne seront jamais les instruments d'un parti; et la modération dont a fait preuve M. l'avocat du roi est un sûr présage de l'impartialité du jugement.

Jugement du 29 janvier 1823.

« En ce qui touche l'article des *frères Faucher*, dont Jouy s'est reconnu l'auteur :

« Attendu que, dans cet article, l'action des frères Faucher de s'être barricadés dans leur maison, et de s'être défendus pied à pied contre les autorités du gouvernement du roi au mois de septembre 1815, est qualifiée d'*héroïque*; bien que le même article énonce que l'un d'eux (César Faucher), député des cent jours, n'avait quitté Paris qu'après la clôture de la session de la chambre des représentants d'alors;

« Que dans ledit article il est également dit que Rome leur eût élevé des statues dans le temple de Castor et Pollux; qu'après avoir énoncé que les frères Faucher, après leur condamnation, marchèrent au supplice le 27 novembre 1815 avec la même fermeté qu'en 1793, ce même article ajoute : « Mais « les temps étaient changés; l'ordre de suspendre « l'exécution n'arriva pas; » — que ces dernières expressions, sans qu'il soit besoin d'avoir recours à aucune interprétation, *emportent une comparaison entre la terreur de 1793 et le gouvernement du roi, même au désavantage de ce dernier*; qu'ainsi ledit article, dans les passages ci-dessus relevés, et particulièrement dans le dernier, excite à la haine et au mépris du gouvernement du roi:

« Condamne Jouy à *un mois d'emprisonnement*, à cinquante francs d'amende, et aux frais du procès. »

J'appelai de ce jugement, et l'affaire fut portée devant la cour royale, en audience solennelle, le 10 avril 1823.

M. Dupin a parlé en ces termes:

MESSIEURS,

Si M. Jouy n'eût été frappé que dans sa fortune, quelque dommage qu'il en fût résulté pour son patrimoine (assez modique d'ailleurs, comme celui de tous les gens de lettres), il n'eût peut-être pas appelé; il eût craint d'ajouter sa cause à celles du même genre dont vos audiences sont déja surchargées, et qui menacent d'encombrer votre juridiction.

Mais voyant sa personne même atteinte, sa liberté menacée, lui, vétéran de la littérature et de l'armée, membre du premier corps littéraire de France, pouvait-il, quels que fussent d'ailleurs sa docilité et son amour pour la paix, le silence, pousser la résignation au point d'acquiescer à une sentence qui le condamne à la prison?

Non, messieurs; il a dû, dans cette circonstance, élever ses regards vers vous, et demander à la cour souveraine le redressement des torts que lui fait éprouver la décision des juges inférieurs.

Accusé plusieurs fois, M. Jouy a toujours été honorablement acquitté. Ainsi la récidive est non dans le délit, mais dans l'accusation.

Du reste, ce n'est point aux magistrats que M. Jouy impute la funeste prévention qui s'est attachée à sa personne. On ne lui dira pas: *Tremble, un Dieu te poursuit.* C'est moins que cela, c'est la police; et il m'appartient, dans l'intérêt même de la justice, de vous dévoiler la marche ténébreuse de l'inquisition ministérielle dans ces sortes d'affaires, et de montrer comment les magistrats ont pu être involontairement subjugués par une délation adroitement ourdie.

Il n'y a plus de censure, messieurs, plus de censure ostensible, mais une censure occulte qui s'est réfugiée dans les bureaux de la police. Là, à l'exemple des commissions de l'index instituées dans les pays d'inquisition, il existe un conclave d'*examinateurs* auxquels on distribue les produits de la presse.

De cet obscur laboratoire sortent les rapports *anonymes* où chaque ouvrage qui déplaît est déchiqueté, interprété, commenté, incriminé; où l'auteur est signalé, qualifié, noirci : ce sont des espèces de modèles destinés à servir de type aux réquisitoires.

On conçoit l'importance que se donnent messieurs les examinateurs; ils se vantent d'avoir sauvé la société quand ils croient avoir trouvé le moyen de perdre un auteur que souvent on n'eût pas lu sans le procès qu'ils lui ont suscité : mais que deviendraient leurs places et leurs émoluments s'il n'y avait pas de procès de la presse? Il en faut à tout prix.

Ces rapports, *sine die et consule,* sont envoyés au parquet sous le nom de son excellence le ministre de l'intérieur, qui se reconnaît seulement à la vignette et au timbre du papier.

Ces envois sont eux-mêmes accompagnés des plus tendres recommandations de poursuivre l'infame et de procurer sa condamnation.

Telle est, messieurs, la marche qu'on a suivie dans l'affaire actuelle[1]. Dans un premier rapport d'un de messieurs les examinateurs, on lit ce qui suit : « J'ai signalé le septième volume de cette *Biographie* comme renfermant nombre de passages « ouvertement *séditieux*. Il y a déja près de quatre « mois qu'il circule *impunément*, ayant été déposé « le 24 avril dernier. On est donc *pressé* par le temps, « si on veut le saisir. Eh! pourquoi ne le saisirait-on « pas? pourquoi laisserait-on courir, quand on peut « l'arrêter, une œuvre de *mensonge*, de *perfidie*, et « d'*iniquité*, dirigée par les écrivains les plus pervers de notre siècle? »

---

[1] M. l'avocat général s'étant plaint de ce qu'on avait divulgué le secret de ce qu'il a appelé la correspondance administrative du parquet, M. Dupin lui a répliqué :

« Ces pièces faisaient partie du dossier; elles étaient annexées « à l'accusation; elles étaient importantes à consulter pour la dé« fense. Mon devoir était de tout examiner. J'ai pensé ensuite que « ce qui m'avait paru bon à lire était également bon à dire. D'ail« leurs tous les actes de la justice sont communicables; s'il en est « autrement de la police, qu'elle se taise ou qu'elle se cache; mais « qu'on ne la plaigne pas lorsque ses turpitudes sont dévoilées au « grand jour. »

Vous voyez, messieurs, que les termes ne sont pas ménagés, et que, dès l'abord, la police cherche à peindre aux yeux de la justice les auteurs de la *Biographie* comme des hommes assurément bien dignes de son animadversion, *les écrivains les plus pervers de notre siècle!*

Mais ce n'est pas tout. Un autre rapport du même examinateur contient encore les passages que voici : « J'ai plusieurs fois signalé cette Biographie *sédi-* « *tieuse* dont le plan, invariablement suivi par les « éditeurs, est d'outrager sans cesse la fidélité, et « d'honorer par-tout la rebellion. On pouvait l'ar-« rêter dès la première livraison, qui parut au com-« mencement de novembre 1820; on en fut détourné, « *je pense* (une conjecture ne coûte rien), par la « crainte d'une *absolution scandaleuse* (quelle du-« reté! absoudre est un scandale, condamner est « seul légitime); ces sortes de causes, poursuit mon-« sieur l'examinateur, étant *alors* soumises à un mode « de procédure *toujours incertain et souvent erroné* « (c'est ainsi qu'on traite le jury; mais voici pour « vous, messieurs) : ce mode n'existe plus aujour-« d'hui, la loi est plus forte, et les tribunaux ont plus « d'indépendance. Pourquoi n'en *profiterait-on* pas « pour réprimer des *écrivains?* etc. »

Profiter de l'indépendance des tribunaux! L'expression est nouvelle; vous l'entendez, messieurs, voilà désormais ce qu'on attend de vous.

Ces rapports ainsi conçus ont été envoyés à M. le procureur du roi par M. le chef de la police, qui termine par ces mots : « Vous jugerez sans doute « convenable de diriger des poursuites contre les « auteurs, qui me paraissent être passibles des peines « portées par l'article 2 de la loi du 25 mars dernier. « *Il serait d'autant plus important de réprimer ces li-* « *bellistes*, qu'ils ont déjà donné bien souvent des « preuves d'une audace qui ne respecte rien, et que « cette audace est restée *impunie.* »

A ces recommandations du chef de la police se joignent celles de la chancellerie, dont le premier commis écrit de son côté, à cinq jours de distance, à M. le procureur du roi : « Je vous invite à *me* « rendre compte des poursuites que vous aurez *sans* « *doute* jugé convenable de diriger contre les au- « teurs et imprimeurs de cet écrit, à raison du délit « qui vous a été signalé. »

La saisie a effectivement eu lieu à la fin de décembre. M. le procureur du roi en informe le chef de la police, et celui-ci se hâte de lui répondre avec effusion : « Je vous prie d'agréer mes *remerciements* « de cette communication, que j'ai reçue avec *beau-* « *coup d'intérêt ;* elle m'offre une nouvelle preuve de « la constance de vos efforts, etc. » (Suivent des compliments et des félicitations.)

Toutefois, messieurs, si telle était l'ardeur de la police, je suis loin de prétendre que la justice n'ait point agi avec indépendance et discrétion. Au contraire, sur vingt articles qu'avait signalés M. l'examinateur, quatre seulement ont été incriminés par le ministère public, et la chambre du conseil a même pensé qu'il n'y avait lieu à suivre que sur deux. Ainsi, sur huit volumes contenant près de sept mille articles, examinés avec soin, signalés avec assiduité, recommandés avec zèle, deux articles demeurent incriminés, sur lesquels même je remarquerai, comme un singulier hasard, qu'ils sont tous deux *de Bordeaux*... Boyer-Fonfréde, député de la Gironde, et les frères Faucher, fusillés à Bordeaux?

On voit déja combien la justice a retranché des exagérations de la police. Le jugement qui vous est déféré a encore resserré les termes de la prévention, car il a acquitté M. Jay, et condamné M. Jouy a une peine bien inférieure aux réquisitions du ministère public.

Quant à l'appel interjeté contre M. Jay, par le ministère public, messieurs, je n'ai rien à vous dire : M. Jay s'est réservé le soin de se défendre lui-même; sa réponse sera péremptoire, et j'ose espérer qu'elle vous satisfera pleinement.

En ce qui concerne M. Jouy, je dois, avant tout, établir une distinction entre les passages que l'ordonnance de la chambre du conseil avait incriminés, et ceux dont elle ne s'était pas occupée.

La loi du 26 mai 1819 prescrit, à peine de nullité, dans son article 15, d'articuler les faits à raison desquels la prévention est établie. Et cela est effectivement indispensable pour la défense; car un nouveau Jansénius pourrait composer un in-folio, et, après avoir lu tout le volume, on en serait réduit à douter si les propositions arguées sont ou non dans le livre; au lieu qu'en citant la page et l'alinéa on ne peut plus s'y méprendre. Or, dans l'espèce, l'ordonnance de la chambre du conseil n'a indiqué dans l'article des *frères Faucher* qu'un seul passage, celui commençant par ces mots : « Condamnés à « mort, etc. » L'ordonnance n'en signale aucun autre; donc le jugement n'a pas pu légalement porter sur des passages qui, n'ayant pas été accusés, n'ont pas eu besoin d'être défendus.

S'ils eussent été accusés, il m'eût été facile de les justifier. On y parle de la résistance des frères Faucher à rendre le poste de la Réole; mais en quels termes? Non en ce sens d'une résistance apportée à l'autorité légitime, mais en ce sens que *rien de positif* n'assurait aux frères Faucher que le roi eût ressaisi les rênes du gouvernement. Et en effet, dans la séance de la chambre des députés du 7 février 1822, M. Basterrèche avait parlé avec indignation de l'affaire des frères Faucher, rappelé qu'ils n'avaient pas été défendus, et il terminait en disant: « Il est donc des circonstances où l'on doit crain-
« dre de ne pouvoir compter même sur les secours

« et le courage des avocats, considérés jusqu'à ce
« jour comme plus indépendants que les juges [1] ! »

Ici, messieurs, je m'interromps pour relever cette assertion. Sans doute un bon avocat est plus indépendant qu'un mauvais juge; mais un bon juge, un vrai magistrat, est le plus indépendant, le plus noble des hommes; c'est l'image de Dieu sur la terre, c'est le protecteur assidu de nos vies, de nos biens, de nos libertés. Nous n'avons que le droit de vous demander justice, et vous avez le pouvoir de nous la rendre. — Je reprends ; monseigneur le garde-des-sceaux demande aussitôt la parole: « Messieurs, « dit-il, la place que j'occupe aujourd'hui dans le « gouvernement ne me permet pas de laisser sans « réponse l'une des injustices auxquelles le préopi- « nant s'est laissé entraîner. Mes *souvenirs personnels* « me le permettent moins encore. »

En effet, messieurs, M. de Peyronnet était à cette époque un des avocats les plus distingués de ce même barreau de Bordeaux; il commandait en même temps la garde nationale de la ville. Il avait eu ainsi le rare bonheur de rendre à son roi des services militaires et des services civils, et c'est pour cette raison que l'on voit dans les armes de sa grandeur une petite épée, avec cette devise: *Non solùm togâ*, qui laisse deviner le reste.... M. de Pey-

---

[1] *Constitutionnel* du 8 février 1822.

ronnet répond donc qu'à cette époque aucun avocat de Bordeaux n'a paru devant les tribunaux; bientôt il ajoute que cependant les frères Faucher ont eu le secours de deux avocats. On lui objecte que ces deux avocats ont été nommés d'office; on l'interpelle : « Au reste, dit alors M. de Peyronnet, « cela ne s'est pas passé sous le gouvernement du « roi. »

Ceci est positif; donc, en parlant de ce fait, M. Jouy n'a pas eu pour objet d'exciter à la haine et au mépris du gouvernement du roi.

Mais, dit le jugement, M. Jouy a appelé la résistance des frères Faucher une résistance héroïque. Messieurs, puisque la querelle est dans le mot, ouvrons le code des mots, le dictionnaire de l'Académie, dont M. Jouy a dû parler la langue; on y lit, au mot héros : « Homme ferme contre les difficul- « tés, intrépide dans les périls, et très vaillant dans « les combats; qualités qui tiennent plus du tempé- « rament et d'une certaine conformation des orga- « nes que de la noblesse de l'ame. » Et en effet il y a beaucoup de héros qui ont été de fort mauvais sujets. Donc le mot en soi n'emporte que l'éloge du courage, plutôt qu'une qualification morale de l'action.

Voilà, messieurs, ce que j'aurais dit pour justifier le passage, s'il eût été compris dans l'accusation.

Relativement à l'autre passage, le seul que l'ordonnance de la chambre du conseil ait signalé, passage où le crime de M. Jouy serait d'avoir dit : « Ils marchèrent au supplice ; mais les temps étaient changés, l'ordre de suspendre l'exécution ne vint pas ; » ce qui, suivant le jugement, « emporte une comparaison entre la terreur de 1793 et le gouvernement du roi, même au désavantage de ce dernier. » Je ne vois là que deux propositions dont la vérité ne peut être révoquée en doute.

Peut-on nier, en effet, que le sursis ne vint pas, puisqu'il est de fait que la condamnation a reçu son exécution ?

Ensuite cette assertion que les temps étaient changés, loin de confondre les deux époques, les met en opposition.

(M. Dupin établit ensuite comment il est vrai de dire que les temps étaient changés par la différence des législations, l'une permettant un recours en révision, des délais et des sursis que l'autre n'autorisait pas. Il en conclut que, dans tous les cas, il y aurait tout au plus attaque contre le ministère de 1815, ou contre un parti qui aurait pressé l'exécution, ou contre la juridiction expéditive qui a prononcé sur le sort des deux frères, ou contre la personne des juges[1] ; mais non une attaque quelcon-

---

[1] Dans une lettre écrite par le neveu des frères Faucher, qui se trouve au dossier, et qui passera sous les yeux de la cour, on lit le passage suivant : « Mes oncles ont été sacrifiés ; ils ont été jugés

que contre le gouvernement actuel du roi, puisqu'au contraire le plus puissant motif qu'on puisse avoir d'aimer ce gouvernement doit se prendre dans la sécurité présente opposée aux réactions du passé.)

Que les temps sont *changés!* c'est l'histoire de la vie humaine; telle chose arrive dans un temps, qui n'arriverait pas dans un autre. — Permettez-moi de vous lire à ce sujet les réflexions imprimées sur la condamnation des frères Faucher en 1820, à une époque plus rapprochée de l'événement, et toutefois avec une sécurité qui ne fut pas troublée. Un écrivain aussi distingué par son talent que par son patriotisme, rendant compte du jugement du duc de Rovigo, s'abandonnait aux réflexions suivantes, qui rentrent merveilleusement dans le sujet qui nous occupe actuellement.

« Le prévenu, dit le narrateur, a été acquitté à
« l'unanimité; *trois ans auparavant*, le conseil de
« guerre l'avait aussi condamné à mort à l'unani-
« mité. Ainsi les nuages sous lesquels l'esprit de ven-
« geance et de faction s'efforce de cacher la justice

« par des hommes qui ne pouvaient être leurs juges, d'abord par
« la haine qu'ils nourrissaient contre eux, et parcequ'ils ne réunis-
« saient pas les qualités requises par la loi Bien plus, ces hommes
« avaient usurpé des grades militaires qu'ils n'avaient pas, ou
« qu'ils n'ont possédés que bien long-temps après. Je l'ai vérifié
« moi-même sur les contrôles de la guerre. »

« *Signé* Casimir Faucher. »

« sont *dissipés par le temps;* ainsi les malheureux que
« poursuit la haine qui prend le nom de dévoue-
« ment, et qui tombent sous ses coups, n'ont à se
« reprocher que la confiance dans les lois et que la
« sécurité de l'innocence. Ils seraient absous *aujour-*
« *d'hui* (1821), ces deux frères de la Réole, dont le
« sang versé accuse devant Dieu et devant les hom-
« mes la désastreuse époque qui les vit périr ! Nés le
« même jour, émules de gloire, rivaux de patrio-
« tisme, blessés sur le même champ de bataille, éle-
« vés aux mêmes honneurs, ils perdirent la vie au
« même instant. Singulière et touchante destinée !
« la mort même ne put les séparer. Après les der-
« niers embrassements, ils présentèrent un front
« calme à leurs bourreaux ; ils tombèrent en se te-
« nant par la main, et leurs cendres fraternelles re-
« posent dans le même tombeau. Combien d'autres
« innocentes victimes des réactions sortiraient *au-*
« *jourd'hui* avec honneur de ces épreuves terribles
« où les uns ont trouvé la mort, et d'autres une in-
« dulgence encore plus cruelle ! *Des temps plus doux*
« *sont arrivés....* »

L'épigraphe placée en tête de ce procès n'est pas
moins curieuse. Elle est tirée d'Ayrault, lieutenant
criminel au présidial d'Angers, sous Charles IX ; ce
temps n'était pas doux. Or mon vieux criminaliste,
qui avait réfléchi et savait son métier, dit, en parlant des accusations politiques intentées dans le feu

des réactions : « En pareil cas en usent bien sage-
« ment ceux qui laissent faire l'entrée aux autres, et
« se présentent en seconde ligne pour se justifier,
« parceque les dernières accusations sont toujours
« plus douces et plus mollement poursuivies. » Ainsi
vous voyez bien qu'ici le temps fait quelque chose
à l'affaire. Aussi d'Argentré, dans un passage dont
je ne me rappelle pas le texte, mais dont j'ai bien
retenu le sens, dit-il aux plaideurs : Prenez garde
au temps où vous formerez votre action; vous per-
drez tel procès dans tel temps et devant tel juge, et
vous le gagnerez dans un autre temps et devant
un autre tribunal; *è sempre bene*, comme disait l'a-
vocat vénitien. En effet, les lois, les opinions, les
devoirs, tout change avec le temps, tout marche
avec lui!...

Que les temps sont *changés!* Combien de faits
s'expliquent par ce peu de mots ! N'est-ce pas là l'u-
nique base de tant de réhabilitations politiques ?
Combien d'accusés justifiés dans l'avenir, qui furent
condamnés par leurs contemporains ! combien
d'hommes dont l'unique titre aux honneurs et aux
places est d'avoir subi à une certaine époque quelque condamnation! et réciproquement combien
de fonctionnaires, placés quelque temps au sommet des honneurs réservés à l'accusation et aux sévérités criminelles, reçoivent un peu plus tard l'inef-
façable surnom de Jefferies et de Laubardemont!

Telle est la force du temps; tels sont les priviléges de l'histoire, dont il ne faut pas méconnaître les droits. La fonction d'historiographe, autrefois érigée en titre d'office, n'a point été transportée aux tribunaux ; et la maxime *res judicata pro veritate habetur* n'a pas lieu pour les faits historiques, cela serait trop commode pour les gouvernements. On ferait assigner les gens pour *ouïr dire* que tel fait s'est passé de telle ou telle façon ; et il n'y a pas de bataille par le droit canon qui ne pût être regagnée par le code pénal.

Vous voyez, messieurs, à quoi toute cette discussion se réduit. *Le sursis à l'exécution ne vint pas....* Est-il venu? Non. *Les temps étaient changés!...* L'étaient-ils en effet? Oui; ce n'était plus 1793; à moins qu'en interprétant la phrase, en y mettant ce qui n'y est pas, on ne lui donne un sens contre lequel il m'est sans doute permis de protester par une interprétation contraire.

L'accusation ramenée à ces termes, vous excuserez aisément M. Jouy d'avoir plaint le sort de deux frères d'armes dont la condamnation appartient à des temps et à un mode d'administration déja loin de nous. C'est à vous, magistrats, vous *dont l'honneur s'est placé à son véritable poste, en se réfugiant au sein de vos consciences,* en se manifestant par des actes de justice, et non pas en se produisant avec affectation au *dehors* par les actes extra-judiciaires d'un zèle ambitieux, pétulant et irréfléchi; c'est à vous, dis-je, qu'il appartient de décourager cette ardeur de poursuites dont la police obsède et fatigue incessamment la justice; poursuites qui n'ont trop souvent pour effet que de mettre en lumière ce qu'il eût été prudent de laisser ignoré.

Ah! messieurs, ce n'est point par la prison que l'on convertit les esprits cultivés et qu'on persuade les auteurs. C'est un homme de lettres qui répondit au tyran de Syracuse : Qu'on me ramène aux carrières! Vous connaissez trop le cœur humain pour espérer de commander à la pensée avec des fers. Oubliez donc le courroux de M. l'examinateur; demeurez sourds aux instances, aux sollicitations du chef de la police; et ceux qui ont cru que le moment était venu de *profiter* de votre indépendance apprendront encore une fois, par le noble usage que vous savez en faire, ce que leur a déja répondu votre premier président, dans une occasion mémorable : La cour rend des arrêts, et non pas des services.

Discours de M. Jouy.

Dans un moment où de si puissants intérêts occupent en France tous les esprits, où de si grands débats agitent la société entière, j'éprouve quelque pudeur à détourner un moment sur moi l'attention publique et la vôtre. Ce respect des convenances politiques m'aurait déterminé à me soumettre en silence à la condamnation portée contre moi par un tribunal inférieur, si en acceptant son jugement je n'eusse paru en reconnaître la justice. Une voix plus éloquente s'est chargée de justifier l'appel que j'ai interjeté devant vous; je me bornerai à présenter à la cour quelques observations qu'elle appréciera dans l'intérêt général de ma défense.

Le ministère public, en s'armant de toute la sévérité d'une loi de circonstance pour incriminer *deux mots* dans un article d'un ouvrage parvenu au neuvième volume, s'est fortement élevé contre le système général des biographies modernes qui ont pour but de citer les hommes vivants au tribunal de l'opinion contemporaine. Il est d'autant plus fâcheux pour moi que le ministère public ait tardé si long-temps à manifester sa répugnance pour ce genre d'ouvrages, que c'est précisément le même sentiment, la même conviction des inconvénients et des abus que ces publications entraînent, et qu'on leur objecte aujourd'hui, qui nous ont en quelque sorte forcés d'opposer une *Biographie des contemporains* à plusieurs *Biographies des hommes vivants* publiées en France plusieurs années avant notre ouvrage, sinon de l'aveu, du moins sous l'apparence d'une protection spéciale de l'autorité.

Le titre seul de *la Biographie des Contemporains*

suffirait pour lui faire perdre ce caractère de libelle qu'on peut reprocher aux biographies des hommes vivants, dont notre ouvrage n'est en quelque sorte que la réfutation; l'espace de temps qu'il embrasse le fait rentrer dans le domaine de l'histoire.

Les générations se succèdent rapidement dans les troubles civils, la plupart des contemporains dont il est question dans notre Biographie ont déja cessé de vivre : nous sommes en droit de les juger; la postérité a commencé pour eux. Quant aux hommes vivants, en nous bornant à enregistrer les actes de leur vie publique, à répéter leurs discours et à rappeler leurs ouvrages, nous nous sommes mis en garde contre les surprises de cette partialité à laquelle il est si difficile de se soustraire entièrement en parlant de ceux dont on repousse les principes et dont on ne partage ni les vœux ni les opinions.

Si nous n'avons jamais oublié les égards que l'on doit aux vivants, nous nous sommes également souvenus que la vérité que nous devions aux morts s'adressait à des contemporains descendus sous nos yeux dans la tombe; qu'elle devait être entendue par des parents, par des amis, dont elle pouvait blesser les affections et empoisonner l'existence : cette réflexion a souvent retenu notre plume au moment de tracer des lignes accusatrices : la mémoire des seuls ennemis de la patrie et de l'humanité a trouvé en nous des juges inexorables.

C'est en adoptant dans toute sa rigueur ce principe de l'immunité de l'histoire que naguère les tribunaux ont rejeté la plainte de la veuve d'un maréchal demandant justice de l'outrage fait aux cendres de son illustre époux. Je l'invoque à mon tour ce privilége de l'histoire, non pour flétrir, il est vrai, mais pour honorer la mémoire des infortunés jumeaux de la Réole. Dira-t-on que cet éloge de deux guerriers frappés de mort par un arrêt légal porte atteinte à la chose jugée? Messieurs, ce serait étrangement abuser des mots que d'en faire une semblable application. Calas aussi était jugé, ses os avaient été brisés sur la roue, lorsque Voltaire, du haut du mont Jura, proclamait l'innocence du malheureux vieillard de Toulouse! Ils étaient jugés les trois hommes de Chaumont que l'illustre président Dupaty arracha si glorieusement à l'échafaud; elles étaient jugées les victimes innocentes de la terreur dont nous qualifions aujourd'hui les arrêts d'assassinats juridiques; il était jugé ce Wilfrid Regnaud sur lequel un grand écrivain fut assez heureux pour appeler la clémence royale!

Tant de bonheur, tant de gloire, ne m'étaient point destinés; je n'ai pas même l'honneur d'avoir entrepris de réhabiliter la mémoire des frères Faucher! Dans l'article biographique que j'ai consacré au souvenir de ces deux officiers-généraux je ne me suis pas établi juge des circonstances politiques qui ont amené leur condamnation ; je n'ai point demandé à la requête de quelle autorité, en vertu de quelle loi, ils furent poursuivis ; je n'ai point discuté la compétence du tribunal et des juges militaires qui prononcèrent sur leur sort. Historien fidèle, en racontant leur vie, leurs travaux, leurs malheurs, j'ai dû me borner à rendre hommage à leurs vertus privées : j'avais vécu dans l'intimité des camps avec ces deux hommes à qui la nature avait partagé la même vie, qu'elle avait doués exactement des mêmes qualités physiques et morales ; en un mot qu'elle avait, par miracle, destinés à naître, à vivre, à souffrir et à mourir ensemble.

J'avais à retracer la mort de deux guerriers français dont l'innocence est démontrée, du moins à mes yeux ; à la mémoire desquels la reconnaissance me lie ; pouvais-je exprimer avec moins d'amertume les regrets que j'ai donnés à leur fin déplorable?

Je n'ai point dit que leur jugement fût injuste : car je n'ai pas eu connaissance des pièces officielles de leur procès, que leur famille elle-même n'a pu se procurer ; j'ai dit que le tribunal d'exception qui les jugea fut sans pitié.

Sans doute, messieurs, cette pitié n'est point un devoir ; peut-être même n'est-ce pas une vertu, puisqu'elle n'est pas toujours étrangère au cœur du méchant ; honorons cependant cet instinct de la nature bienfaisante : la justice elle-même doit craindre d'étouffer sa voix, alors qu'elle se reporte à ces jours de terrible mémoire où l'innocence accusée n'avait point d'autre recours.

Quand l'expression d'un sentiment si naturel devient un sujet d'accusation contre moi, on me permettra de rappeler que ce fut aussi pour avoir publiquement témoigné des regrets sur une auguste infortune qu'au mois de juillet 1793 un arrêt de mort, auquel j'échappai par la fuite, fut prononcé contre moi dans ce même palais. Mais les temps sont changés (je les répète encore, ces mots devenus l'objet d'une accusation) : c'est ma vie qui fut menacée en 1793 par un tribunal de sang; c'est ma liberté seule que je défends aujourd'hui devant mes juges naturels, en présence des magistrats irrévocables que me donne la loi. Tel ne fut pas le sort des jumeaux de la Réole, même à l'époque de la dernière accusation sous laquelle ils succombèrent : les partis se trouvaient en présence à l'extrémité du royaume, et se disputaient avec fureur quelques heures d'interrègne que les passions se hâtaient de mettre à profit.

Ce fut alors que les généraux Faucher se virent réduits à défendre leur vie et leur honneur devant un de ces tribunaux dont la jurisprudence accidentelle n'admet ni révision ni jury, ne laisse à l'innocence aucun recours contre l'erreur possible d'un premier arrêt, et, plaçant l'accusé hors de la clémence royale, enlève au prince sa plus belle prérogative, et au condamné sa dernière espérance.

L'éloge que j'ai fait des frères Faucher, les regrets que j'ai donnés à leur condamnation, sans même en discuter la justice, peuvent renfermer des reproches implicites sur les réactions, sur les dangers des commissions militaires, mais ces reproches sont évidemment un hommage rendu au gouvernement constitutionnel, et à l'autorité judiciaire légalement établie. Telle est la seule interprétation raisonnable que l'on puisse donner à mes paroles ; vous jugerez, messieurs, si elles sont de nature à *provoquer au mépris du gouvernement du roi.*

Messieurs, qu'il me soit permis, en terminant, de me plaindre devant vous de l'inexplicable persécution dont je suis depuis long-temps l'objet, et contre laquelle, je ne crains pas de le dire, ma vie entière aurait dû me défendre.

Les mêmes principes m'ont constamment dirigé dans ma double carrière de soldat et d'homme de lettres ; dans l'une et l'autre, l'amour de l'humanité, le respect des lois, l'horreur de l'arbitraire, la gloire et l'indépendance de mon pays ont été les objets de mon culte. Étranger à tout autre sentiment politique, jamais l'intrigue ne m'a vu dans ses rangs, jamais aucune ambition ne m'a trouvé sur sa route ; d'où vient donc tant d'injustice et de haine? L'ancien gouvernement, dont j'osai plus d'une fois signaler les abus, ne m'admit point au partage de ses faveurs; je n'avais rien fait pour les obtenir, et l'oubli le vengeait suffisamment d'une opposition littéraire qu'il supportait néanmoins avec tant d'impatience.

Les temps sont encore changés; à la dictature du génie de la guerre, au despotisme de la gloire, a succédé le règne des lois; le régime constitutionnel est établi, la liberté légale est fondée sur les principes que j'ai constamment défendus, et cependant les plus fermes appuis du gouvernement représentatif, au nombre desquels j'ai l'orgueil de me compter, sont journellement en butte aux traits empoisonnés que dirige incessamment contre eux une main invisible; c'est auprès de vous, messieurs, c'est dans le sanctuaire de la justice, d'où ne devraient approcher ni les passions haineuses, ni les préjugés de l'orgueil, ni les caprices du pouvoir, que, privés de tout autre refuge, ils croiraient devoir chercher un dernier asile.

L'ERMITE

EN PRISON

ou

CONSOLATIONS DE SAINTE-PÉLAGIE.

L'ERMITE
EN PRISON
OU
CONSOLATIONS DE SAINTE-PÉLAGIE.

N° 1er. [20 avril 1823.]

Ire CONSOLATION.

LE RÉVEIL.

Le vrai peut quelquefois n'être pas vraisemblable.
BOIL.

Méret! Méret!... mon thé... mes journaux!... Personne ne vient... et ma sonnette dont je ne trouve plus le cordon... Vous verrez que je serai obligé d'aller le réveiller moi-même... Mais j'entends quelqu'un dans l'antichambre... Méret!... Méret! — « A qui en avez-vous? — Comment! à qui j'en ai?... mais vous-même, comment vous trouvez-vous ici? — Parbleu, c'est bien à moi à vous faire cette question;... quelquefois le changement de lit empêche de dormir. — Le changement de lit?... en effet, cette petite fenêtre grillée, cette porte à guichet, ce papier de tente en lambeaux... cette figure que je ne connais pas : je ne suis point chez moi... Où diable suis-je?... — En prison, mon cher monsieur. — En prison, moi! — Tout comme un autre; si vous ne m'en croyez pas, votre camarade viendra dans un moment vous en donner l'assurance : en attendant, recueillez vos esprits; voilà votre porte ouverte, vous pourrez prendre l'air dans le corridor, où vous trouverez bonne et nombreuse compagnie. » En disant ces mots, le gardien porte-clefs (car c'était bien un porte-clefs) me salua en portant la main à son bonnet de police, et m'abandonna à mes réflexions.

Me voilà donc assis sur mon lit et promenant autour de moi des regards hébétés : peu-à-peu mes idées renaissent et s'ordonnent dans mon cerveau... Oui, je m'en souviens, je suis entré hier soir à Sainte-Pélagie, en exécution d'un arrêt de la cour royale qui me condamne à l'amende et à la prison, pour avoir dit qu'en 1815 les temps n'étaient pas les mêmes qu'en 1793.

> J'avais tort, soit; la chose est par trop claire,
> Et la prison a prouvé cette affaire.

Mais le délit était-il assez grave pour occuper pendant cinq heures un aussi auguste aréopage? L'honneur, qui s'est réfugié dans la conscience des magistrats (comme l'a dit très gaiement le garde des sceaux), leur a donné l'explication de ces mots : *Les temps étaient changés*. M. l'avocat général a prodigué les fleurs et les foudres de son éloquence pour en démontrer toute la profondeur, toute la perfidie : j'ai dit que *les temps étaient changés*, donc j'ai voulu dire qu'ils étaient les mêmes, qu'ils étaient pires encore... « Eh, messieurs! a répondu mon illustre défenseur, le pauvre homme n'y entendait pas malice; il en sait tout juste autant qu'un académicien, et ne donne aux mots et aux chiffres que la valeur qu'ils ont dans le dictionnaire : 1815 n'était plus 93; voilà ce qu'il a dit, ce qu'il a pensé, et ce qui lui paraîtra incontestable jusqu'à ce que vous en ayez jugé autrement. »

Ce jugement a été rendu par un tribunal inférieur, et confirmé par un arrêt de la cour royale : respect à la chose jugée, subissons notre arrêt; et comme il n'est pas de situation au monde dont un cœur droit et un esprit bien fait ne puisse tirer avantage, voyons si la nôtre ne nous offre pas quelques consolations.

D'abord je dirai comme Cicéron : « Je fais plus de cas du témoignage de ma conscience que de tous les jugements que l'on peut porter contre moi[1]. » J'ai appelé en dernier ressort à ce tribunal infaillible, et ma conscience a cassé radicalement l'arrêt

---

[1] *Mea mihi conscientia pluris est quàm omnium sermo.*

de la cour, toute souveraine qu'elle est : je me tiens pour acquitté. Cette justice que je me rends d'une manière si solennelle n'abrégera pas d'une heure, il est vrai, la durée de ma réclusion; mais elle adoucira ma captivité, charmera ma solitude, et nourrira dans mon ame des sentiments auxquels je dois le peu que je vaux, et dont les années qui commencent à peser sur ma tête affaiblissent trop souvent l'énergie.

D'ailleurs cet état d'isolement, sans inconvénient pour celui qui a des goûts solitaires, a encore cela d'avantageux, qu'il nous prépare à subir les douceurs du temps où nous vivons, en nous accoutumant à envisager de sang froid la dernière et la plus impérieuse des nécessités. Presque tous les maux dont la vie abonde naissent, pour la plupart des hommes, de la répugnance invincible qu'ils ont à être seuls : presque jamais on ne veut faire comme soi; on veut faire comme les autres.

Une autre réflexion se présente à mon esprit : il y a bien peu de circonstances où un homme puisse avoir de son vivant la mesure exacte de l'intérêt qu'il inspire, et connaître la place qu'il occupe dans l'estime de ses concitoyens. A tout âge, un des plus grands chagrins de la vie est d'ignorer si l'on est aimé : entre les épreuves du malheur, qui peuvent seules nous éclairer sur ce point, l'épreuve d'une condamnation judiciaire n'est pas celle que j'aurais choisie ; mais, puisqu'elle se présente, je me félicite très sincèrement de trouver dans les témoignages de bienveillance et d'intérêt que j'ai reçus une douce compensation des rigueurs de la cour.

L'amour-propre trouve aussi son compte dans le sentiment de la persécution dont on se voit l'objet ; on sent qu'elle nous élève à nos propres yeux ; il y a une sorte de fierté de circonstance qui convient même à la modestie : jamais je n'avais porté sur moi-même un jugement aussi favorable, jamais je n'avais joui aussi complétement du succès de mon dernier ouvrage dramatique qu'en voyant accourir la foule à la soixante-quatrième représentation de ma tragédie de Sylla, le jour même de la confirmation du jugement qui m'infligeait un châtiment que dans tous les pays la loi réserve aux filous et aux vagabonds.

C'est encore une consolation à laquelle je suis plus sensible qu'un autre que le choix de l'époque où nous entrons dans notre nouveau domicile. Le printemps, qui veut aussi nous faire sa cour, semble rétrograder et ne nous promet pas même ce que Shakespeare appelle si poétiquement :

The uncertain glory of an april day.

Il y a donc une sorte d'opportunité dans la nécessité où l'on nous met de passer entre quatre murailles des jours qui n'appartiennent plus à l'hiver et qui ne sont pas encore le printemps.

Résumons-nous : j'étais, hier encore, heureux, tranquille, honoré au sein d'une famille que le ciel aurait pu me donner en dédommagement de toutes les infortunes qu'il se plaît quelquefois à rassembler sur une seule créature humaine; je me trouve ce matin, sans trop savoir pourquoi, sous quatre énormes verrous dans une prison où je dois, de compte fait, passer sept cent vingt-six heures de la dernière et par conséquent de la plus courte partie de ma vie. Cette réflexion a quelque chose de pénible sans doute; mais je me suis jugé moi-même; l'affection de mes amis, l'intérêt et j'ose dire l'estime publique m'accompagnent dans ma prison; les grands froids, si désagréables entre deux guichets, sont déja passés; les beaux jours de la campagne ne sont pas encore revenus; j'ai déja conçu l'idée d'un petit ouvrage que je ne pouvais faire que dans la prison où je suis; je puis donc prendre mon mal en patience et dire de moi ce que Lactance disait de Cicéron: « Il était déja consolé, par la raison, par sa conscience, et par ses amis, du mal dont il se plaignait encore. »

N° II. [21 AVRIL 1823.]

IIe CONSOLATION.

DIALOGUE ENTRE LUI ET MOI.

Suus cuique mos
TÉRENCE
Chacun son caractère

O puissants! j'ai rarement connu votre justice,
et j'ai trois fois souffert de votre oppression
NIZAMI, poète persan, *Khamsa*, fab. v

Lui. — Eh bien! qu'en dites-vous? Deux augures à Rome ne pouvaient se rencontrer sans rire; deux philosophes, deux moralistes, comme vous et moi, qui se trouvent un beau matin à Sainte-Pélagie, ne doivent-ils pas se saluer de la même manière?

Moi. — Riez tant qu'il vous plaira; je suis d'humeur moins joviale, je vous en préviens, et j'attendrai pour rire que vous m'ayez montré le côté plaisant de cette aventure.

Lui. — Comment! vous ne trouvez pas très gai, à nos âges, pères et même grands-pères de famille, usant et jouissant d'une réputation de sagesse assez bien établie, pouvant produire au besoin de bons certificats de vie et mœurs; vous ne trouvez pas excessivement gai de nous voir ce matin en prison, sous les mêmes verrous que des bandits et des vagabonds?

Moi. — Je trouve cela abominable, odieux, et je ne sais point plaisanter avec la morale publique.

Lui. — Prenez garde, mon cher confrère en prison et en philosophie, qu'il n'entre un peu de personnalité dans votre colère; car enfin nous ne sommes pas ici les seuls honnêtes gens, comme vous le saurez bientôt, et le mal dont vous vous plaignez pour la première fois existe depuis long-temps.

Moi. — Croyez-vous qu'en dix ans on puisse signaler tous les abus, constater toutes les injustices, relever toutes les sottises qui se font, s'établissent ou se perpétuent dans un pays comme le nôtre? J'ai pour habitude de ne parler que des choses dont j'ai eu l'expérience.

Lui. — Et vous vous plaignez quand on vous la fournit!... Mais causons de sang-froid : asseyez-vous sur le pied de mon lit, en attendant que j'aie fait venir une seconde chaise, et voyons ensemble s'il n'y aurait pas moyen de tirer quelque parti de notre situation. Nous sommes en prison, voilà un fait; nous n'avons à rougir ni devant les autres ni devant nous-mêmes du motif qui nous y conduit; et si nous savons bien employer le mois que nous avons à passer ici, peut-être pourra-t-il occuper une place honorable dans notre vie. Donnons-nous une tâche à remplir.

Moi. — J'ai déja partagé l'emploi de mon temps. Je lirai beaucoup : la lecture a un charme particulier dans notre situation ; c'est un état mixte entre la conversation et la réflexion, qui n'a ni la frivolité de l'une ni la fatigue de l'autre, et qui réunit leurs avantages.

Lui. — Moi, je ferai un petit traité des plaisirs et des avantages de la prison.

Moi. — De grace, mon ami, ne mettez pas à si bon marché les honneurs de la persécution, vous en dégoûteriez les victimes, et vous affaibliriez la haine que l'on doit aux persécuteurs. Moi, je veux écrire sous la dictée d'une philosophie de circonstance ; j'ai déja formé le plan d'un ouvrage où je peindrai les hommes puissants, comme je les vois de Sainte-Pélagie. L'épigraphe de mon livre est déja trouvée : *Dis-moi qui tu châties, et je te dirai qui tu es.*

Lui. — La même cause produit sur nous des effets bien différents : la prison, qui vous aigrit, ajoute pour moi aux sentiments doux, comme la nuit ajoute au bonheur d'aimer.

Moi. — Je n'ai point une ame aussi stoïque ; j'éprouve le besoin de crier quand je souffre, et j'appelle les hommes et les choses par leur nom. Un cachot est pour moi un tombeau à fleur de terre où l'on ne tient plus au monde que par des souvenirs d'honneur et de vertu; ces souvenirs m'oppressent: quelle dégradation dans les ames! quelle faiblesse dans les cœurs! le monde social, tel qu'on veut le reconstruire, ne sera bientôt plus qu'un cachot gothique. France! qu'est devenu ton génie, ta puissance, ta gloire? En vain tes philosophes et tes héros ont combattu; en vain Voltaire, comme l'astre du jour, a versé pendant un siècle des torrents de lumière autour de lui: on vend encore des noirs, on trafique encore des blancs; on fait la traite au Sénégal, et des traités à Vérone. Le développement des vertus et de l'intelligence humaine est par-tout arrêté; les états s'écroulent et se vendent, les rois se perdent, les peuples s'abrutissent: ici des fakirs, là des garnisons autrichiennes; au midi la censure et la police, à l'orient les visirs, le pal, et les muets; par-tout des jongleurs, des lacets, et des rubans. Je veux faire l'*Histoire de l'Esclavage*.

Lui. — Vous auriez aussitôt fait d'entreprendre l'*Histoire universelle*. Vous n'avez que trente jours devant vous, n'entreprenez pas l'ouvrage de vingt ans.

Moi. — Vous avez raison; je veux rétrécir mon cadre, et c'est d'une tragédie que je vais m'occuper; j'en ai déjà le sujet, et j'aurai le temps d'en esquisser quelques scènes.

Lui. — Quel en est le titre?

Moi. — *Cambyse, ou le Juge prévaricateur.*

Lui. — Cette fois vous ne craindrez pas les applications; grace au ciel nous vivons dans un temps où l'on ne voit pas de magistrats prévaricateurs. Mais, si votre tragédie n'a rien à craindre de la censure, ce sujet lui-même ne vous offre-t-il pas un écueil insurmontable?

Moi. — Aucun; c'est un trait d'histoire pur et simple que je mets sur le théâtre. Vous avez vu au Musée ce tableau hollandais...

Lui. — Quoi! ce malheureux juge que le féroce Cambyse fait écorcher vif sous ses yeux pour faire recouvrir de sa peau le siége du prévaricateur?

Moi. — Il n'est point de serpent ni de monstre odieux
Qui, par l'art imité, ne puisse plaire aux yeux.

Lui. — N'en déplaise à Horace et à Boileau, jamais cette maxime poétique ne sera applicable à notre théâtre qu'avec beaucoup de restriction; il y a des monstruosités que nous supportons dans le monde réel, et qui nous feraient horreur sur la scène: d'ailleurs, quel serait le but moral ou philosophique d'un pareil ouvrage? de faire abhorrer également une justice inhumaine et une exécrable tyrannie. Je trouve très bien qu'on punisse les juges prévaricateurs, mais je ne veux pas qu'on les écorche.

Est modus in rebus.

Moi. — En y réfléchissant bien, je pense que vous avez raison; j'abandonne l'idée de ma tragédie de *Cambyse :* aussi bien je n'aime pas les récits au théâtre, et je prévois que j'aurais de la peine à mettre mon dénouement en action. Maintenant que ferai-je? car encore faut-il que je fasse quelque chose.

Lui. — Voulez-vous m'en croire, continuons chacun notre métier d'*observateur* et de *glaneur.* Platon suppose qu'on l'enferma dans une caverne sombre qui n'avait qu'une petite ouverture, et que, par cette ouverture, les ombres des corps qui passaient à l'extérieur venaient se retracer sur la muraille. Nous voilà placés comme Platon supposait l'être; du sein de notre chambre obscure nous ne verrons, pendant un mois, passer devant nous que des ombres : traçons sur nos murs des petits tableaux à la silhouette, reportons-les sur notre album, et publions en sortant nos esquisses; je suis bien trompé si le public ne les accueille pas avec bienveillance.

Moi. — A l'ouvrage! mon cher, l'idée est excellente, et je vous quitte pour mettre la main à l'œuvre.

N° III. [22 AVRIL 1823.]

III⁰ CONSOLATION.

HISTOIRE DE MA CHAMBRE.

Uno avulso, non deficit alter.
VIRGILE.
Quand l'un manque, il est aussitôt remplacé.

On sait depuis long-temps que les murs ont des oreilles ; j'ai découvert qu'ils ont aussi des langues et des voix. J'ai interrogé séparément les quatre murailles entre lesquelles je suis enfermé ; elles m'ont répondu, et c'est de leur récit que j'ai composé l'histoire de ma chambre, dont voici d'abord la description fidèle. Elle est située au fond d'un corridor qu'on appelle *rouge*, et qu'on pourrait désigner aussi bien par toute autre couleur, attendu qu'il y règne une douce obscurité qui permet à peine de distinguer le numéro des cellules, inscrit au-dessus des portes en chiffres de deux pouces de long. Ma chambre porte n° 4 ; elle a dix pieds de long, sur sept de large et huit de hauteur, en sorte qu'un homme de la plus haute taille peut, comme on voit, s'y tenir et s'y mouvoir en tout sens. Autrefois on mesurait plus étroitement l'air et l'espace aux prisonniers ; il est vrai qu'alors on ne connaissait pas les délits de tendance, les délits d'allusions, les délits d'intention, les délits d'insinuation : ainsi tout se balance ; et sous ce point de vue, du moins, les progrès du siècle vers un meilleur ordre de choses ne me paraissent pas extrêmement sensibles.

Mais peut-être aussi y a-t-il un peu d'humeur dans mon fait : je me hâte donc d'abandonner cette réflexion, et je rentre dans mon sujet, c'est-à-dire dans ma chambre. Ma fenêtre, quadrillée par d'énormes barreaux, reçoit les premiers rayons du jour naissant, et permet à la vue de se prolonger dans toute la longueur d'une cour plantée d'arbres, où deux classes de détenus jouissent à différentes heures du plaisir de la promenade. Un de mes devanciers a laissé dans la cellule que j'occupe les traces de son passage : le papier-coutil dont les murailles sont encore tapissées, le plafond creusé au centre, pour lui donner la forme de cette espèce de tente que l'on appelle *marquise*, tout annonce qu'un homme de guerre a fait dans cette étroite enceinte une de ces haltes humiliantes qu'un grand général a caractérisées d'une épithète plus énergique.

Comme j'interrogeais minutieusement plusieurs

parties de la muraille que le papier décollé laissait à découvert, mon œil s'est arrêté sur quelques lettres majuscules tracées au crayon, et presque entièrement effacées. On a du temps à perdre en prison ; je me suis mis en tête de deviner cette inscription en reformant les lettres à l'aide des parties de jambages qui subsistaient encore, et en usant du procédé employé par un savant à Nîmes pour retrouver l'inscription de la Maison Carrée.

Voici la figure exacte que présentaient les fragments de caractère que le temps avait respectés :

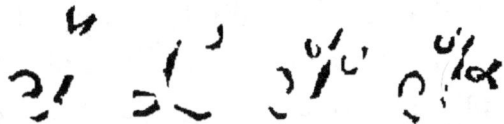

Avant d'avoir réuni par une ligne de points les deux portions de la première lettre, j'avais reconnu distinctement un J : je passai une grande demi-heure à combiner de vingt manières les traits de la seconde lettre, et après avoir trouvé qu'on pouvait en former également un Z ou un L, je m'en tins à cette dernière lettre comme initiale d'un beaucoup plus grand nombre de noms français. La troisième lettre m'occupa moins long-temps ; les deux extrémités, par quelque jambage qu'on les rapprochât, ne pouvaient convenir qu'au P. Quant à la dernière lettre, ce ne fut qu'après deux ou trois heures de tâtonnements infructueux que j'y trouvai les éléments du B dans l'écriture anglaise.

Ce travail achevé, je me mis en contemplation devant ces quatre lettres reconstruites, en cherchant à les appliquer aux noms de ceux de mes prédécesseurs qui m'étaient connus : aucun ne se prêtait à l'explication que je m'obstinais à y chercher. J'allais renoncer à trouver le mot de cette énigme, quand un de mes jeunes compagnons de captivité entra dans ma chambre ; je lui fis part de l'inutilité de mes recherches, en lui montrant le monogramme qui en était l'objet. — « Comment ! vous ne devinez pas ? me dit-il ; rien pourtant n'est plus facile : ces noms sont ceux de la plus aimable et de la plus illustre captive que Sainte-Pélagie ait jamais renfermée, *Joséphine La Pagerie Bonaparte*.

« Serait-il possible ? m'écriai-je avec le plus singulier transport de joie. — Rien de plus certain, me dit-il ; en 1793 la belle et bonne Joséphine fut enfermée à Sainte-Pélagie, et ce monogramme est une preuve à-peu-près certaine qu'elle y habita la cellule que vous occupez aujourd'hui. — Une seule objection, répondis-je, détruit de fond en comble une supposition d'ailleurs assez plausible, c'est que l'illustre Joséphine, à l'époque où elle fut mise en prison, ne portait pas encore le nom du héros qui jeta tant d'éclat sur sa vie. Elle fut arrêtée par les hommes de la terreur de 1793, et ne prit le nom de

Bonaparte qu'en 1797. — Mais avant, elle portait celui de son premier mari, et ce mari s'appelait *Beauharnais;* ce qui s'accorde tout aussi bien avec le monogramme dont vous cherchez l'explication. »

Cette observation, déjà si concluante, se trouvait fortifiée de la certitude que madame de *Beauharnais* fut en effet retenue plusieurs mois à Sainte-Pélagie dans le corps-de-logis que j'habite; et tous les renseignements que je suis parvenu à me procurer, toutes les circonstances que je rapproche, ont achevé de me convaincre que ma cellule était consacrée par le doux souvenir de l'auguste et bonne Joséphine. Cette pensée me rajeunit de trente ans, et je me reporte à ces jours de deuil et de fureur où le pouvoir, aux mains d'une faction stupidement féroce, poursuivait au nom de la patrie et de la liberté leurs plus nobles et leurs plus zélés défenseurs.

Je vois, au milieu d'une nuit affreuse, une jeune femme, plus belle encore de sa frayeur et du simple appareil dans lequel elle a été surprise, amenée sous ces voûtes obscures par quelques forcenés que ses pleurs n'ont pu fléchir. On a refermé sur elle les terribles verrous; je la vois assise et muette auprès de cette fenêtre où j'écris, et j'éprouve tous les sentiments qui bouleversent son ame. Elle parle, je l'écoute.

« Pourquoi cette prison ?... Femme d'un guerrier

patriote, dont l'échafaud vient de payer la gloire et les services, quel crime ai-je commis? M'a-t-on arrêtée sur la terre étrangère? Ai-je lié ma destinée aux ennemis du nom français?... Non, non; j'avais placé mes douces affections où la patrie avait marqué mes devoirs;... et pourtant je suis arrachée mourante du sein de ma famille, et je viens attendre, dans les fers, l'heure d'une mort affreuse qui a déjà sonné pour tant de victimes innocentes! » Elle pleurait, et ses regards si tendres tombaient avec effroi sur les objets sinistres dont elle était entourée. Insensiblement le trouble de son cœur s'apaise; elle a l'air de prêter l'oreille à une voix intérieure qui la console, et le sourire d'une lointaine espérance vient d'effleurer ses lèvres.

L'aimable captive tire de son sein une espèce de talisman où sont gravés ces mots en caractères hiéroglyphiques : *Tu gémiras, tu souffriras, espère, attends, tu seras reine d'un grand empire.* « Pauvre Anica! s'écria-t-elle après avoir relu cet oracle, bonne mulâtresse qui m'as nourrie de ton lait, la moitié de ta prédiction est accomplie; mais quelle puissance au monde pourra jamais réaliser l'autre?... Espérons cependant, attendons : tes pronostics ne m'ont point encore trompée. »

On sait par quelle série d'événements prodigieux la fortune a pris soin d'accomplir l'oracle de la mulâtresse, et de conduire en quelque sorte par la main l'adorable créole de la Martinique, de la chambre n° 4 à Sainte-Pélagie, sur le premier trône du monde.

On aurait tort de croire qu'un pareil exemple fût capable d'éveiller mon ambition, que je pusse me flatter, en partant du même point, d'arriver un jour au même but que mon illustre devancière: premièrement, on ne m'a jamais prédit que je dusse être roi; et je dois le dire franchement, afin de décourager les peuples qui pourraient songer à moi, c'est un état pour lequel je ne me sens pas la moindre vocation.

Depuis 1793 jusqu'en 1815 il est certain que ma chambre n'est pas restée vide; cependant elle ne m'a redit les noms d'aucun des hôtes qu'elle a reçus; mais, à cette époque si tristement mémorable, elle m'apprend que le 21 avril (je me souviendrai de cette date) un petit homme de moyenne taille, l'œil vif et noir, au teint basané, prit possession, en pinçant ses lèvres minces, de cette même cellule, n° 4, dans le corridor rouge. Cet homme était *Mina*, ce fameux chef de guérillas, qui défendit avec tant de courage et de persévérance sa noble patrie contre le vainqueur de l'Europe et son héroïque armée. A son retour de l'île d'Elbe, Napoléon, instruit que Mina se trouvait à Paris, fit arrêter, au sein de la paix, le guerrier espagnol qui avait si souvent attristé nos victoires dans le cours d'une guerre injuste, dont le dernier résultat devait être si fatal à son auteur.

Dans cette retraite où languit un mois le héros étranger, et pendant laquelle il amassait peut-être la vengeance qu'il a méditée depuis, il eut le temps de rappeler à son esprit tant de grands souvenirs auxquels l'histoire associera son nom : les mots de *Salinas*, de *Vittoria*, des *Carrascales*, qu'il inscrivit sur la muraille, au-dessous de ceux de *Ocagnia*, *Talavera*, qu'une main française y avait tracés sous ses yeux, forment une réponse tout-à-fait digne de la fierté castillane.

Le général Espoz y Mina avait à Sainte-Pélagie, pour compagnon de captivité M. de Torreno, que la cause de la liberté constitutionnelle compte au nombre de ses défenseurs.

La prodigieuse activité de Mina s'arrangeait mal du repos de la prison, et la promenade sur les quatre côtés d'une cour trop peu spacieuse pour un aussi vaste établissement ne lui offrait qu'un insipide exercice : il imagina de transformer en jeu de paume la galerie couverte qui s'étend sur un des côtés du parallélogramme, et l'on y voit encore les peintures dont il a orné la muraille aux deux extrémités de la galerie.

Les terribles événements du mois de juin 1815 ouvrirent au général Mina les portes de sa prison et non celles de sa patrie : il avait glorieusement combattu pour la cause d'un roi national et constitutionnel; Ferdinand rétabli sur son trône, et voulant se ressaisir d'un sceptre absolu, embrassa dans sa disgrace tous les partisans d'une constitution qui limitait le pouvoir royal. L'insurrection qu'on appelait alors à Madrid la révolte de l'île de Léon ranima les espérances du héros de la Catalogne; il quitta la France en 1820 et reparut sur les bords de l'Èbre, où il est en ce moment un des plus puissants arbitres des destinées de sa patrie [1].

La cellule que le général étranger Mina laissait vacante fut quelques jours après occupée par l'infortuné général français Bonnaire. Quelle destinée brillante et déplorable! Un soldat de dix-sept ans sort d'un village du département de l'Aisne en 1792, et se fraie, l'épée à la main, la route aux honneurs des camps; de champ de bataille en champ de bataille, *Gérard-Bonnaire* devient général de brigade, tombe sous un boulet espagnol dans la campagne de 1813, et se relève cruellement blessé pour aller prendre deux ans après le commandement de la place de Condé, que lui avait confié Napoléon pendant les cent jours. Bonnaire y commandait encore lorsque des soldats de la garnison frappèrent à mort un officier français qui venait au nom des alliés proposer

[1] J'écrivais ces mots au mois d'avril 1823; à pareil jour l'année suivante la tête de ce général était mise à prix: dans quel siècle vivons-nous?

à la garnison de se rendre. Un arrêt de mort fut porté par un conseil de guerre contre l'aide-de-camp Miéton, accusé d'avoir ordonné cette action déloyale, et le général Bonnaire, si noblement et si vivement défendu par Chauveau-Lagarde, fut condamné à la peine infamante de la déportation.

Amené à Sainte-Pélagie après l'affreuse dégradation qu'il subit au pied de cette colonne triomphale où la gloire avait inscrit son nom et ses exploits, il ne put survivre aux douleurs physiques et morales dont il fut abreuvé, et mourut après deux mois d'agonie : les mots *honneur et patrie* sont les derniers qu'il prononça en cherchant d'une main défaillante cette étoile des braves qu'il ne trouva plus sur sa poitrine tant de fois sillonnée par le fer ennemi. Ma chambre reçut ses derniers soupirs.

J'ai dit que le premier et le plus récent souvenir que m'avait rappelé ma cellule était celui du militaire qui lui avait donné la forme et l'apparence d'une tente qu'elle conserve encore. Ce militaire est le colonel *Aimé Duvergier,* qui avait été condamné à cinq ans de détention comme instigateur ou complice *des troubles du mois de juin.*

J'abandonne au temps et à l'histoire le soin de reviser ces procès d'opinion sur lesquels la justice ne prononce qu'après avoir entendu la politique dans l'intérêt de l'autorité : en pareille cause, un défenseur prisonnier lui-même pourrait avec raison être suspect de partialité.

Je ne vois dans le colonel Duvergier que mon prédécesseur presque immédiat dans le petit local où je suis maintenant confiné. Cet officier avait trente-six ans à l'époque où l'atteignit l'arrêt qui le condamnait à cinq années de réclusion ; ce laps de temps perdu pour toute espèce de gloire lui paraissait bien long : sa première idée fut, en entrant à Sainte-Pélagie, de chercher les moyens d'en sortir ; il y rêvait depuis dix mois, et s'était vu forcé d'abandonner successivement tous les projets d'évasion qu'il avait conçus, lorsqu'une main amie vint à son secours, et aplanit les obstacles contre lesquels sa patience et son courage étaient près d'échouer.

Cette entreprise, que j'envisage uniquement sous le point de vue dramatique, fait trop d'honneur au cœur et à l'esprit de celui qui l'a conduite, pour qu'il me soit permis d'en passer sous silence les principaux détails.

Un jeune ami du colonel Duvergier, M. Eugène Pradel[1], était à cette époque retenu pour dettes à Sainte-Pélagie, dans un corps-de-logis entièrement séparé de celui qu'habitent les prisonniers pour délits politiques : les uns et les autres jouissent à des heures différentes du plaisir de la promenade dans

[1] Le même qui s'est fait depuis une grande réputation comme improvisateur français

un jardin commun, où ils se voient sans pouvoir jamais se rencontrer.

Les prisonniers pour dettes sont traités avec moins de rigueur que les autres, au grand regret de leurs créanciers, espèce d'hommes dont le cœur est plus dur encore que celui des geôliers. Ces prisonniers communiquent par écrit avec les personnes du dehors; leurs amis, leurs parents peuvent les voir dans leur chambre, à toute heure du jour.

Depuis un mois M. Eugène Pradel correspondait avec son ami le colonel Duvergier, par des moyens fort ingénieux, sur le projet de son évasion. La veille du jour fixé pour l'exécution, le colonel écrivit à son ami : « Je ne puis me décider à partir sans mon *grenadier* (ce grenadier était le *capitaine Laverderie*); faites-moi savoir, mon cher Eugène, si vous croyez pouvoir nous sauver tous deux, sinon je reste. » Cet incident, qui doublait les difficultés de l'entreprise, ne fit qu'accroître le zéle et le courage de l'amitié.

Le premier obstacle à vaincre était, pour les deux détenus du corridor rouge, de passer du corps-delogis où ils étaient détenus dans celui qu'habitent les prisonniers pour dettes. Voici comment ils y parvinrent.

Le 25 décembre, jour de Noël, à une heure après midi (c'était celle où les détenus pour dettes venaient alors remplacer au jardin les condamnés de la politique), le colonel Duvergier et le capitaine

Laverderie parviennent à se soustraire à la vigilance du gardien, et restent cachés dans le jardin qui s'ouvre aux prisonniers du commerce un moment après que les autres en sont sortis. Au signal convenu ils se glissent dans le bâtiment de *la dette*, et vont se réfugier dans la chambre d'un ami commun (M. Marchebout), où leur ange tutélaire ne tarde pas à les joindre.

Jusque-là les deux fugitifs n'avaient encore changé que de gardiens et de verrous. Sur-le-champ on procède à leur déguisement; les énormes favoris du colonel disparaissent sous le rasoir; il en recueille avec soin les débris qu'il renferme dans une lettre à l'adresse de mademoiselle de... Quelle indiscrétion j'allais commettre! La métamorphose est complète; les deux prisonniers sont méconnaissables et peuvent sortir sous les traits de deux visiteurs supposés, au nom desquels M. de Pradel s'est procuré les permissions qu'on délivre en payant à la préfecture de police.

Ces permissions, déposées en entrant par les visiteurs entre les mains du guichetier de l'intérieur, leur sont remises à la sortie. L'embarras était de placer les permissions des deux personnes qui n'étaient pas entrées au nombre de celles que le gardien avait reçues, et sans la remise desquelles toute évasion devenait impossible... Eugène, qui depuis quelques jours s'était rendu familier avec les gardiens, moins encore par de petites largesses de vin et de cigares, qu'en leur montrant quelques dessins qu'il avait achevés dans sa prison, descend cette fois son album sous le bras, le tire de son étui, et pique si vivement la curiosité du gardien chargé des pétitions, que celui-ci le prie en grace de lui permettre de parcourir ce recueil : Eugène y consent de fort bonne grace; et, tandis que l'argus admire les petits chefs-d'œuvre qui passent sous ses yeux, de son côté M. de Pradel paraît surpris du grand nombre de personnes qui sont venues en visite, et dont cet amas de permissions atteste la présence; « il s'étonne que le gardien les laisse ainsi sur la ta-« ble au risque d'en égarer quelques unes; à sa place « il aurait un portefeuille, ou plutôt un étui comme « celui de cet album... » et, en disant cela, il prend les permissions et les fait couler dans l'étui, où il glisse en même temps celles des deux inconnus. Le gardien trouve l'invention parfaite, et se promet bien de demander un portefeuille à l'administration, et même de l'acheter à ses frais si on le lui refuse. Gardez le mien, lui dit Eugène en lui frappant sur l'épaule d'une manière très amicale; le gardien se confond en remerciements. Dans cet instant Duvergier et Laverderie se présentent au fatal guichet; ils demandent leur permis sous le nom qu'il indiquait; le gardien les examine un moment; leur cœur bat, mais aucune émotion ne se trahit sur leur figure; la permission de chacun est trouvée, on la leur remet; les trois guichets s'ouvrent; et, comme le dit si bien M. de Pradel dans son mémoire, les deux captifs respirent enfin l'air si doux de la liberté.

Cette action de M. Eugène Pradel n'était que généreuse, celle qui la couronna est plus noble et plus rare. L'évasion des deux prisonniers de Sainte-Pélagie, dont l'auteur était ignoré, compromettait le concierge et les gardiens de la prison; elle pouvait motiver des mesures de rigueur contre ses compagnons de captivité : M. de Pradel se nomma, et trois mois d'une prison plus étroite auxquels il se vit condamné, en satisfaisant à la loi, appelèrent sur lui sans partage l'estime et l'intérêt publics.

L'imagination s'échauffe et s'exalte en prison; comme toutes les forces comprimées, elle acquiert un plus haut degré d'énergie, s'échappe et s'élève en raison de la résistance qu'on lui oppose. J'avais passé une journée tout entière avec les quatre prisonniers dont ma chambre m'avait rappelé le souvenir; depuis plus de deux heures le bruit des verrous et de la triple serrure m'avait averti que, jusqu'au lever du soleil, il n'y avait plus pour moi de communication possible avec aucun être vivant; ma lampe pâlissait, j'allais me coucher. Qu'on se fasse une idée de la force de l'illusion dont j'étais préoccupé; je crus voir, je vis en effet assis sur le bord de mon lit les personnages qui figurent dans l'histoire de ma chambre : la conversation qui s'établit entre nous trouvera sa place dans le chapitre suivant.

N° IV. [23 avril 1823.]

IVᴇ CONSOLATION.

VIVANTS ET MORTS.

> Pour qui connut les misères humaines
> Mourir n'est pas le plus grand des malheurs.
> Madame Deshoulières

DIALOGUE.

JOSÉPHINE, MINA[1], BONNAIRE, DUVERGIER, L'ERMITE.

Joséphine. — Je ne puis deviner par quel double enchantement je revois le jour, que j'ai perdu depuis plus de huit ans, et comment je me retrouve avec vous, messieurs, dans cette petite chambre où je me souviens d'avoir passé quelques jours affreux au temps de la terreur.

---

[1] Ce chapitre est livré à l'impression lorsque les nouvelles informations que nous avons prises nous portent à croire que ce n'est point le général Mina commandant en Espagne, mais son neveu, mort en Amérique, qui a été détenu à Sainte-Pélagie : nous respectons la vérité jusque dans nos rêves.

Mina. — Ce miracle n'est peut-être pas aussi grand que celui qui me procure le bonheur de revoir encore une fois votre aimable majesté; car les morts peuvent revenir, quoi qu'en ait pu dire certain orateur; mais que des corps comme ceux du colonel Duvergier et le mien se trouvent à-la-fois en deux endroits différents, voilà ce qu'on appelle le prodige par excellence.

Duvergier. — Ne perdons pas le temps en vaines dissertations pour chercher à comprendre l'incompréhensible; et, puisque nous voilà réunis, contre toute vraisemblance, dans une cellule de la rue de la Clef, parlons un peu de cette chère France, où madame a du moins eu le bonheur de laisser un souvenir adoré.

Joséphine. — J'ai besoin de cette assurance pour me faire oublier les circonstances affreuses qui ont empoisonné mes derniers moments. J'avais vu précipiter du premier trône du monde l'homme qui m'y avait élevée; j'avais vu la France envahie par l'Europe entière, et des ennemis cent fois vaincus arborer leurs étendards sans gloire au sommet du Panthéon français; pour comble de douleur, mon fils, exilé, n'avait pu recevoir mes derniers soupirs.

Bonnaire. — L'auguste Joséphine avait été éprouvée quelques années auparavant par un malheur qui a dû lui faire sentir moins vivement le dernier.

JOSÉPHINE. — En me répudiant, l'empereur répudiait sa fortune; j'en avais l'infaillible pressentiment, et cette pensée m'affligeait bien davantage que la perte de la couronne dont il avait orné mon front. J'appréciais dans l'intérêt de la politique le motif d'un divorce qui brisait nos destinées; et j'aurais pu, sinon l'approuver, du moins le concevoir s'il eût épousé une Française.

MINA. — Cependant vous eussiez pu croire alors que l'amour avait part à son choix...

JOSÉPHINE. — J'aurais été moins certaine de son malheur, et conséquemment moins malheureuse moi-même. Vingt fois j'avais entendu Napoléon s'élever contre ces alliances diplomatiques dont le moindre inconvénient, selon lui, était de *dénationaliser* les rois à la troisième ou quatrième génération. Sa manière de le prouver avait quelque chose de rigoureux et de positif que je n'ai pas oublié. « Je suppose, disait-il, qu'un monarque européen épouse une négresse, le prince héréditaire qui naîtra de ce mariage sera nécessairement un mulâtre; que ce fils épouse une femme noire, le royal héritier se rapprochera beaucoup de la couleur de sa mère; et s'il devient à son tour l'époux d'une négresse, il est certain que ses enfants, tout aussi noirs, tout aussi crépus que des naturels de la côte de Guinée, n'auront plus dans les veines qu'une bien faible partie de sang européen, laquelle disparaîtra entièrement dans les générations suivantes. Maintenant, au lieu de négresses, supposez autant d'étrangères amenées successivement dans le lit de vos rois, et dites-moi ce qui doit leur rester de sang national à la huit ou dixième génération? » Cette objection était la moindre de celles qu'il faisait valoir contre les alliances étrangères; l'histoire à la main, il prouvait qu'elles avaient été presque par-tout une source de malheurs et de guerres pour les princes et pour les nations. Je rappelai à Napoléon ses propres paroles le jour où son ministre, d'odieuse mémoire, était venu me préparer au plus grand des sacrifices : « Souvenez-vous, lui dis-je, qu'Henri IV est le seul roi de sa race qui épousa une Française; encore répudia-t-il Marguerite de Valois pour épouser l'étrangère Marie de Médicis; songez quelle fut pour lui la suite de ce déplorable hymen. » Je parlai en vain, l'orgueil et la politique avaient dicté l'arrêt; Napoléon s'unit à l'arrière-petite-fille de Marie-Thérèse : cinq ans après son trône était renversé, des torrents d'ennemis avaient submergé la France, et des monarques étrangers entouraient mon lit funèbre!... Mais je m'aperçois que je me livre au douloureux plaisir de vous parler de mes chagrins, auxquels la mort a mis du moins un terme, sans connaître ceux qui m'écoutent.

L'Ermite. — C'est à moi de faire les honneurs du modeste logis où vient de me confiner pour un mois la justice, et où le charme de mes souvenirs est parvenu à évoquer votre présence. L'adorable Joséphine a devant elle le général Bonnaire, le colonel Duvergier, le général Mina et l'Ermite de la Chaussée-d'Antin, dont les feuilles ont quelquefois amusé ses loisirs. »

Au nom de Mina, les doux regards de l'impératrice s'étaient arrêtés avec étonnement sur le général espagnol. — Vous à Sainte-Pélagie ? lui dit-elle.

MINA. — Comme vous, madame, sous une forme plastique qui n'empêche pas que je ne sois à guerroyer en Catalogne en ce moment. Cette dernière circonstance est encore un prodige, mais celui-là du moins je puis l'expliquer.

Soigneux de ménager l'objet de vos immortelles affections, je ne me plaindrai point du traitement que me fit subir Napoléon à son retour de l'île d'Elbe; je me bornerai à vous dire qu'au milieu de la paix il me fit arrêter à Paris, et conduire à Sainte-Pélagie, où je passai soixante et cinq jours dans cette même chambre.

JOSÉPHINE. — Peut-être Bonaparte se souvint-il avec trop d'amertume de votre conduite pendant la guerre d'Espagne; il m'a souvent entretenue de votre habileté, de votre valeur dans les combats; mais, je dois l'avouer, il donnait à votre rigueur envers nos prisonniers, aux moyens d'attaque et de défense dont vous avez trop souvent fait usage, un nom dont gémissait l'humanité.

Mina. — La guerre qu'il nous faisait était injuste; il l'avait portée, sans aucune provocation, au sein de notre pays, après y avoir fomenté les discordes civiles. Il voulait nous imposer un roi de sa famille, et anéantir nos libertés, sans pouvoir nous offrir en dédommagement l'indépendance et la gloire que la France devait à son génie et à ses armes. Nous combattions pour nos foyers, pour notre existence, pour notre honneur, contre des légions victorieuses commandées par les plus grands capitaines des temps modernes.

Je ne veux point le dissimuler, j'influai d'une manière terrible sur cette terrible guerre: fléau mobile et indomptable, la Catalogne, l'Aragon, la province d'Alava, me virent presqu'en même temps sur tous les points porter le ravage et la mort. Le courage parmi nous devait avoir le caractère du désespoir, et les fureurs de la vengeance.

Le nouveau, ou plutôt l'ancien gouvernement français a recueilli la succession d'injustice et de haine que lui a léguée Napoléon. Le bonheur et la liberté dont jouit l'Espagne, sous l'empire d'une constitution que tous les souverains de l'Europe, l'empereur des Français excepté, ont reconnue en 1812, sont devenus un sujet d'alarmes de l'autre côté des Pyrénées; les Français ont reparu sur les bords de l'Èbre, et j'ai de nouveau ressaisi mes armes pour défendre la liberté espagnole contre les armes étrangères.

Joséphine soupira, et jeta les yeux sur le général Bonnaire dont elle cherchait à se rappeler les traits.

Bonnaire. — Vous m'avez peu vu, madame; j'ai passé ma vie dans les camps, et ce général étranger, contre lequel j'ai long-temps combattu, est le seul ici dont je puisse invoquer le témoignage personnel. Je ne suis guère connu dans ma patrie que par mon infortune. Mon sang venait de couler pour la troisième fois sur la terre espagnole, quand la fortune ramena les Bourbons sur le trône de France. L'empereur avait abdiqué, j'envoyai mon adhésion au rétablissement du gouvernement royal après la déclaration de Saint-Ouen : j'étais blessé; on ne m'employa pas. Le 20 mars de l'année suivante, Napoléon reparut; il crut que je pouvais encore être utile pour la défense d'une place de guerre, il me confia le commandement de celle de Condé. Je me trouvais dans cette place au mois de juin 1815, lorsqu'un officier français, envoyé en parlementaire de la part des alliés, fut tué par quelques soldats de la garnison, avant que j'eusse pu avoir connaissance du danger qu'il courait. Traduit devant un conseil de guerre, je fus condamné à la peine infamante de la déportation; je ne devais en subir que la plus épouvantable partie. Je me vis, sans mourir à l'heure même, conduit au pied de la colonne d'Austerlitz. «A genoux!» me criait une voix étrangère: «Hélas! répondis-je, je ne le puis; le fer ennemi a brisé l'articulation de ces genoux que vous voulez me faire fléchir.» A l'instant une main féroce me contraignit, au milieu des plus vives douleurs, à prendre l'attitude des suppliants. Je subis l'infamie publique de la dégradation. Le coup mortel était porté; on me transporta dans cette prison, dans cette chambre, à cette même place où je me trouve: quelques semaines après je n'existais plus.

À ce récit, Joséphine laissa couler les larmes qu'elle s'efforçait en vain de retenir.

Duvergier. — Comment pourrais-je me plaindre en présence d'une si noble infortune! qu'il me soit seulement permis de me justifier à vos yeux de l'exil où je me suis vu forcé. Après avoir servi mon pays avec honneur, et dans l'âge de le servir encore, je me consolais de la perte de notre gloire, dans l'espérance de cette liberté civile et politique dont la charte royale nous garantit l'inappréciable bienfait. Les droits de la nation y sont reconnus et consacrés; mais il faut bien convenir, même à Sainte-Pélagie, que les cinq ou six ministères qui se sont succédé en France depuis huit ans ne nous en ont pas encore permis une entière jouissance. Au mois de juin 1820 la foule ardente et patriotique des jeunes gens qui peuplaient alors les écoles de médecine et de droit se réunirent plusieurs jours de suite autour de la Chambre des Députés, pour y protéger quelques membres de l'opposition constitutionnelle contre les insultes dont ils avaient été l'objet. Le hasard me conduisit et me retint dans une de ces réunions malheureuses, dont le cri de *Vive la Charte!* était le seul mot de ralliement. On crut nécessaire d'employer la force armée pour dissiper ces groupes de jeunes gens sans armes; je fus arrêté au milieu d'eux, jugé et condamné à cinq ans de détention à Sainte-Pélagie. Cet arrêt me parut trop sévère; un ami résolut de commuer ma peine, et me procura les moyens d'abréger le temps de ma détention; j'ai pris la fuite, et dans l'exil où je suis forcé de vivre je prie les dieux, comme Thémistocle, de donner à ma patrie beaucoup de citoyens qui vaillent mieux que moi...

Comme il parlait encore ma lampe s'éteignit, le charme disparut, je me couchai, je m'endormis, et je ne fis que changer de rêve.

N° V. [24 AVRIL 1823.]

Ve CONSOLATION.

LA LIBERTÉ.

> Il n'est point de misères attachées à la condition humaine qui ne soient accompagnées de ces consolations qui, en les adoucissant, en prouvent la nécessité.
> NICOLE.

> O slavery! slavery! disguise thyself as thou wilt, thou bitter thing.
> STERNE.

> Servitude, servitude, déguise-toi comme tu voudras, tu es une chose amère!

QUAND je pense que la plus grande moitié du monde est plongée dans un affreux esclavage, qu'en Europe seulement deux ou trois cent mille hommes, au moment où j'écris, achèvent de mourir au fond des cachots, je me crois libre à Sainte-Pélagie, et les réflexions où mon esprit s'abandonne ne naissent point d'un pénible retour sur moi-même.

Hier soir, assis près de ma fenêtre, qu'avec un

peu plus de mauvaise humeur j'appellerais mon soupirail, je voyais s'éteindre les dernières clartés du jour, et je regardais à travers mes barreaux ce ciel dont je ne découvre plus qu'une si petite partie. Les juges ont beau faire, on n'enchaîne point la pensée; la mienne avait pris son essor, et, parcourant, comme dit Milton, *la concavité de ce dôme aérien*, en un moment amena près de moi des hommes de tous les pays et de toutes les couleurs, qu'elle rapetissa, comme les diables de Milton, pour les faire entrer dans mon étroit *Pandémonium*.

A mesure qu'ils se présentaient, je rangeais le long de mes quatre murailles, sans égard à la couleur de leur épiderme, des Cafres, des Italiens, des Tartares, des Turcs, des Brésiliens, des Grecs, des Patagons, des Persans; et passant ensuite la revue du genre humain dans la personne de ses représentants, je fis à chacun la même question : ÊTES-VOUS LIBRE?

— Très libre, me répondit l'Italien, pourvu que je me rende chaque jour *alla madona*; que je ne fasse œuvre de mes dix doigts, pour nourrir ma famille, les dimanches et les jours de fêtes c'est-à-dire un grand tiers de l'année, et que je n'entre point chez moi quand je trouve à la porte les sandales du père Carreretto.

— Je suis bien plus libre, me dit un homme

coiffé d'un turban, car je puis insulter un Franc ou tuer un Grec lorsque la fantaisie m'en prend, et choisir entre le cordon et le cimeterre quand sa hautesse a besoin de ma tête pour orner les murs du sérail.

— Il n'y a de liberté, interrompit un habitant du Thibet, qu'aux lieux où régne le Daily-Lama ; jamais de révolution dans mon pays ; jamais de guerre de succession, attendu que, par la grace de *Bouda*, nous avons un roi qui ne meurt jamais, et dont les bonzes exercent la puissance de la manière du monde la plus paternelle : pourvu que nous versions exactement les quatre cinquièmes de notre revenu dans la caisse du couvent ministériel ; que nous enrôlions tous nos enfants mâles, parvenus à l'âge de seize ans, dans l'armée permanente que les bonzes régnants entretiennent sur les frontières du Mogol et de la Chine ; pourvu que nous recevions avec un profond respect et que nous jurions de mourir pour conserver la décoration du sachet lorsque le grand Lama veut bien nous en décorer ; pourvu que nous travaillions trois jours par semaine au profit de l'Immortel, c'est-à-dire des cinq cents ministres à longue barbe qui le représentent ; pourvu que nous ne mangions la chair d'aucun animal ruminant, et que nous nous rendions trois fois par jour à la grande pagode, nous sommes libres comme l'air, et nous sommes sûrs après notre mort de passer dans le corps d'une vache, ou tout au moins dans celui d'une chèvre.

— Quelle liberté ! s'écria un habitant du nord de l'Europe : parlez-moi de celle dont nous jouissons sur les bords de la Sprée ; revêtus de l'uniforme en sortant du maillot, aucun peuple ne peut se vanter de faire aussi bien l'exercice. Dans ces derniers temps notre jeunesse, un peu trop fortement imbue des préjugés de l'école, s'est avisée de croire qu'il y avait une autre industrie que celle de manier le mousquet, une autre liberté que celle de tuer ou de se faire tuer pour transformer un marquisat en royaume, et qu'après tout l'homme pouvait bien avoir une autre destination sur la terre que celle de marcher au pas et d'exécuter la charge en douze temps ; mais cette révolte imberbe n'a pas eu de suite, et nous sommes toujours le peuple le plus libre, c'est-à-dire le mieux discipliné de l'Europe.

— Si par liberté vous entendez l'obéissance passive, interrompit un Chinois, nous sommes en droit, je pense, de nous proclamer le peuple le plus libre de la terre. Confutzée a dit qu'il n'y avait pas de liberté là où il n'y avait pas de lois : or nous avons plus de lois que toutes les nations ensemble ; nous avons des mandarins sans nombre pour les faire exécuter : donc il y a plus de liberté chez nous que par-tout ailleurs.

L'excès de la population pouvait devenir un embarras pour notre gouvernement paternel, nous sommes libres d'exposer nos enfants sur les bords du fleuve Jaune.

Nos femmes ont les passions vives, et s'accommoderaient assez mal de la vie sédentaire à laquelle nos lois et le soin de notre honneur les contraignent ; nous sommes libres de lier les pieds de nos filles, dans leur enfance, de manière à leur en ôter l'usage à l'âge où elles pourraient en faire abus.

Notre grand roi Fo-IIi a défini la liberté l'ordre joint à la politesse, et c'est par-là que se distingue la nation chinoise. Quel étranger n'est pas frappé d'admiration en traversant les rues et les marchés de Kanton et de Pékin, au milieu d'une foule immense distribuée sur deux files qui marchent gravement en sens contraire, sans qu'aucun bruit, aucun embarras, signalent leur passage ? Si par hasard quelque étourdi dérange un si bel ordre, le mandarin de police, escorté de ses quatre bourreaux, est toujours là pour faire justice. Amené devant le juge ambulant qui s'accroupit dans la rue, sur un coussin qu'on porte derrière lui, le délinquant est dépouillé jusqu'à la ceinture, et reçoit sur les épaules autant de dizaines de coup de chambouc que le magistrat lève de doigts pendant l'exécution. Le patient se rhabille, salue le porte-chambouc, baise la main du mandarin de police, et se retire. Tout cela se passe, de part et d'autre, avec une politesse, un calme qu'on ne saurait trop admirer.

— Tais-toi, vil esclave! s'écria un Maratte en brandissant sa sagaie; c'est bien à toi, peuple conquis par quelques hordes de Tartares, qui ne sais te défendre qu'en élevant des murailles, et que l'on gouverne avec le bâton, qu'il convient d'élever la voix quand il est question de liberté! Les hommes libres sont ceux qui choisissent leurs chefs, qui font trembler leurs voisins, qui ne connaissent de lois que celles de la nature, la force et le courage; les hommes libres, ce sont les plus hardis pirates et les meilleurs cavaliers du monde; ce sont les Marattes : il est vrai que notre Pesha a le droit de vie et de mort sur la nation entière; mais cet excellent prince n'en use jamais, et s'est contenté jusqu'ici de louer une partie de ses sujets, sur le pied d'une roupie par tête, à nos amis les Anglais, qui ont la prétention d'être encore plus libres que nous.

— Puisque cette espèce d'hommes, interrompit dédaigneusement l'insulaire européen, a eu l'insolence de parler du peuple anglais à propos de nos stipendiaires du golfe Persique, je veux bien prendre la peine de prouver ici non seulement qu'il n'y a de liberté que dans les trois royaumes, mais qu'il ne peut y en avoir ailleurs, car tel est notre bon plaisir. Personne ne niera, j'espère, que la liberté moderne n'ait pris naissance dans notre île, et que le titre de *majesté* donné au peuple anglais par lord Chatam ne soit la conséquence de sa souveraineté proclamée d'un bout du monde à l'autre par la victoire. Si nous avons conservé à notre chef le nom de roi, qui déplaisait tant aux Romains, nous avons su limiter sa puissance par des lois dont il est le premier sujet : nous vivons sous l'empire d'un gouvernement représentatif dont la force résulte d'une sage balance des trois pouvoirs qui le constituent, et nous jouissons avec un trop juste orgueil de la liberté que nous avons conquise, pour permettre qu'aucune autre nation entre en partage d'un pareil bienfait.

On m'objectera peut-être des faits qui démentent chaque jour des droits dont nous sommes si fiers; on me demandera ce que c'est que la liberté dans un pays où deux ou trois familles se sont rendues maîtresses du gouvernement; où se sont réfugiés tous les préjugés, tous les abus de l'aristocratie; où la souveraineté du peuple se borne aux saturnales des *hustings;* où le citoyen qui se promène au bord de la Tamise peut-être *pressé* par quelques matelots ivres, et, par l'ordre d'un agent subalterne de l'amirauté, embarqué sur un vaisseau qui le transporte à l'autre extrémité du monde au cri de *Rule Britannia...*

On me demandera ce que c'est que la liberté

dans un pays où la loi d'*habeas corpus* n'empêche pas qu'on ne soit jeté en prison pour une dette de cinq schellings, à la première demande d'un créancier auquel vous serez libre en sortant de prouver qu'il ne lui en est dû que trois ; on me fera peut-être une foule de questions de cette nature : au lieu d'y répondre, je dirai que nous sommes libres, nous autres Anglais, d'assommer un candidat ministériel, de boxer dans la rue avec un pair d'Angleterre, de vendre nos femmes au marché, et de casser les glaces de la voiture du roi allant au parlement.

Je ne crus pas pouvoir me dispenser de prendre la parole après ce représentant de sa majesté bretonne. N'en déplaise au *gentleman*, dis-je en élevant la voix, s'il est vrai que la liberté soit le fruit de la plus haute civilisation, des plus anciens souvenirs, et de la gloire la plus élevée à laquelle aucun peuple ait jamais atteint, la France doit en être la terre classique.

C'est la liberté qui présidait il y a trois mille ans à la fédération des républiques gauloises, et qui consacrait la *pierre du serment* autour de laquelle se réunissaient leurs députés ; c'est elle qui présidait aux assemblées du champ de mai, et qui élevait le pavois où le plus brave était porté, *consensu populi*. Quelques siècles du régime féodal l'avaient exilée du sol français ; mais la philosophie et la victoire ont ramené la liberté dans sa patrie; elle y règne sous l'empire d'une charte constitutionnelle où les devoirs du prince sont dictés, où ses droits et ceux du peuple sont garantis : parmi nous les hommes sont parfaitement égaux devant la loi, les impôts sont également répartis, les ministres sont responsables, le pouvoir judiciaire est indépendant, les juges sont inamovibles, et tout citoyen qui aime son pays, qui contribue à sa prospérité par quelque industrie ou quelque talent, qui l'honore par quelque vertu, vit heureux, libre, et considéré, sous la protection des lois... A ces mots, un grand éclat de rire partit de tous les coins de ma chambre; mes hôtes disparurent tous, et leurs voix répétaient en se perdant dans les airs : Vive la liberté de Sainte-Pélagie !

N° VI. [25 AVRIL 1823.]

VIᵉ CONSOLATION.

LA PRISON ILLUSTRÉE.

*Quisnam igitur liber? sapiens, Sibique imperiosus,
Quem neque pauperies, neque mors, neque vincula terrent.
Responsare cupidinibus, contemnere honores
Fortis.*
                                        HORACE.

Quel est l'homme libre? Le sage qui sait mépriser la pauvreté, la mort, les chaînes, faire la loi à ses desirs, et dédaigner les biens de la fortune.

Quand on se mêle de faire de l'érudition à propos des infortunes humaines, on peut se montrer savant à peu de frais; les exemples se pressent sous la plume de l'écrivain, ils obsèdent sa pensée, et la page, remplie de faits, ne laisse point de place aux réflexions.

Si je ne craignais qu'on vît dans une simple remarque un mouvement de vanité qui est loin de mon esprit, et que ma situation même ne justifierait pas, je dirais que c'est toujours à quelque supériorité réelle ou prétendue que s'adresse la persécution, et que pour parvenir à une haute réputation il faut avoir le courage d'essuyer de grandes injustices.

Sophocle fut traîné devant un tribunal par ses enfants; Aristide et Thémistocle furent exilés; Phocion et Socrate burent la ciguë : la mémoire de ce dernier fut insultée par Cicéron lui-même, qui le traite d'usurier dans une de ses lettres familières où il donne des ordres pour faire acheter sous main les biens de son ami le *Crotoniate*, confisqués par un jugement. Le vertueux Platon fut accusé d'envie par Athénée, de mensonge par Théopompe, de vol par Aulugelle, d'avarice par Suidas, de débauche par Porphyre, et d'impiété par ce coquin d'Aristophane payé par les honnêtes gens d'Athènes pour calomnier les hommes les plus vertueux de son siècle, et qui gagna si bien son argent.

Quant à cette punition corporelle, la prison, dont je m'occupe plus particulièrement aujourd'hui que j'ai mon sujet sous les yeux, on remplirait un volume des seuls noms des savants, des hommes de lettres, et des philosophes, auxquels ce châtiment fut infligé.

Anaxagore y fut mis pour avoir prétendu qu'il y avait un Dieu; Boèce pour avoir été bon ministre; Buchanan pour avoir dit la vérité; Galilée pour avoir prouvé que la terre tournait autour du soleil. Boèce fit en prison son meilleur volume, et Buchanan ses excellentes paraphrases des psaumes du bon roi David.

Cinq ans de prison furent infligés au plus courageux, au plus reconnaissant des poètes, à Pélisson; il y fit des vers pour la postérité. L'immortel auteur de la *Jérusalem délivrée* mourut dans un cachot; *Don Quichotte* y vit le jour. La jurisprudence anglaise n'a pas de meilleur ouvrage que *Fleta*, composé à FLEET par un avocat emprisonné pour dettes, et qui n'en sortit jamais.

Louis XII, duc d'Orléans, fut emprisonné avant de monter sur le trône, et c'est dans la vieille tour de Bourges qu'il s'instruisit à régner. Il est à remarquer que les deux meilleurs rois qu'ait eus la France, Louis XII et Henri IV, avaient reçu les mêmes leçons de l'infortune, et, ce qui est plus extraordinaire encore, en avaient su profiter.

Raleigh a composé son *Histoire du monde*, chef-d'œuvre d'éloquence et de raison, au sein d'un cachot où il était enfermé : l'auteur est mort pour avoir été un héros.

Selden a fait en prison tous ses ouvrages; Polignac charma la sienne en composant son *Anti-Lucrèce*. Fréret étudia Bayle pendant le long séjour qu'il fit à la Bastille; et le génie des siècles, Voltaire, y traça le plan de notre seul poëme épique.

Le poëte royaliste Davenant, à qui Milton sauva la vie sous le règne du protecteur, et qui rendit à son tour le même service à l'Homère anglais à l'époque de la restauration, Davenant finit son poème dans un cachot du château de Carisbrooke, où il avait été enfermé par ordre de Cromwell.

L'auteur de *Robinson Crusoé*, du seul ouvrage que Rousseau voulait que l'on mît entre les mains de l'enfance, acheva son roman dans la prison de Newgate. De Foe 'avait écrit contre des ministres qui déshonoraient sa nation; ceux-ci le firent enfermer : quand il sortit de Newgate ses persécuteurs avaient perdu leur place, et il avait conquis la sienne.

La prison semble porter bonheur aux écrivains. Le *Gondibert* de sir William Davenant est le seul des ouvrages de ce poète qui méritât de lui survivre; et la *Revue* de Foë, qu'il avait commencée sous les verrous de Newgate, si heureusement imitée par Addisson et Steele dans leur *Spectateur*, devint la source de cent essais périodiques du même genre dont se glorifie l'Angleterre, et que j'ai moi-même essayé d'introduire en France sous le titre d'ERMITE. Le prisonnier de Sainte-Pélagie se plaît à faire hommage au prisonnier de Newgate des succès qu'il a obtenus dans un genre dont Foe fut créateur.

Ce fut aussi la politique qui jeta Wicquefort dans une prison d'état, où il écrivit son traité si curieux des *Ambassades*.

Peu de personnes savent qu'un Italien du nom de Maggi, après avoir défendu avec autant de courage que de talent la ville de Famagusta, assiégée par les

Turcs, devint leur prisonnier; qu'ils le traitèrent en véritables Turcs, c'est-à-dire qu'ils brûlèrent sa maison, ses livres, ses instruments, et le descendirent dans une espèce de puits, où il vécut enterré pendant quatorze mois : c'est là que Maggi composa son traité *de Tintinnabulis,* qui fut jugé excellent.

On a dit que le malheur désarmait l'envie, et que l'envieux, quelquefois, était bien aise d'avoir pitié. Cette observation est démentie par l'expérience : les puissants peuvent éprouver le besoin de pardonner au mérite; les impuissants, qui sont les envieux, ne lui pardonnent jamais. Un prince imbécile se contenta de faire brûler les ouvrages de l'abbé Trithême, coupable du crime d'avoir inventé une sténographie; mais ce pauvre Virgile, évêque de Salzbourg, fut brûlé lui-même en personne à la requête d'un théologien envieux, pour avoir eu l'audace d'écrire que, la terre étant ronde, il y avait nécessairement des antipodes.

Puisque la persécution des philosophes et des gens de lettres paraît être une maxime invariable de tous les gouvernements, et qu'on ne veut pas même, dans notre siècle de lumières, leur accorder l'honneur d'une prison spéciale, je proposerais (sans préjudice des rigueurs que l'on continuerait à exercer contre les vivants) qu'on élevât aux morts un monument expiatoire.

4

Quelque forme que l'artiste se plût à donner à cet édifice, je voudrais que, sans distinction de temps, de pays, et d'infortune, on y trouvât les statues;

De CAMOENS, qui mourut de faim dans la rue;
D'OTWAY, qui expira sur la paille dans un grenier dont on avait vendu quelques jours avant les derniers meubles;

Du TASSE, qui empruntait cinquante sous pour vivre pendant la semaine,

Non avendo candele per iscrivere i versi suoi;

De l'ARIOSTE, qui se plaint si amèrement dans ses satires de n'avoir qu'un mauvais manteau troué;

De DRYDEN, qui fut toute sa vie aux gages du libraire Tomson, et qui lui vendit pour trois cents fr. les dix mille meilleurs vers de la langue anglaise;

De GILBERT, qui mourut dans un hôpital.

On y accorderait les premières places à MILTON aveugle, forcé de vendre son *Paradis* pour dix guinées;

A LESAGE, qui mangea dans sa vieillesse le pain de la pitié;

A CORNEILLE, qui n'avait pas de bouillon chez lui la veille de sa mort;

A VONDEL, qui composait ses tragédies dans une échoppe où il mourut à quatre-vingt-dix ans;

A VOLTAIRE, qui passa en exil soixante ans de sa glorieuse vie;

A Jean-Jacques errant ;

A David exilé ;

A Sydenham, qui mourut dans une maison de détention ;

Au savant Adanson, qui s'excusait à quatre-vingts ans de ne pouvoir se rendre à l'académie à défaut d'argent pour acheter une paire de souliers.

Ce monument porterait pour inscription : Ici nous pouvons dormir.

N° VII. [26 AVRIL 1823.]

VIIe CONSOLATION.

SOUVENIRS DE PRI   N.

Forsan et hæc olim meminisse juvabit

Il est bien digne de remarque que l'histoire ramène sous des noms différents un événement tout-à-fait semblable à deux siècles de distance, et il est honorable pour les femmes que cet événement soit un trait d'héroïsme conjugal. Voici comment une ancienne chronique rend compte du dévouement de la femme de Grotius.

« Le très illustre Grotius fut tiré de geôle et souf-
« france par le conseil et industrie de Marie de Re-
« gelsberg, sa femme légitime. Elle avait fait cette
« remarque à propos d'un grand coffre rempli de
« livres et linge, lequel allait et revenait de Lou-
« vestein à Gorcum, et de Gorcum à Louvestein,
« que les geôliers avaient perdu la constance de
« l'ouvrir, visiter, et fouiller, ainsi qu'ils faisaient
« d'abord. Sur quoi elle conçut le dessein de faire

« entrer son mari dans ladite malle, après l'avoir
« bien dextrement forée et percée de trous faits au
« villebrequin pour qu'il pût mettre de ce côté sa
« tête et respirer l'air du dehors.

« Grotius donna les mains à cette fourbe, se mit
« dans le coffre, et fut porté sans embarras aucun à
« Gorcum, chez un sien ami qui le garda et recéla
« bien quelque temps; puis il alla à Anvers et passa
« aisément par-tout, une règle de menuisier à la
« main, et portant le costume de son état.

« Cependant la femme prétendait que son mari
« était bien malade et qu'elle le soignait elle-même
« dans sa prison, et soutint ainsi cette comédie jus-
« qu'à ce qu'il n'y eût plus moyen de le recouvrer.
« Alors se mit à dire aux gardes, se moquant d'eux
« et les narguant : *Oui-dà, les oiseaux ne sont plus
« dans la cage!* Grande rumeur parmi les juges qui
« d'abord voulurent procéder criminellement contre
« elle, voire même plusieurs opinèrent à la tenir en
« prison perpétuellement en place de son mari;
« mais par la pluralité des voix cette belle héroïne
« fut acquittée et louée de tout le monde. »

Ne croit-on pas lire l'histoire de madame de Lavalette? avec moins d'intérêt cependant; car il ne s'agissait pour Grotius que d'abréger le temps de sa prison, et l'échafaud de M. de Lavalette était dressé. Si le fond de ces deux aventures est le même, combien les suites en furent différentes! La femme de Grotius trouva dans la liberté qu'elle avait rendue à son époux le bonheur et la gloire du reste de sa vie. Quand madame de Lavalette revit son époux, l'effort de son courage avait brisé sa raison, et sa pensée absente ne lui laissait pas même la consolation de reconnaître l'objet de son héroïque dévouement.

Une partie de l'histoire de l'Europe est ensevelie dans ses prisons : c'est un ouvrage qui manque, et qui serait d'un intérêt extrême. Les règnes de Louis XIII, de Louis XIV, et de Louis XV, se trouveraient presque tout entiers dans les *Annales de la Bastille*.

Le duc de Guise, devenu maître de Paris en 1588, s'empara de la Bastille, et nomma Bussy-le-Clerc gouverneur de cette prison d'état : ce Bussy, procureur au parlement, conduisit lui-même à la Bastille tous les membres de cette illustre compagnie, laquelle refusait de délier les Français, en faveur de Guise, de leur serment d'obéissance à Henri III. Présidents et conseillers en robe rouge, réduits à la *demi-pistole*, furent mis au pain et à l'eau : une semaine de ce régime épuisa leur constance et leur fidélité.

Henri IV se contenta d'y faire mettre le *trésor public*. En 1790 on trouva dans un des cachots de la Bastille un exemplaire complet de l'*Encyclopédie*, qu'on y tenait enfermé et lié avec une chaîne depuis vingt-cinq ans.

On sait qu'il existait à Bicêtre, avant la révolution, quatre cachots noirs, infects, humides, de six pieds de long sur quatre de large; véritables foyers de mort où l'air entrait avec peine par des ouvertures obliques, et où la flamme des torches s'éteignait faute d'aliment : soixante livres de chaînes pesaient sur les malheureux que l'on descendait vivants dans ces tombeaux. A son avénement au ministère, M. Necker fit mettre en liberté le seul condamné qui eût survécu deux ans à cet affreux supplice: le ministre était présent à la sortie de ce prisonnier. Remonté à la surface de la terre, cet infortuné chancelait à chaque pas comme un homme pris de vin; un mot du ministre témoigna qu'il s'y trompait : « Hélas! monsieur, lui dit l'infortuné, il y a deux ans que je n'ai bu que de l'eau fétide; c'est l'air pur qui m'enivre. »

Le pacifique cardinal de Fleury, dans la seule affaire de la bulle, a signé trente mille lettres de cachet.

Combien de pères déshonorés après une vie infame se sont portés accusateurs de leurs fils pour quelque désordre de jeunesse, et ont obtenu contre eux des lettres de cachet! combien de femmes impudiques se sont débarrassées de leurs maris par les mêmes moyens! M. de Saint-Florentin a eu pendant quinze ans le monopole des lettres de cachet.

Bacon, qui aurait pu se donner pour exemple,

assure qu'il n'y a point de fortune possible sans persécution. Il faut, disaient les Romains, manger le serpent pour devenir dragon (*Serpens nisi serpentem comederit non fit draco*); et cependant combien d'exceptions à cette régle! que de persécutions n'ont eu pour suite que leurs propres peines!

Je ne sais à quel prisonnier de Sainte-Pélagie on doit cette maxime que j'ai trouvée inscrite sur un des murs du corridor Rouge:

Pour connaître un homme, condamnez-le à un mois de prison s'il est heureux, et à un mois de prospérité s'il est pauvre.

— Je voudrais qu'au même instant on pût savoir ce qui se passe dans le cœur des hommes qui habitent deux sortes d'édifices, les *palais* et les *prisons*: on verrait de quel côté se trouveraient la bassesse dans l'orgueil, l'ambition dans l'oisiveté, le desir le plus immodéré de s'enrichir sans travail, l'aversion la plus profonde pour la vérité; la flatterie, la trahison, le mépris des devoirs de citoyen, la haine de la vertu, l'amour du vice, le ridicule versé sur tout ce qui est bon, juste, honnête. — « Dans les palais, » répond Montesquieu, à qui j'emprunte ces lignes. Il ajoute : « C'est là, dans tous les lieux et dans tous les temps, le caractère des habitants des palais. » Tout président à mortier qu'il était, ce Montesquieu, il faut en convenir, était un bien grand philosophe.

N° VIII. [27 AVRIL 1823.]

VIIIe CONSOLATION.

LE CORRIDOR ROUGE.

> Les cœurs opprimés ne sont jamais soumis
> VOLTAIRE
>
> Est etiam ubi profectò damnum præstet facere
> quàm lucrum
> PLAUTE, *les Captifs*
> Il y a telle circonstance où la perte est un avantage

On a dû créer un mot pour qualifier des actions que l'autorité voulait punir, et qu'aucune loi ancienne ne pourrait atteindre. C'est ainsi qu'on appelle délits politiques quelques passages, quelques phrases, ou même quelques mots d'un livre, où des jurés, peseurs de l'intention, verraient ou croiraient voir une censure, par allusion, des actes du ministère ou de la conduite des ministres; la *tendance* présumée d'un écrit vers des doctrines politiques qui ne sont pas ou qui ne sont plus celles du gouvernement; des *acclamations* qu'il eût été absurde de dénoncer comme des cris séditieux. C'est pour la répression de ces délits de circonstance qu'une loi de circonstance elle-même a investi les tribunaux du droit d'en connaître, et d'appliquer à leurs auteurs les peines portées par le code contre les escrocs et les voleurs.

Lorsqu'il fut question l'année dernière d'ajouter cette loi au recueil de vingt-cinq ou trente mille autres qui nous régissent (indépendamment des vingt-quatre volumes in-folio d'ordonnances royales auxquelles on a recours au besoin), les inconvénients de cette mesure législative furent signalés à la tribune; les infatigables défenseurs des libertés nationales, MM. B. Constant, Foy, Manuel, Girardin, objectèrent qu'il fallait au moins s'expliquer sur cet emprisonnement dont on menaçait les auteurs de délits politiques, et que la chambre ne voulait certainement pas qu'on les assimilât, par la nature de la punition, avec des hommes pervers, rebut de la société, qui peuplent les prisons. Plusieurs des honorables membres du côté droit, M. de Serre lui-même, parurent s'offenser d'une pareille supposition. La destination spéciale d'un local séparé, dans une prison commune, ne semblait pas devoir établir une ligne de démarcation suffisante; il fut à-peu-près convenu qu'une maison particulière (on alla jusqu'à nommer l'hôtel Bazancourt) serait affectée aux condamnés de la politique. En attendant que les dispositions nécessaires aient été faites, le *corridor Rouge* de Sainte-Pélagie devait leur être exclusivement consacré. On nous a fourni l'occasion de nous assurer par nous-mêmes de la manière dont ces promesses parlementaires ont été remplies; les premières lignes de cette description suffiraient pour le faire connaître.

Le corridor Rouge se compose de vingt-trois cellules (je suis déterminé à ne point prononcer le nom de *cachots*); toutes sont occupées, le plus grand nombre par deux personnes, et cependant il ne se trouve en ce moment dans ce corridor que treize détenus pour délits politiques : on en conclura sans doute qu'on a jugé à propos d'y introduire des condamnés d'une autre espèce, mais du moins que chacun des détenus de la première catégorie a la jouissance exclusive des huit pieds carrés que l'on appelle sa chambre; cependant il n'y a de vrai que la première partie de cette conclusion.

Il est six heures du matin, j'entends rouler mes verrous, et je puis me promener dans notre corridor. J'en vois ouvrir successivement toutes les portes, et je m'amuse à observer les détails du lever des prisonniers, moins somptueux, sans doute, mais peut-être plus gai que celui des Tuileries. La vieille laitière arrive : chacun vient remplir, d'un lait éclairci par l'eau de la Seine, un vase d'une terre moins précieuse que celle que l'on colore à Sèvres;

de tous côtés les petits réchauds s'allument, le lait et le café bouillonnent; quelques prisonniers déjeunent; d'autres, la pipe à la bouche, arpentent le corridor à grands pas d'un air sinistre ou rêveur; ceux-ci jurent, ceux-là chantent, et la chanson qu'ils fredonnent indique presque toujours l'idée dominante qui les occupe. Si cette observation est vraie, il suffirait peut-être de dire que les refrains patriotiques de notre célèbre Béranger sont presque les seuls que j'aie entendus pendant mon séjour à Sainte-Pélagie, pour faire connaître le caractère et l'opinion de mes compagnons d'infortune : mais quelques uns d'entre eux se distinguent par de si nobles traits, par des qualités si brillantes, que je ne puis me refuser au plaisir de tracer leurs portraits tandis que j'ai le modèle sous les yeux. Avant de m'occuper des personnes, jetons encore un coup d'œil sur leur habitation.

J'ai dit que chacune des chambres était trop petite pour y loger sainement un prisonnier, quand la saison ne permet pas d'en tenir la fenêtre ouverte; combien le séjour doit en être insupportable quand on y place un second lit, ce qu'on appelle *doubler* un homme en termes de prison! Rien de plus hideux que l'aspect de ces cellules dans leur état primitif : quatre murailles nues et sales, fermées d'une porte surchargée de serrures et de verrous énormes, éclairées par une petite fenêtre carrée, dont les barreaux épais forment une espèce de rideau de fer qui intercepte une partie des rayons du jour; pour meubles (à moins d'une autorisation spéciale pour vous en procurer d'autres à vos frais) un lit de sangle, sous le nom technique de *pistole*, une paillasse, une mauvaise couverture, et une espèce de seau dont je dois laisser deviner l'usage nocturne : tel est l'aspect que présente la plus grande partie de ces cellules dont quelques unes offrent un coup d'œil moins repoussant, grace à l'industrie ou à l'aisance du prisonnier qui les habite.

Historien exact, je dois dire qu'une des cellules de ce corridor contraste de la manière la plus complète et la plus inattendue avec toutes les autres; c'est celle qu'occupe le lieutenant Gustave L. de B. Si l'on pouvait oublier l'antichambre qui vous y conduit, on croirait entrer dans un boudoir de la Chaussée-d'Antin.

Un de ces rideaux qu'on appelle portière chez les grands seigneurs recouvre l'odieuse porte aussitôt qu'on est entré. Un lit, en forme de divan, décoré avec autant de goût que d'élégance, occupe le fond de cette jolie chambre à deux croisées, que tapisse un papier-mousseline bordé d'une guirlande de roses; un superbe piano d'Érard fait face au divan; plusieurs tableaux et des portraits de femmes charmantes, dont je crois avoir vu errer quelquefois un des modèles dans le sombre corridor, se répètent pour le plaisir des yeux dans les glaces qui occupent deux des panneaux de la chambre et en doublent la grandeur; des rideaux de soie pourpre qui drapent les croisées, et des fleurs dont la tige s'élève le long des barreaux, achèvent de dérober aux regards tout ce qui pourrait ramener à l'idée d'une prison.

On pourra s'étonner d'un luxe si complétement étranger aux lois somptuaires en vigueur dans le corridor Rouge, et déjà le mot de *privilége* est sorti de la bouche de mes lecteurs; je me hâte donc de prévenir tout soupçon défavorable à l'impartialité du concierge de la maison, en prévenant que le lieutenant Gustave, bien qu'habitant du corridor Rouge, n'y est détenu à la requête d'aucun procureur du roi, et que ses créanciers seuls l'y retiennent. J'aurai l'occasion de faire connaître, dans la suite de ce chapitre, par quelle circonstance particulière on a fixé son domicile dans un corps-de-logis séparé de celui qu'occupent les autres débiteurs.

Petite biographie des détenus du corridor Rouge.

Il en est de la prison comme d'une traversée en mer; un mois de cohabitation forcée dans une étroite enceinte vous apprend à connaître d'une manière plus intime des compagnons d'infortune ou de voyage que n'auraient pu le faire dans le monde dix ans de rapports habituels. En général on aime à parler de soi, c'est ce qu'on sait le mieux, comme dit M. Necker; et quand on en trouve un prétexte aussi naturel que celui de prouver l'injustice du traitement que l'on éprouve, on cède volontiers à une tentation que chaque jour alimente et renouvelle. Celui qui recueille de pareilles confidences courrait le risque de n'avoir à faire que des panégyriques, s'il ne tenait aucun compte des commentaires particuliers qu'une bouche plus impartiale manque rarement de lui fournir : j'ai eu ce double avantage; les hommes dont je vais parler ne sont encore pour la plupart qu'à l'entrée de la carrière; je ne les juge que sur leurs premiers pas, et j'oserais néanmoins assurer que le reste de leur vie ne démentira pas les nobles espérances que la plupart ont fait concevoir.

Je commence par M. Magallon; son infortune a marqué sa place dans cette petite biographie.

MAGALLON (Dominique), né à Bagnols, a fait ses études successivement aux lycées de Nîmes, de Grenoble, de Toulouse, et d'Aix, où il a laissé la réputation d'un homme de mœurs aimables et d'un esprit distingué. L'amitié l'unit dès l'enfance à M. Victor Augier, avocat à Valence et gendre de M. Pigault-Lebrun : ces deux jeunes gens, que dominait également la passion des lettres, eurent ensemble l'idée, en 1814, de fonder une académie de poëtes méridionaux, sous le nom de *Société des Troubadours réunis de Vaucluse*. Cette association fut reconnue du gouvernement. Dans les premiers cahiers de ses productions que M. Magallon publia, on avait remarqué, parmi des poésies agréables, quelques morceaux pleins d'énergie qui annonçaient dans leurs jeunes auteurs cet amour brûlant de la patrie et de la liberté que MM. Magallon, Augier, Barbaroux, et Barginet, principaux membres de cette société, ont manifesté depuis avec plus d'éclat.

Les Troubadours réunis sont maintenant dispersés; la plupart ont quitté leur poétique patrie, et quelques uns, à la première fleur de l'âge, jouissent déja des honneurs de cette persécution que la haine puissante réserve pour l'ordinaire aux talents consommés.

M. Magallon, dont le caractère se forme de l'assemblage de toutes les vertus civiles et domestiques, a déja fait preuve d'un talent poétique très distingué : sa manière se rapproche de celle de Parny. Douée d'une sensibilité vraie et d'une imagination vive, son ame s'ouvre facilement aux douces inspirations d'un génie heureux et facile.

Conduit à Paris par un desir impatient de gloire, si naturel à la jeunesse et au talent, M. Magallon venait de contracter un heureux mariage et sentait la nécessité de se faire un état de la littérature : il avait acquis la direction de *l'Album*, journal littéraire dont le succès de vogue ne tarda pas à exciter la surveillance des commis à la douane de la pensée. *L'Album* attaquait sur-tout avec force une secte indestructible, dont la colère des peuples et des rois croyait avoir fait justice, et qui s'efforce de ressaisir dans l'ombre le sceptre monacal que la philosophie arracha de ses mains.

Telle fut, sinon la cause des malheurs de M. Magallon, du moins le prétexte d'un traitement dont la férocité sans exemple ne pourrait rester impunie sans attester l'oubli des lois, et le triomphe de l'arbitraire.

M. Magallon fut arrêté comme propriétaire-éditeur de *l'Album*. M. Dumesnil, l'un des hommes les plus courageux et les plus spirituels d'une époque si fertile en esprit et en courage, se reconnut auteur des articles dirigés contre cette association mystique où il croit retrouver l'esprit et les principes des fils de Loyola. M. Dumesnil fut condamné à un mois et M. Magallon à treize mois de prison : c'est pour le fait de cette condamnation que ce dernier avait été transféré à Sainte-Pélagie, où il partageait l'étroite cellule de son jeune ami M. Barginet, de Grenoble.

Le 21 avril, jour même de notre entrée à Sainte-Pélagie, nous avions été reçus par cet excellent jeune homme, et nous comptions au nombre des consolations que nous pouvions trouver dans ce séjour le plaisir de nous y rencontrer avec lui. Le lendemain, à cinq heures du matin, M. Magallon est arraché des bras de son ami, et on lui apprend qu'il va être transféré dans l'ignoble prison de Poissy. Il recueille toutes les forces de son ame, serre son ami contre son cœur, et descend entre les deux guichets où l'attendent des gendarmes qui s'emparent de lui.

Croira-t-on que le fait qu'il me reste à raconter se soit passé en France, dans un pays renommé pour sa civilisation, sous un gouvernement constitutionnel, chez un peuple fier de ses lois et de sa liberté dont il parle sans cesse? Croira-t-on qu'un jeune homme de caractère et de mœurs irréprochables, puni avec une extrême sévérité pour un délit dont il avait pu ne pas soupçonner l'importance, qu'il n'avait aggravé par aucune résistance, par aucun murmure, ait été enchaîné avec un forçat couvert d'une *lèpre hideuse*, qu'il ait été contraint de traverser Paris à pied, et de faire en cet état une route de sept lieues avec un misérable qui n'a pas cessé de faire retentir sur son passage le cri de *Vivent les galériens!* qu'arrivé à Poissy, mourant de honte et de désespoir, M. Magallon ait été revêtu de la livrée du crime, contraint aux mêmes travaux, aux mêmes privations, à la même vie enfin que les malheureux enfermés dans cette sentine de vices et de corruption? Ce fait est vrai; il est attesté par les bouches les plus pures, par des témoins irrécusables; il soulève l'indignation générale, mais l'attention publique est détournée par des fêtes, et M. Magallon reste à Poissy.

Rapprochons du moins dans cet écrit deux amis si cruellement séparés.

Barginet (Alexandre), né à Grenoble, élève national du lycée de cette ville, et maintenant âgé de vingt-cinq ans, débuta à quinze ans et demi dans la carrière des lettres. Quelques avantages obtenus sur les Autrichiens qui entouraient Grenoble en 1814 enflammèrent la jeune imagination du petit lycéen; il improvisa, dans la nuit même qui suivit ce succès, sous le titre *les Autrichiens à Montmeillant*, une petite pièce en vaudeville, dont la représentation, ordonnée par les autorités civiles et militaires, fut reçue avec transport par les compatriotes de Barginet qui le demandèrent à grands cris. L'enfant-auteur fut amené sur la scène, où le public lui prodigua tous les genres d'encouragement et de félicitation.

Depuis ce moment Barginet s'occupait de littérature et avait commencé des études sérieuses que vint interrompre le retour de l'île d'Elbe. Une particularité singulière, et d'autant plus remarquable qu'elle se rattache au plus grand événement du siècle, c'est que le jeune Barginet, sur la route de Lamure à Vizille, eut avec Napoléon une conversation de quelques minutes, dans laquelle le petit écolier donna à l'homme des prodiges, comme l'avait baptisé M. de Fontannes, des renseignements topographiques qui déterminèrent Napoléon à se rendre le soir même à Grenoble.

Barginet suivit l'empereur à Paris (qu'on n'oublie pas qu'il n'avait que seize ans alors); il y reçut un brevet d'admission à l'école militaire de Saint-Cyr, comme élève national, et fut même dispensé de fournir le trousseau, formalité jusqu'alors indispensable; mais il préféra entrer dans le régiment des flanqueurs corses venus de l'île d'Elbe avec Napoléon : il y fit la terrible campagne de 1815, et fut blessé à Waterloo.

M. Barginet, arrivé à Paris, en 1817, pour y reprendre le cours de ses études, publia successivement plusieurs écrits qui tous attestent un esprit indépendant, un cœur noble, et un talent flexible. Je citerai ceux qui ont obtenu le plus de succès :

La *Guerre de trois jours*, poëme en trois chants, à l'occasion de l'affaire de M. Bavoux;

Généalogie critique et littéraire des maisons de Croï-Chanel et de Croï-d'Havré;

La Nuit de Sainte-Hélène;

L'Apocalypse de 1821;

De la reine d'Angleterre et de Napoléon Bonaparte, tous deux morts d'un cancer à l'estomac;

Considérations politiques et religieuses sur l'émancipation des Grecs.

La dernière brochure, publiée par M. Barginet, a pour titre : *Histoire véritable de Tchen-Tchéou-li, mandarin lettré.* Elle offrait sous des noms chinois l'histoire d'un ministre aujourd'hui disgracié et des personnages qui ont eu le plus de part à son administration.

C'est pour la publication de cette satire allégorique que M. Barginet a été condamné à quinze mois de prison et à trois mille francs d'amende.

Conduit à Sainte-Pélagie, c'est dans le corridor de la *Détention* qu'il a vu s'écouler les cinq premiers mois de sa captivité; il fut forcé d'y revêtir le honteux costume réservé aux malfaiteurs, et réduit à boire l'eau fétide, à manger le pain noir, que l'on accorde aux prisonniers.

M. Barginet a enfin obtenu la faveur de descendre dans le corridor Rouge; il s'y occupe d'un recueil de *Traditions dauphinoises,* qu'il a l'intention de publier sous le titre de *Montagnardes.* Ce sont des petits poëmes en prose, dans le genre d'Ossian, dont les sujets lui ont été fournis par l'histoire traditionnelle de son pays et qui ont été esquissés sur les lieux mêmes où se passe l'action. Il paraît que ce nouveau Macpherson, à l'aide de beaucoup de recherches archéologiques et de quelques études de la langue *romane*, pourra parvenir à donner une idée de la poésie des *Allobroges* et des *Voconces*, anciens habitants des Alpes, qui, de même que tous les peuples des pays des montagnes, ont conservé jusqu'à ce jour quelque idée générale des mœurs primitives. Cet ouvrage est digne d'occuper l'imagination et la plume patriotique du plus jeune habitant du corridor Rouge.

Si l'on conçoit qu'à l'époque où nous vivons, les rigueurs de la loi sur la presse tendent à arrêter l'essor des jeunes gens emportés par des idées de gloire et d'indépendance au milieu desquelles ils ont été nourris, on s'explique plus difficilement les sévérités judiciaires dont les hommes de l'âge et du caractère de M. Bonnin peuvent être victimes.

J.-B. BONNIN n'a pas moins de cinquante ans; il est né à Paris, où il a fait de fort bonnes études sous les professeurs les plus célèbres de l'époque. Il allait embrasser la profession de médecin lorsque les événements de la révolution le jetèrent dans la carrière politique, où il se fit connaître par plusieurs ouvrages qui lui ont assigné un rang honorable parmi les publicistes. En 1795 il publia ses *Réflexions sur Montesquieu;* en 1798, sa *Réfutation des systèmes des publicistes*, ou *Examen des causes de la société et du droit naturel;* en 1805, sa *Manière d'étudier les lois;* en 1806, une brochure sur le concordat et la loi organique des cultes.

Ce ne fut qu'en 1807, à l'âge de trente-cinq ans, que M. Bonnin mit au jour ses *Principes d'administration publique;* cet ouvrage, en deux volumes in-8°, eut trois éditions dans le cours de deux années. Il fit paraître successivement un *Traité du droit naturel de l'homme et des nations,* un volume in-8°; *des Considérations politiques et morales sur les constitutions,* un volume; *Histoire de la révolution européenne,* un volume in-8°. Sa Lettre à Volney sur les *Éléments naturels de la chronologie et la doctrine sociale* parut en 1820, et fut traduite en espagnol et en portugais par ordre des cortès, auxquelles il l'avait adressée.

Ce fut en 1821 qu'il publia ses ÉTUDES LÉGISLATIVES, composées de la réunion des *Systèmes des publicistes* et de la *Manière d'étudier les lois,* qui avaient paru plusieurs années auparavant, et auxquels il s'était contenté de joindre un morceau nouveau sur la *Nécessité de l'étude des discussions législatives* dans les assemblées nationales de France, comme sources de la législation positive.

Ce dernier écrit amena M. Bonnin devant les tribunaux, où il se vit, avec surprise au moins, condamné à treize mois de prison et à trois mille francs d'amende, pour avoir porté atteinte à la morale religieuse dans un passage où il avait été amené à parler des religions en elles-mêmes, et à leur opposer la morale pure et simple comme élément de la véritable politique. On aurait de la peine à faire entendre à M. Bonnin que les jésuites, du fond de leur tombeau, soient entièrement étrangers à l'arrêt qui le ruine et l'envoie passer treize mois en prison pour un écrit publié vingt-quatre ans avant sa condamnation. M. Bonnin, dont le nom n'est pas sans quelque rapport avec son caractère, est un citoyen paisible, inoffensif, un père de famille estimable, un écrivain instruit, laborieux, dont la conscience, la raison, la probité, ont constamment dirigé la plume, et cependant il est à Sainte-Pélagie !..... Peut-être suis-je moins étonné d'y trouver...

M. Marchand. Ce jeune homme, âgé de vingt-cinq ans, riche, instruit, spirituel et modeste, a été condamné à six mois de prison pour le fait de lettres écrites aux jurés dans l'affaire de la Rochelle. Il importe peu qu'il se soit conduit dans son procès avec une grandeur d'ame dont il y a peu d'exemples ; qu'il ait pris sur lui seul toutes les charges d'une accusation à laquelle il pouvait, dit-on, rester étranger ; qu'il soit dans sa prison un modèle de résignation, de bonté et de bienfaisance ; qu'on puisse citer de lui les traits les plus honorables : la justice n'avait rien à voir à toutes ces qualités de son esprit et de son cœur; elle avait à prononcer sur une action que la loi condamne, et dont M. Marchand s'est reconnu l'auteur.

Quant à M. CHAUFARD (Michel), élève en pharmacie, âgé de vingt-quatre ans, convaincu d'avoir crié de toutes ses forces VIVE MANUEL! sous les fenêtres de ce député, le 3 mars 1823, j'avoue qu'il faut tout le respect que j'ai pour la justice, et toute la déférence que je porte à ses décisions, pour ne pas trouver un peu sévère la punition de huit mois de prison infligée à ce pauvre petit jeune homme, pour une action que je crois, en mon âme et conscience, d'autant plus innocente en elle-même, que je l'ai commise cent fois, et que je me sens toujours prêt à m'unir, de cœur et d'intention, à tous ceux qui crieront *Vive Manuel, vive la Charte, vive la France, la gloire et la liberté!*

Si j'ajoute aux cinq personnes que j'ai déjà nommées un autre jeune *manuéliste* [1], le libraire Lhuillier, dont la pénible situation doit exciter l'intérêt, et trois militaires [2] dont l'éloge est ici dans toutes les

[1] C'est le nom qu'on donne à Sainte-Pélagie aux jeunes gens condamnés pour le même fait que M. Chaufard. Je ne dois pas oublier de dire que deux autres manuélistes sont détenus dans le corridor de la Détention

[2] Le colonel Maziau et MM Robert et Gaillard, que l'amnistie prononcée par Charles X à son couronnement a récemment rendus à la liberté.

bouches et dans tous les cœurs, on connaîtra non pas tous les habitants du corridor Rouge, mais du moins tous ceux qui s'y trouvent détenus pour délits politiques. Je ne veux cependant pas terminer cette petite biographie sans faire mention, comme je l'ai promis, d'un de nos plus aimables commensaux, qu'une mesure particulière a séparé des prisonniers pour dettes, qui habitent un autre corps-de-logis.

Gustave L. de B., ex-lieutenant de cavalerie et membre de la Légion-d'Honneur, partit pour l'Amérique deux ans après le licenciement de l'armée de la Loire. De retour à Paris, et lancé dans un monde brillant, où le goût du luxe, le penchant aux plaisirs, l'entraînèrent à des dépenses excessives, le désordre se mit bientôt dans ses affaires et lui fit accueillir tous les projets que des amis dangereux lui présentèrent comme moyen de les réparer ; l'un lui fit partager le plan d'une spéculation qui accéléra sa ruine, et l'autre, en l'initiant aux mystères du jeu de la Bourse, ouvrit l'abyme où s'engloutit bientôt la plus grande partie de sa fortune: sa perte consommée, ses amis l'abandonnèrent, comme c'est l'usage, et le livrèrent aux fureurs de ses créanciers.

Arrêté pour dettes en décembre 1820, il fut conduit à Sainte-Pélagie, et conçut quelques jours après un projet d'évasion qu'il ne tarda pas à réaliser.

Gustave n'avait pas tout perdu : il lui restait un ami qui venait chaque jour le consoler dans sa retraite. Il le mit dans la confidence de son projet, et, grace aux soins de l'amitié la plus active et la plus ingénieuse, le succès couronna son entreprise. Gustave parvint à s'évader de Sainte-Pélagie le 13 janvier 1821, par un moyen qui ferait honneur à l'imagination de l'auteur dramatique le plus habile, et se mit à l'abri de toutes les recherches chez celui qui l'avait aidé à recouvrer sa liberté. M. S***, cet ami dévoué, redoubla de soin et de zèle pendant les dix jours que Gustave resta sous sa garde ; mais celui-ci, craignant d'abuser de l'hospitalité généreuse qu'il recevait avec tant de reconnaissance, prit le parti de s'expatrier une seconde fois et de retourner en Amérique.

Le jour même fixé pour son départ il s'était arrêté dans un café ; il lisait les papiers publics. Un de ses amis d'autrefois le reconnut, et l'appela par son nom. Ce nom, dont les journaux avaient retenti depuis quelques jours, frappa l'attention d'un de ces misérables dont l'infamie est devenue la profession ; il suivit le fugitif, et, dès qu'il se fut assuré du lieu où le lieutenant Gustave allait attendre sa chaise de poste, il courut en hâte à Sainte-Pélagie, et vendit pour deux mille francs au concierge de cette maison le secret de la retraite de son prisonnier, qui fut arrêté de nouveau, au moment où il montait en voiture, et reconduit en prison.

Au bout d'un mois d'une surveillance également incommode pour le concierge de Sainte-Pélagie et pour le prisonnier, celui-ci consentit à descendre au corridor Rouge, où il est établi dans tous les priviléges dont jouissent les détenus pour dettes

Quelques mois après sa réintégration à Sainte-Pélagie, Gustave fit à ses créanciers des propositions qui furent assez bien accueillies ; déja même il se flattait d'obtenir sa liberté. Un seul écrou cependant effrayait ses espérances, c'était celui d'une jeune et jolie créancière ; elle croyait se venger ainsi de l'infidélité d'un aimable débiteur qui n'avait pas cessé d'être son esclave ; aussi lui adressa-t-il les vers suivants :

A la plus jolie des créancières.

En dépit de tout mon courroux,
C'est à toi que j'écris, mon ange ;
Toi qui me tiens sous les verrous
 Pour me punir de cette erreur étrange
Qui me fit te signer plusieurs lettres-de-change
Et garder l'anonyme au bas des billets doux.
 Dans mon ame flétrie, éteinte,
 Le plaisir fait place aux remords,
 Et j'ai lu chacun de mes torts
 Sur chaque mur de cette enceinte.
 Ah! fallait-il une contrainte
 Pour te donner prise de corps?

La colère de madame A. F. ne tint pas contre cette réparation; le lendemain elle se rendit à Sainte-Pélagie et signa la levée de l'écrou : on ne m'a pas dit à quelles conditions.

Mais les négociations entamées avec les autres créanciers n'eurent pas une aussi favorable issue, et Gustave prit dès-lors la résolution de ne plus sortir qu'au terme de la loi du *séjour quinquennal*. Voilà deux ans qu'il vit au *corridor Rouge*, partageant son temps entre la musique, la littérature, et la société de *la plus aimable créancière*.

J'avais besoin de faire connaître individuellement chacun de mes compagnons de captivité, pour être autorisé à dire qu'il est rare à Paris même de réunir dans le même salon des hommes plus spirituels, plus aimables et de meilleure compagnie, dans toute la force du mot.

Quelque certitude que j'aie acquise, par l'exemple de M. Magallon, des traitements odieux auxquels ils sont exposés, la place qu'occupe M. Franchet doit leur donner l'espérance d'un meilleur avenir :

Il connut le malheur et doit y compatir.

M. Franchet pourrait-il avoir oublié qu'il fut arrêté par ordre du conseil d'état le 15 février 1811, qu'il fut conduit à Sainte-Pélagie, et qu'il passa trois ans au corridor Rouge? Il est vrai qu'il n'était accusé que de correspondance secrète avec l'étranger; mais enfin cela passait alors pour un délit politique de la nature la plus grave, et l'on frémit de penser que sous le gouvernement ombrageux où nous vivions alors une action aussi simple aurait pu être considérée comme un crime d'état.

Grace au ciel, M. Franchet a été victime d'une simple mesure administrative, et le directeur de police d'alors n'a point aggravé sa peine; du moins je n'ai point entendu dire qu'il ait été mis à la Détention, qu'on lui ait refusé la *pistole,* qu'on l'ait forcé à revêtir la veste bicolore, ni même qu'on l'ait obligé de travailler huit heures par jour à éplucher de la laine ou du coton.

Quoi qu'il en soit, M. Franchet, emprisonné par ordre de Napoléon, fut mis en liberté en vertu d'un ordre signé ALEXANDRE, *empereur de toutes les Russies.* Consolez-vous donc, pauvres détenus pour délits politiques, M. Franchet est directeur général de la police!

N° IX. [28 AVRIL 1823.]

IXᵉ CONSOLATION.

LES VISITES.

Il n'était que quatre heures du matin ; j'avais presque aussi mal dormi que si j'eusse été dans un palais : immobile, et le coude appuyé sur ma chétive table de bois blanc, dont j'ai eu tant de peine à égaliser les quatre supports, la figure exposée de profil aux premiers rayons du soleil naissant, si ma bouche eût rendu des sons harmonieux, on aurait pu me prendre pour la statue de Memnon ; mais au lieu de chanter, je me mis à philosopher : j'avais, par hasard, sous les yeux une pièce de cinq francs qui me présentait le buste monumental de sa majesté, à qui je me permis d'adresser familièrement la parole.

« Sire, dis-je à la pièce d'argent, faites-moi l'hon« neur de me dire si vous êtes beaucoup plus libre
« que moi : votre majesté, qui sait son Horace par

« cœur, n'a pas besoin que je lui rappelle ces deux
« vers :

>......... aliena negotia centum
> Per caput, etc.

« Que d'affaires! que de devoirs! que d'ennui!
« vous en avez *par-dessus les oreilles* (mille pardons
« de me servir de cette expression vulgaire, mais
« vous savez mieux que personne qu'il n'y a pas
« d'autre moyen de rendre le *per caput et circa sa-*
« *liunt latus* du texte latin). Pour moi, sire, qui n'ai
« sur les bras ni la guerre d'Espagne, ni les minis-
« tres de France, ni ceux d'Angleterre, ni les ultrà,
« ni la sainte-alliance, ni les jésuites, je me crois et je
« me trouve en effet plus libre qu'un roi dont l'es-
« prit, aussi vaste que profond, est forcé de mener
« de front tant d'affaires à-la-fois, de concilier tant
« d'inconciliables, de désunir tant d'inséparables,
« et de conduire une machine aussi compliquée sans
« en briser les ressorts.

« S'il y a quelque chose de paradoxal à soutenir
« que je suis en prison plus libre que votre majesté
« sur le trône, il est du moins certain que je suis
« plus heureux. »

> « Être heureux comme un roi! » dit le peuple hébété.
> Pauvres fous! au bonheur que fait la majesté?

J'étais trop bien lancé dans les hautes régions de
la philosophie pour m'arrêter en si beau chemin.

La plupart des hommes, me disais-je, n'ont pas de mouvement qui leur soit propre; le vent de l'opinion, de la faveur ou de la disgrace, les fait mouvoir en tous sens : c'est une armée dont la volonté n'est pour rien dans les évolutions qu'elle exécute.

Supposez quarante ou cinquante mille pauvres diables contraints d'aller courir quand ils voudraient rester chez eux ; marchant, campant, décampant sans cesse; prenant des villes ouvertes ou fermées, des canons troués ou encloués : ces gens sont en prison comme moi ; car une prison est un lieu où l'on vous force de rester malgré vous, et de faire ce que vous ne voulez pas; avec cette différence en ma faveur, que je pense bien ou mal et que ces braves gens ne pensent pas.

On a beaucoup trop médit de la solitude, et je suis quelquefois de l'avis de Scipion : *Nunquàm minùs solus quàm cùm solus,* disait cet excellent homme, qui sut être un héros et un grand orateur, un homme de génie et un homme modeste. Quels sont les grands moyens de la pensée? Le temps, la patience et la méditation : où trouve-t-on plus de *temps* qu'en prison? où s'exerce-t-on mieux à la *patience?* où se forme-t-on mieux à la *méditation?* C'est en prison, suivant la parole sainte, qu'on apprend à employer *le loisir de chaque minute.* J'ajouterai que c'est en prison qu'on apprend à connaître les hommes....

J'achève d'écrire cette dernière phrase, lorsque mon gardien vient me prévenir qu'on me demande au salon.

Cette interruption change le cours de mes idées, et je prévois qu'après avoir commencé ce chapitre par des réflexions sur la solitude je le finirai par des observations sur les *visites*.

. . . .

Je rentre dans ma cellule, après avoir passé trois heures au salon. Je crois avoir déja dit que ce qu'on appelait emphatiquement *salon* à Sainte-Pélagie est un parloir de cinq pieds plus bas que le sol d'une cour plantée d'arbres rabougris, qui prend à son tour le nom de jardin. Quatre murailles nues et sales, éclairées par quelques soupiraux, forment cette espèce de galerie, dont tout l'ensemble consiste en quelques bancs de bois vermoulu : c'est là que chaque jour, le jeudi et le dimanche exceptés, nous tenons notre cour plénière, qu'on nous pardonne cette expression en faveur de l'antithèse. D'ailleurs, si l'on vouloit y voir un mouvement d'orgueil, nous le justifierions en publiant la liste des courtisans assidus de notre captivité; on n'y verrait pas seulement des guerriers qui ont rempli l'Europe de leur gloire, de grands orateurs dont la tribune répète encore les accents, de nobles pairs, d'illustres étrangers, des médecins, des hommes de lettres, des artistes célèbres et des femmes charmantes; mais on y verrait aussi, et sur les mêmes bancs, de bonnes gens, des artisans du quartier, à qui nous ne devons rien, et qui nous aiment assez pour perdre un temps précieux à venir nous rendre visite.

Je vais rarement à l'Académie, dont j'ai pourtant l'honneur d'être membre, et je n'avais pas le droit d'espérer que mes trente-neuf immortels confrères vinssent abaisser leur front académique sous les guichets de ma prison. Six d'entre eux m'ont donné ce témoignage personnel d'estime et d'amitié, et sont venus s'assurer par leurs yeux qu'on ne m'avait point envoyé à Poissy avec quelque galérien. Et pourquoi non? Je suis de l'Académie: mais n'a-t-on pas envoyé dans cette prison des malfaiteurs, M. Magallon et plusieurs hommes de lettres, qui seront probablement de l'Académie, lorsque nous n'en serons plus? Peut-être est-ce là le cas d'observer que l'illustre compagnie à laquelle j'appartiens est instituée, non seulement pour honorer les lettres, mais pour protéger ceux qui les cultivent, et que les persécutions dont ils sont l'objet ne devraient pas lui rester aussi complétement étrangères. Si l'Académie se flattait que ses membres fussent à l'abri du malheur qui a frappé le jeune Magallon, je l'enverrais tout entière en consultation chez tel homme de robe dont le nom mal prononcé fait toujours sourire sa femme; il lui répéterait ce qu'il disait il y a quelques jours, avec cette intempérance de paroles qui est le caractère particulier de son éloquence, « que la loi est égale pour tous, « qu'elle ne fait point de différence entre ce qu'on « appelle aujourd'hui délits politiques et ce qu'on « a de tout temps appelé délits infamants, et que par « conséquent la même peine peut être infligée à des « délits semblables. »

Mais laissons l'Académie, et, par une transition qu'on trouvera peut-être un peu brusque, parlons des femmes qui ne nous ont point abandonnés dans notre solitude; et, pour ne rien diminuer du mérite de leur sacrifice, disons d'abord que le plus jeune des deux prisonniers qu'elles viennent consoler par leur douce présence a vu s'accomplir son dixième lustre. Après cette confidence on trouvera plus touchant le contraste de ce lieu d'horreur et de dégoût avec des femmes élevées dans toutes les habitudes du luxe et de la mollesse, qui viennent chaque jour s'y enfermer quelques heures; celles qui ne respirent que l'air embaumé des parfums et des fleurs, qui ne s'asseyent que sur l'édredon, dont les pieds ne foulent que de riches tapis, ne craignent pas d'affronter l'air épais et humide de notre salon souterrain, et de s'asseoir sur d'étroits bancs de bois, dont la dureté est le moindre inconvénient. J'insiste sur ces désagréments physiques, parceque ce sont les seuls auxquels les femmes attachent elles-mêmes quelque prix, et dont elles veulent qu'on leur tienne compte.

La conversation, dans ces assemblées pleines de charmes, n'est qu'un long commentaire de ces questions amicales : Comment votre santé se trouve-t-elle du régime des prisons? que peut-on faire pour rendre votre position plus supportable? comment passez-vous votre temps?... Tous ces discours, qu'animent des réflexions plus ou moins piquantes, plus ou moins gaies, sur l'époque où nous vivons, seraient d'un trop faible intérêt pour trouver place ici; d'ailleurs quatre heures sonnent, nos amis nous quittent, et je rentre dans ma cellule pour achever mon chapitre; je retrouve sur mon papier ma pièce de monnaie, et continuant à m'adresser à la noble effigie qu'elle me présente :

« Sire, vous avez connu le malheur de l'exil, plus
« cruel que la prison; vos amis, comme les miens,
« sont-ils restés fidèles à votre infortune? étiez-vous
« à Hartwel aussi heureux que je le suis à Sainte-
« Pélagie? »

N° X. [29 AVRIL 1823.]

X⁰ CONSOLATION.

LES FEMMES VUES DE SAINTE-PÉLAGIE.

> Le ciel fit les femmes
> Pour corriger le levain de nos ames,
> Pour adoucir nos chagrins, nos humeurs,
> Pour nous calmer, pour nous rendre meilleurs.
> VOLT., *Nanine*

Par-tout où se trouvent des malheureux vous êtes sûr de rencontrer des femmes; il existe entre elles et la souffrance un lien mystérieux, le seul qu'elles n'aient jamais ni la volonté ni le pouvoir de rompre. Sans chercher à affaiblir le mérite du sentiment qui les anime, on pourrait dire qu'il entre un peu de coquetterie dans la compassion des femmes: la pitié, les larmes, leur siéent si bien! L'aspect du malheur donne une expression si tendre et si gracieuse à leurs regards, et le jour sombre des prisons est si favorable à leurs attraits qu'on serait quelquefois tenté de croire qu'elles ne se montrent si bonnes que pour paraître plus belles.

On ne connait point toute l'influence des femmes,

on ne sait pas tout ce que leur ame a d'énergie bienfaisante, tout ce que leur esprit peut leur fournir de ressources ingénieuses, quand on ne les a pas observées dans ces retraites affreuses, dont l'espérance n'est jamais bannie tant qu'on leur en permet l'entrée.

Privées de liberté dans la plus grande partie du globe, les femmes, que l'on prendrait pour une nation vaincue, que la nature, l'éducation, les mœurs, les lois et les hommes qui les ont faites, tiennent par toute la terre dans un asservissement perpétuel, ne semblent occupées qu'à soulager ou à briser les fers que leurs tyrans s'imposent. Ces aimables captives, quelquefois infidèles dans les jours de nos prospérités, ne le sont jamais à notre infortune.

Si les exemples contemporains ne me pressaient de toutes parts, j'irais interroger l'histoire; j'y trouverais le nom de cette touchante Éponine, qui suivit de caverne en caverne son époux Sabinus, qu'un empereur trop loué, l'avare Vespasien, fit périr si cruellement.

Je rappellerais les souvenirs si généreux, si tendres, d'Arria, d'Agrippine, femme de Germanicus; de Pauline, femme de Sénèque.

Plus près de nous, je trouverais l'exemple non moins sublime de cette noble fille du chancelier Thomas More[1], qui voulut partager la prison de son

[1] Que l'on s'obstine à appeler Morus.

illustre père, et l'accompagna jusque sur l'échafaud ; je la montrerais, après avoir racheté au prix de sa fortune la tête sanglante de son malheureux père, accusée de conserver dans son cabinet cette triste relique, de lire sans cesse les ouvrages du chancelier, et par conséquent de nourrir des sentiments hostiles contre le gouvernement. Intrépide en présence de ses juges, ce n'est point sa vie, c'est la mémoire de son père qu'elle défend avec tant d'éloquence : les cris de sa douleur ont du moins attendri ses bourreaux ; elle ne fut pas condamnée.

Je ne parlerai pas de mademoiselle de Scudéri mettant en usage une foule de moyens plus spirituels cent fois que ceux qu'elle employait dans ses romans, pour procurer au malheureux Pélisson l'encre et le papier nécessaires à sa justification.

Je ne demanderai pas aux cachots de la révolution combien de généreux dévouements, d'actions sublimes, de soins touchants, de périls affrontés, de peines adoucies, ont élevé au premier rang le caractère des femmes françaises dans le cours de nos discordes civiles.

Je n'ai pas besoin de rappeler le dévouement angélique de madame de La Fayette dans les prisons d'Olmutz, de madame de Lavalette à la Conciergerie, d'une autre dame du même nom que la mort vient de frapper en Amérique ; l'histoire a déjà consacré tous ces noms glorieux ; c'est de vertus plus familières et de scènes moins douloureuses que j'entretiens ici mes lecteurs.

C'est un spectacle bien digne de l'attention d'un observateur ami des femmes que celui du *salon* de Sainte-Pélagie le jeudi et le dimanche de chaque semaine. Ces deux jours sont les seuls où les hommes détenus dans cette maison pour délits véritablement *correctionnels* puissent recevoir la visite de leurs parents et de leurs amis.

Une première remarque à laquelle ce chapitre tout entier servira de commentaire, c'est qu'à ces réunions, les femmes se rendent en beaucoup plus grand nombre que les hommes. J'ai souvent prolongé mon séjour dans cette assemblée plus bruyante que brillante, pour bien en saisir l'ensemble et les détails.

L'éducation, la position sociale, établissent entre les hommes des différences qui sont beaucoup moins sensibles parmi les femmes, et que deux sentiments qui semblent faire partie d'elles-mêmes, la pitié et l'amour, font tout-à-fait disparaître. Auprès des malheureux qu'elles consolent le vêtement seul les distingue : toutes semblent alors posséder au même degré cet art charmant de deviner leur goût, de soutenir leur courage, de ménager leur amour-propre, en un mot, de verser sur les plaies du cœur ce baume que leur ingénieuse tendresse peut seule préparer. Ces soins moraux sont bien au-dessus des soins physiques et des attentions matérielles dont elles ne sont pas moins prodigues.

Parmi les femmes au milieu desquelles j'ai passé quelques heures les jours de grande réception, on m'a montré une jeune fille qui, depuis trois ans, vient de Nanterre à pied, deux fois par semaine, et quelque temps qu'il fasse, pour apporter à son ami quelques petits gâteaux du pays, dont il est très friand : il la grondait hier d'être venue par le mauvais temps qu'il faisait, et j'écoutais avec attendrissement tous les petits mensonges que son cœur lui suggérait pour atténuer le mérite de son dévouement : « il ne pleuvait pas au moment où elle était partie de chez elle ; quand la pluie a commencé, elle avait eu le bonheur de rencontrer la mère Françoise, et cette bonne laitière l'avait prise dans sa petite charrette couverte, et l'avait conduite jusqu'au boulevard de la Madeleine. » Et tout en parlant elle essuyait ses vêtements mouillés, et faisait signe à un vieillard qui l'accompagnait de ne la point démentir.

Sur un autre banc, je voyais une femme belle encore, quoique dans le déclin de l'âge, qui pressait son fils contre son cœur avec une expression de douleur et de tendresse dont rien ne peut rendre le charme ; son mari détournait ses regards avec mépris et colère d'un fils dont il avait sans doute à rougir, et la tendre mère profitait de ce moment pour glisser au jeune homme une petite bourse qu'elle avait tirée de son sein.

Je ne sais à quel signe je reconnaissais les nuances délicates du même sentiment dont toutes ces physionomies de femmes étaient animées : mère, fille, épouse, amie, ou maîtresse; je les distinguais au premier coup d'œil. Je ne pourrais me vanter de ma perspicacité, si je n'avais eu à l'exercer que sur des femmes aussi expansives qu'une fort jolie petite personne qui s'était emparée, avec l'homme qu'elle venait voir, de l'angle le plus obscur et le plus éloigné du salon; j'observai seulement qu'il était impossible de tenir moins de place sur une surface donnée que n'en occupait ce couple sentimental.

La tendresse maternelle, la piété filiale, l'amour, la bienfaisance, et l'amitié, sont des vertus dont les femmes pourraient ici m'offrir d'innombrables exemples; mais il en est de plus étrangères à leur sexe, le patriotisme, le courage, et l'honneur, dans le sens chevaleresque qu'on attache à ce mot, où quelques femmes se sont élevées à toute la hauteur de l'héroïsme. J'en citerai un seul que mon séjour à Sainte-Pélagie m'a fait connaître : la lettre de madame***, que je copie ici, me dispense de toute autre explication.

« Vous savez à quel point vous m'êtes cher; mes
« soins ont mis vos jours en sûreté, mais on vous
« accuse d'avoir agi comme agent provocateur dans

« l'affaire qui se juge en ce moment à la chambre
« des pairs : revenez donc vous constituer prison-
« nier, puisqu'il n'est pas d'autre moyen de vous
« justifier d'une action infame. Vos juges sont des
« hommes, et votre innocence sur le fait de la con-
« spiration est loin de me rassurer. Vous pouvez
« perdre la vie, mais je vous connais, vous ne met-
« trez point un pareil sacrifice en balance avec la
« perte de votre honneur, du mien, et de celui de
« nos enfants. »

Le vœu de cette noble et courageuse dame fut aussitôt rempli : son époux revint et fut jugé ; le soupçon odieux qu'on avait fait peser sur lui fut détruit sans retour, et l'arrêt qui le prive pour quelque temps de sa liberté lui laisse dans l'estime et dans la tendre affection de sa femme le dédommagement de tous les biens qu'il a perdus.

Notre entrée à Sainte-Pélagie fut marquée par deux circonstances affreuses : celle de la translation de M. Magallon à Poissy, dont nous avons eu plusieurs fois l'occasion de parler dans cet ouvrage, et celle du suicide d'une jeune et jolie femme qui s'est tiré deux coups de pistolet dans la poitrine, entre les deux guichets de la prison de Sainte-Pélagie, dont son époux lui avait interdit l'entrée. Des soupçons jaloux dont elle n'avait pu le faire revenir ont été la cause de cet acte de désespoir.

Mes observations à Sainte-Pélagie n'ont fait qu'ajouter quelques preuves de plus à l'appui de cette vérité consolante : L'arbitre des destinées humaines a placé dans le cœur des femmes, dans leurs soins généreux, dans leur tendre sollicitude, la compensation de toutes les douleurs, de tous les dangers, et de tous les maux de la vie.

N° XI. [30 AVRIL 1823.]

XIe CONSOLATION.

LES FEMMES D'AUJOURD'HUI.

. . Nosce ingenium mulierum.
Térence.
Apprenez à connaître le caractère des femmes.

J'ai nécessairement un peu d'humeur dans la cellule où je suis confiné, et j'avais d'abord mis la plume à la main pour m'occuper de l'agiotage sur les rentes, et du projet de leur réduction ; mais toutes réflexions faites, c'est des femmes que je vais parler : on se moquerait de moi si je disais quelle circonstance puérile a tout-à-coup changé le cours de mes idées ; fort heureusement je ne suis pas forcé d'en rendre compte.

Panard, à qui l'on demandait ce que font à Paris les femmes, répondait : *Elles babillent, s'habillent, et se déshabillent.* Je ne me serais pas payé de ce bon mot, et au lieu d'une question je lui en aurais adressé trois : Sur quoi babillent-elles ? comment s'habillent-elles? à quelle heure et combien de fois se déshabillent-elles?

Madame de Saint-Lambert s'étonne qu'on ne puisse parler des femmes avec une juste modération; j'en ai, je crois, trouvé la cause: c'est qu'on les juge toutes d'après le modèle qu'on en a dans le cœur ou sous les yeux. Quand il est question de femmes, on a de la peine à généraliser ses idées; alors même qu'on est comme moi arrivé à l'âge où on devrait les voir avec impartialité, on est encore poursuivi par des souvenirs individuels qui peuvent, si l'on n'y prend garde, tromper ou corrompre notre jugement. Grace au ciel, je n'ai, pour mon compte, à me défendre que d'une prévention favorable, et il m'en coûte moins qu'à tout autre d'être juste envers elles.

On a dit, en prenant les femmes parisiennes pour type du sexe entier, qu'il y avait en elles trois éléments constitutifs, *l'amour de la domination, le plaisir* et *la vanité*. Il est probable que le premier s'est beaucoup affaibli, car je remarque que les femmes abdiquent chaque jour quelques uns de leurs droits, et qu'elles se relâchent du pouvoir pour établir plus facilement leur indépendance. Cette nouvelle direction des esprits féminins a nécessairement amené dans leurs mœurs des changements qu'il est bon d'examiner.

Les femmes, autrefois, détournaient leurs regards de l'homme qu'elles aimaient, ou n'avaient des yeux que pour lui; maintenant elles les regardent tous du même œil. M. de Volsange, que l'on a si bien surnommé l'anti-Thomas, prétend qu'il ne faut pas en conclure que « tout homme leur est in- « différent, mais bien que tout homme leur est « égal. »

J'ai une observation à vous faire qui me vaudra quelques bonnes épigrammes auxquelles je me résigne : Les femmes n'ont plus d'amants.... Pour une femme de bonne compagnie, avoir un amant n'est pas seulement un tort, c'est maintenant un ridicule. Je me rappelle un temps où les femmes comme il faut, c'est-à-dire comme il fallait, étaient plus connues par le nom de leur amant que par celui de leur mari; ce temps n'est plus: cette espèce de scandale, dont jadis on tirait vanité, est aujourd'hui du plus mauvais ton.

Volsange, tout en convenant de la justice et de la justesse de cette observation, prétend qu'il ne faut pas en conclure que la fidélité conjugale reçoive à Paris moins d'atteintes aujourd'hui qu'autrefois; il soutient qu'à cet égard, pour se faire une idée bien nette de l'état des choses, il faudrait savoir à quoi s'en tenir sur la valeur exacte du mot *caprice,* que l'on pourrait fort bien avoir substitué à celui d'*attachement.* « Je conviens avec vous, me disait-il avec cette « ironie amère qui le caractérise, que rien n'est plus

« rare dans la bonne compagnie que ces liaisons
« d'autrefois, auxquelles le temps et la constance,
« les rapports de goût et d'humeur, finissaient par
« donner une scandaleuse publicité. Les filles de ces
« dames paraissent avoir appris, aux dépens de leurs
« mères, que le fleuve de *Tendre* offre une naviga-
« tion semée d'écueils, et qu'il est beaucoup moins
« périlleux de le traverser dix fois que de le des-
« cendre une; après tout, ajoute-t-il, le meilleur
« moyen de se mettre à l'abri du soupçon, c'est de
« ne pas lui donner le temps de naître. »

Je n'ai pas besoin de réfuter sérieusement cette impertinence; je ne recherche pas une cause, j'observe un fait. Soit principes, soit calcul, soit plutôt cet esprit d'indépendance qui s'est emparé d'elles, la sagesse parmi les femmes est décidément à la mode. C'est attester son existence sans garantir sa durée.

Tout le monde se plaint à Paris de la décadence de la littérature; c'est aux femmes sur-tout qu'il faut s'en prendre. Non seulement elles n'aiment plus, elles ne protégent plus les lettres, mais elles les traitent avec un dédain tout-à-fait ministériel; en revanche la musique et la peinture sont auprès d'elles en grande faveur. Non seulement elles ont le goût le plus vif pour ces deux arts, mais elles les cultivent avec succès; et si je voulais vous citer tous les talents de premier ordre, c'est parmi les femmes des plus hautes classes de la société que j'en irais chercher quelques exemples.

On ne change point sa nature : il est probable que toute coquetterie n'est pas éteinte au cœur de ces dames; mais j'observe, comme un des changements les plus singuliers qui se soient opérés dans leurs mœurs, qu'elles en cachent le manége avec un soin extrême. Il n'y a plus à Paris que les sottes qui soient coquettes.

A défaut des mœurs politiques des Anglais, nous paraissons vouloir adopter ici leurs mœurs sociales (nous pouvions faire un meilleur choix); nous avons beaucoup de cercles (on les appelle déja *routs*) et très peu de sociétés intimes : je ne crois pas qu'il y ait maintenant à Paris dix maisons où l'on reçoive plus d'une fois par semaine, et où il y ait ce jour-là moins de cent personnes.

Les femmes de la haute société se divisent aujourd'hui en trois classes bien distinctes : les femmes de la cour d'aujourd'hui, les femmes de la cour d'autrefois, et celles de la cour de tous les temps, c'est-à-dire les femmes d'une très grande fortune. Avec un peu d'expérience du monde, on reconnaît les unes et les autres au premier coup d'œil.

Depuis l'année 1796, célèbre dans les fastes de la danse par les bals de Richelieu, et sur-tout par ce bal des *Victimes* où l'on n'était admis que sur la preuve qu'on avait perdu au moins un proche parent sur l'échafaud de la terreur, jamais on n'a autant dansé à Paris qu'on l'a fait cet hiver.

S'il est vrai que cette fureur de rigaudons soit l'expression du bonheur public, les ministres ont raison d'affirmer que jamais les Parisiens n'ont été plus heureux. On a d'ailleurs beaucoup de peine à s'expliquer autrement cette manie de bals à une époque où le talent de la danse est tout-à-fait négligé.

Je me rappelle le temps où l'on se pressait, où l'on montait sur les banquettes pour voir des contredanses où figuraient mesdames H... G... L... T... C..., etc., etc., avec MM. Tre... Chat... B.-F. Dup... : aujourd'hui ce qu'on évite le plus soigneusement dans un bal, ce sont les salons où dansent, c'est-à-dire où piétinent en cadence trente ou quarante couples qui se mêlent avec assez d'adresse pour se retrouver à point nommé dans cette brillante cohue.

Je pourrais rendre compte de tous les bals où j'ai assisté cet hiver, à-peu-près dans les mêmes mots que madame de La Fayette, et dire : « Je m'y suis « beaucoup amusé, on n'y dansait point; la salle « était si pleine, qu'on ne pouvait y respirer que « les uns après les autres : les ordonnateurs de ces « fêtes avaient donné des ordres pour que personne « n'entrât sans billet, mais ils avaient donné des « billets à tout le monde. »

Tout en convenant qu'on danse aujourd'hui beaucoup moins bien qu'autrefois, il est juste de dire que l'orchestre et la musique des bals se sont beaucoup perfectionnés; je suis prêt à reconnaître la supériorité incontestable de la maison Colinet et compagnie sur les Gallois, les Julien, ses prédécesseurs, pour la fourniture des violons, fifres et bassons dont se compose l'orchestre des bals actuels : j'ajoute que les plus beaux morceaux de Rossini y sont exécutés sur les mouvements de la *poule* et de la *trénis;* ainsi les grands bals ne sont plus que de mauvais concerts : à cela près, des tapis couvrent le pavé des cours; l'escalier, le vestibule, sont transformés en bosquets de fleurs; des femmes resplendissantes de beauté, de graces et de parures, se pressent, se froissent dans des salons immenses, éclairés du feu de mille bougies; tandis que les hommes, réunis presque tous autour de tables d'écarté, où l'or s'amoncèle, abandonnent ces dames aux soins de quelques jeunes gens qui se dévouent à la danse à la prière de la maîtresse de la maison. Dans ces *routs* on ne semble s'occuper que de résoudre le fameux problème de l'évêque Berkeley : Combien d'êtres humains peuvent tenir dans une situation perpendiculaire sur quelques toises carrées?

Mais pour mieux vous faire remarquer les trois nuances dont se compose la couleur des femmes dans ce grand monde que les Anglais appellent plus exactement *high life*, je me vois forcé de rétrograder de quelques mois, et de me reporter dans une de nos plus brillantes soirées d'hiver.

J'ai obtenu un des quinze cents billets d'invitation distribués pour le bal du baron Deslingots ; il est dix heures, nous montons en voiture, mais nous prenons la file à demi-quart de lieue : il est minuit lorsque nous arrivons.

J'admire les progrès du luxe en traversant, sur de riches tapis, le péristyle et les vestibules, et je prends mon parti sur le désagrément que l'on m'avait fait craindre de rester sur l'escalier, en le montant sous une voûte de jasmins et de lilas.

Avant d'entrer dans les appartements, un valet de chambre nous a conduits dans le vestiaire, où se déposent les fourrures, les schals et les manteaux. Arrêtons-nous un moment dans ce lieu, que décorent deux immenses psychés : aucune des femmes qui s'y trouvent n'en sortira sans s'être assurée si son pardessus n'a pas froissé sa garniture, si quelque boucle de cheveux n'a pas pris une fausse direction, mais sur-tout sans rejeter en arrière les plis de sa robe, de manière à accuser la molle inflexion des hanches, qui donne tant de grace à la taille.

Nous voilà dans la seconde antichambre, transformée en premier salon, au moyen de quelques draperies relevées par des crépines : nous sommes retenus dans la pièce suivante par une foule d'hommes qui n'ont pas encore pénétré plus avant, et qui sont distribués par groupes; je vais de l'un à l'autre, et je vois que dans tous, même dans ceux où des décorations de tous les pays semblent annoncer une réunion de militaires et de diplomates, il n'est question que du rachat des rentes : je me crois encore à la Bourse.

Nous pénétrons enfin, après avoir traversé avec une peine infinie trois salons magnifiques où l'on fait semblant de danser, dans la grande galerie où se promène, entre deux rangs de femmes assises la foule brillante des danseurs et des danseuses qui attendent ou qui laissent passer leur tour.

Avant d'arriver aux portraits, prenons une idée de l'ensemble du tableau : on peut vérifier ici une vérité d'observation que je ne me charge point d'expliquer. Des deux générations de femmes qui peuplent ce bal, la plus belle est incomparablement la moins jeune : parmi ces dernières, on n'en peut citer qu'une à qui sa fille dispute le prix de la beauté. On dirait que le temps a glissé sur ces belles figures de quarante ans, et qu'il a craint d'y laisser la moindre trace.

Jamais plus de goût, de grace et d'élégance, n'a présidé à la parure des femmes; on n'y remarque aucun genre d'affectation ou d'imitation : les robes paraissent faites pour parer le corps et même un peu pour le couvrir; la taille, que nos dames remontaient, il y a quelques années, jusqu'aux épaules, tandis que les Anglaises la descendaient au-dessous des hanches, est maintenant mesurée sur cette nature choisie que l'art doit toujours se proposer pour modèle.

Parmi tant de coiffures presque aussi variées que les traits du visage, vous n'en trouverez qu'une que le bon goût réprouve ; c'est cette espèce de toque appelée, je ne sais pourquoi, *trocadero*, et qui donne à la tête d'une femme l'air d'une redoute que je ne veux pas appeler par son véritable nom pour ne point effaroucher les maris.

Une autre observation générale, c'est l'apparence de malaise et de préoccupation que je remarque sur toutes ces physionomies, et qui perce à travers le desir de plaire dont elles sont toutes animées.

Cette uniformité de graces affectueuses, de manières élégantes, ne vous permet pas de distinguer au premier coup d'œil les différentes classes de femmes dont je vous ai parlé; approchons-nous, et regardons de plus près.

Voyez-vous cette dame assise de côté sur un grand fauteuil au fond de la galerie ? un peu moins de rouge, et sa parure très simple passerait pour être négligée : il y a tant de naturel, tant d'habitude, et je dirais presque tant de goût dans cet air d'aisance qui la distingue, que vous n'osez pas le qualifier du nom de hardiesse. Vous vous faites également illusion sur les caresses dont elle accable cette jeune dame qu'elle vient de faire asseoir à ses côtés ; la manière dont elle penche la tête, le clignotement d'yeux dont elle accompagne un sourire où d'autres que moi ne verraient que de la bienveillance, le son de sa voix, bref et traînant tour-à-tour, ne me permettent pas de douter un moment que cette dame n'appartienne à la cour d'aujourd'hui : si nous interrogions la jeune personne qu'elle vient d'accueillir si gracieusement, vous verriez que celle-ci est complétement la dupe d'une politesse qui n'est de la part de l'autre qu'une déclaration de supériorité.

Me voilà, comme tant d'autres, faisant cercle autour d'une touffe de femmes qui font ce qu'on appelle événement par leur beauté. Plus embarrassé que Pâris, à laquelle de ces quatre déesses adjugerai-je la pomme? chacune a ses partisans : les uns préfèrent cette dame à la taille la plus élevée et la plus élégante, aux yeux noirs, de l'expression à-la-fois la plus vive et la plus douce ; les autres se décident pour cette figure charmante qu'embellit un sourire plein de grace : ceux-ci ne peuvent détourner les yeux de cette beauté parfaite que Praxitèle eût choisie pour modèle ; ceux-là laissent tomber un regard d'artiste sur cette belle tête qu'a devinée Raphaël en peignant une de ses vierges.

Sans accepter le rôle d'arbitre dans cette question si délicate, quelle est la plus belle? je rentre dans mes fonctions d'observateur, et je décide, à certains charmes inexprimables, à je ne sais quel air de triomphe, tempéré par l'expression du regret, que ces dames ont fait l'ornement de la cour d'autrefois.

Remarquez bien cet autre groupe de femmes : vous êtes moins frappé de l'éclat de leur parure que de l'espèce d'indépendance où elles se montrent de l'opinion de leurs rivales. Placées entre les supériorités d'hier et les prétentions d'aujourd'hui, l'assurance de leur maintien naît de la certitude où elles sont de ne pouvoir être dépossédées des avantages dont elles jouissent sous la protection de leurs pères ou de leurs époux : ceux-ci tiennent en main le sceptre de l'industrie, et leur puissance est indestructible; ils régnent sans ministres.

N° XII. [1ᵉʳ MAI 1823.]

XIIᵉ CONSOLATION.

LES VISITES DU MATIN.

>Devine si tu peux, et choisis si tu l'oses.
>CORNEILLE.

Il est pourtant vrai, disais-je hier à mon compagnon du *corridor Rouge*, qu'à cinq ou six cents toises l'un de l'autre, nous habitons, quand nous sommes libres, un monde tout-à-fait différent, et vous passeriez en revue toutes les maisons, tous les hôtels, voire même tous les palais de votre quartier Saint-Germain, sans pouvoir vous procurer jamais le plaisir que j'ai goûté la semaine dernière chez madame Détreville; et cependant il n'est question que d'une rencontre de quatre femmes en visite du matin dans la seule maison où elles pussent se trouver ensemble, et où il me fût permis d'assister invisiblement à leur entretien.

« J'étais allé faire mes adieux à madame Détreville, qui devait partir pour les eaux dans quelques jours, et je cherchais à la fortifier dans l'espérance que ce petit voyage aux Pyrénées achèverait de rétablir sa santé, si chère à tous ses amis. — C'est-à-dire à quatre ou cinq personnes, interrompit-elle. — Diminuez-en le nombre autant qu'il vous plaira, lui dis-je, pourvu que vous m'y laissiez la première place. — Du moins ne confondrai-je pas vos vœux, mon cher philosophe, avec ceux de mes connaissances. »

Cette distinction entre les amis et les connaissances fournit à cette femme charmante un sujet de conversation où elle déploya toute la grace de son esprit et toute la vivacité de ses sentiments.

« Je ne sais pas, continua-t-elle, comment on peut confondre deux mots dont j'ai lu quelque part une définition qui me paraît si juste, et que je n'ai jamais oubliée : Une *connaissance* est un être qui vous aborde avec un salut, et quelquefois avec un sourire; qui vous dit du même son de voix, qu'il est *ravi* ou qu'il est au *désespoir* de la chose la plus insignifiante, en bien ou en mal, qui puisse vous arriver; qui vous retrouve avec une sorte de plaisir, et vous quitte sans regret; qui, sans éprouver jamais le besoin de vous revoir, se souvient quelquefois de vous quand vous êtes heureux et bien portant, mais qui vous oublie aussitôt qu'il juge votre maladie ou votre infortune sans ressource, et qui pense à vous après votre mort tout juste le temps qu'il lui faut pour lire votre billet d'enterrement. Un *ami*, c'est la personne qui adoucit nos chagrins en les partageant, et dont la participation est indispensable à tous nos plaisirs ; qui charme nos douleurs et nous rassure dans les dangers d'une grande maladie; qui fait briller pour nous l'espérance et la joie jusque dans l'ombre des cachots ; pour qui nos restes sont un objet sacré après notre mort, qui les accompagne en versant des pleurs jusqu'à leur dernier asile; enfin, un ami est celui qui honore notre mémoire et conserve au fond de son cœur notre image et notre souvenir. — Eh bien, madame, en prenant le mot d'*ami* dans toute la rigueur de son acception, vous en comptez beaucoup, j'en suis sûr, même parmi les personnes que vous rangez dans la classe des simples connaissances. — Nous verrons, me dit-elle avec un sourire dont j'allais lui reprocher le charme mélancolique, lorsqu'un billet qu'elle reçut, et qui lui annonçait la visite de madame Beauverlet, fit prendre à l'entretien une autre direction; elle desira connaître mon opinion sur les femmes que je voyais habituellement chez elle, et je m'expliquai sur le compte de chacune avec toute la franchise de mon caractère. — Je vous ai laissé parler sans vous interrompre, me dit-elle, afin de me convaincre une bonne fois que l'homme qui a la prétention de mieux connaître les femmes, parcequ'il a passé la première partie de sa vie à les aimer, et qu'il emploie l'autre à les étudier, n'est guère moins sujet à l'erreur dans les jugements qu'il en porte, qu'un écolier qui n'en parle encore que sur la foi de Thomas et de Juvénal. Par exemple, vous ne croiriez pas, si je me bornais à vous l'assurer, que vous n'avez pas une seule fois rencontré juste dans l'idée que vous vous faites des quatre femmes que vous voyez le plus habituellement chez moi, sans en excepter madame de Saint-Genest, ma plus intime amie. — Il est vrai que vous aurez de la peine à me faire convenir que je ne sache pas par cœur, et sans y manquer un mot, quatre femmes que je vois tous les jours depuis huit ou dix ans. — Vous étiez là, n'est-il pas vrai, quand vous les avez vues; c'est avec vous ou devant vous qu'elles s'entretenaient : eh bien, apprenez de moi, monsieur l'observateur en défaut, que la présence d'un homme, je dis d'un seul homme, de quelque rang, de quelque âge qu'il soit, depuis seize ans jusqu'à quatre-vingt-dix, fût-ce un père, un frère, un valet même, suffit pour dénaturer le caractère d'une femme, pour fausser son langage, et pour la rendre méconnaissable à ses propres yeux. — Comment! vous me ferez accroire que madame Beauverlet, par exemple, n'est pas une femme d'une simplicité un peu bourgeoise, uniquement occupée de soins domestiques, et d'un égoisme à l'épreuve de toute espèce de sensibilité; que votre petite dame Pauline Étournelle n'est pas un modèle de douceur, d'ingénuité, et que son mari ne doit pas dormir en repos sur la foi de l'amour qu'elle a pour lui et de la bonne opinion qu'elle a d'elle-même; que la marquise d'Orneuil n'est pas tout à-la-fois une femme à principes et à préjugés, dont les travers de l'esprit ont trompé la vocation du cœur, et à qui il ne manque, pour être une excellente femme, que de croire le sang qui coule dans ses nobles veines exactement de la même nature que celui qui anime sa femme de chambre; que votre amie, la belle comtesse de Saint-Genest... (me permettez-vous de dire toute ma pensée) n'est pas, quant à ses vertus, sous l'influence immédiate de votre amitié, et quant à ses défauts, sous l'empire de ses passions.

« — Pas un mot de vrai dans tout cela; vous avez aperçu quelques effets, mais vous n'avez pas deviné les causes; je veux vous le faire avouer à vous-même: j'attends ces dames ce matin; vous allez passer dans la bibliothèque, dont la petite porte vitrée vous donne le moyen d'entendre sans être vu tout ce qui se dira dans cette chambre. Vous m'avouerez que, pour un observateur de la femme, une occasion comme celle que je vous présente est une bonne fortune sans exemple. — C'est un service d'ami dont je ne saurais trop vous remercier. — Remarquez, cependant, pour affaiblir votre reconnaissance, ajouta-t-elle en riant, qu'en vous livrant le secret des autres je ne compromets pas le mien ; ces dames parleront en toute confiance, mais moi je saurai qu'un homme m'écoute : c'est vous prévenir de ne tirer, soit en bien, soit en mal, aucune conséquence de tout ce que je pourrai dire. »

(*On entendit quelque bruit dans l'antichambre, et je passai dans la bibliothèque.*)

SCÈNES A TIROIR.

SCÈNE PREMIÈRE.

Madame BEAUVERLET, Madame DÉTREVILLE.

MADAME BEAUVERLET.

Bonjour, ma chère belle ; j'ai appris hier, par mon médecin, que vous partiez pour les eaux, et j'accours sans m'embarrasser de la défense qu'il m'a faite de quitter la chambre avant trois jours.

MADAME DÉTREVILLE.

Vous étiez incommodée ? je ne le savais pas.

MADAME BEAUVERLET.

Une migraine horrible, des attaques de nerfs, que m'a causées le rejet de la loi sur la rente.

MADAME DÉTREVILLE.

Eh, bon Dieu ! quel si grand intérêt prenez-vous à cette mesure de finances ?

MADAME BEAUVERLET.

Quel intérêt? Le mien d'abord, vingt-cinq ou trente mille livres de rente, sans aucune mise de fonds, dont j'avais l'assurance, la promesse d'un titre pour mon mari et d'une place pour mon fils cadet.

MADAME DÉTREVILLE.

Je n'entends pas bien comment vous vous trouviez mêlée dans une pareille intrigue, vous que je croyais si complétement étrangère à cette manie d'agiotage, à cette fureur d'ambition, qui ont depuis quelques mois bouleversé tant de cervelles.

MADAME BEAUVERLET.

Que voulez-vous, ma chère, il faut bien qu'il y ait quelqu'un dans une famille qui s'occupe de l'avenir : mon mari, d'ailleurs le plus honnête homme du monde, ne songe pas qu'il a deux fils et une fille à établir; et quand il a passé sa journée à déplorer le mal qui se fait, à récapituler le bien qu'on pourrait faire, il se croirait déshonoré le lendemain de faire la moindre démarche pour tirer parti des hommes et des circonstances contre lesquels il déclame. Je suis bien forcée de changer de rôle avec lui; et tandis qu'il compte avec son cuisinier, qu'il règle la dépense de sa maison, je vais à la Bourse et chez les ministres. C'est ainsi que j'étais parvenue, en engageant la parole de mon mari, sans qu'il en sût rien, à m'assurer pour ma fille un gendre de qualité, et pour mon fils cadet une bourse à Saint-Acheul, qui lui ouvrait la carrière des honneurs ecclésiastiques; mais, en rejetant la loi, les pairs ont ruiné l'état et, qui pis est, mes espérances.

MADAME DÉTREVILLE.

Je vois, ma chère, que vous voilà réduite à vivre, tant bien que mal, avec vos cent mille livres de rente; que votre fille épousera le petit avocat qu'elle aime; que votre fils n'ira pas au séminaire, et que votre mari n'obscurcira pas un nom célébre dans la science et dans l'industrie, par un titre de comte ou de baron, dont il ne se soucie guère... Tout cela est fâcheux; mais convenez qu'il n'y a pas de quoi en mourir.

MADAME BEAUVERLET.

Pardonnez-moi, quand vous saurez que j'abandonnais tous les avantages pécuniaires de l'opération à la famille de notre brave général N*** que j'aime beaucoup, quoiqu'il soit le parent de certain ermite de vos amis que je ne peux pas souffrir.

MADAME DÉTREVILLE, *élevant la voix.*

Ce pauvre ermite! que vous a-t-il donc fait?

MADAME BEAUVERLET.

Dans une de ses esquisses il a fait le portrait d'une femme qui veut être la maîtresse au logis, et mon mari m'a reconnue.

MADAME DÉTREVILLE.

C'est à votre mari qu'il faut en vouloir, et non

pas à l'ermite; comment aurait-il pu vous peindre? il ne vous connaît que d'aujourd'hui.

MADAME BEAUVERLET.

Êtes-vous folle? depuis deux ans c'est, je crois, le seul jour que je ne l'aie pas rencontré chez vous.

MADAME DÉTREVILLE.

Il ne suffit pas de se rencontrer pour se voir.

MADAME BEAUVERLET.

Quoi qu'il en soit, le général n'aura point à souffrir de ma rancune contre l'ermite; je vous dirai en secret que nous venons de faire son cautionnement dans une entreprise...

SCÈNE II.

LES MÊMES; MADAME PAULINE ÉTOURNELLE.

PAULINE.

Croiriez-vous, ma chère, que l'idée de votre départ m'a tourmentée toute la nuit. Comment peut-on se décider à quitter Paris au moment de la rentrée de Talma et de mademoiselle Mars?

MADAME DÉTREVILLE.

Que voulez-vous? ma santé m'est encore plus chère que mes plaisirs.

PAULINE.

C'est singulier... Mais en effet savez-vous, ma chère, que vous êtes bien changée!... Et puis ce qui m'afflige, c'est que nos médecins n'envoient guère leurs malades aux eaux qu'en désespoir de cause.

MADAME BEAUVERLET, *avec colère.*

Madame, vous auriez pu nous épargner une aussi triste réflexion.

PAULINE

Mais, madame, je ne fais que répéter ce que j'entends dire tous les jours...

MADAME BEAUVERLET, *à part.*

Elle n'en démordra pas.

MADAME DÉTREVILLE, *à madame Beauverlet.*

Ne la grondez pas. (*A Pauline.*) Oui, ma chère Pauline, c'est un mauvais pronostic qu'un voyage aux eaux par ordonnance de médecin; cependant je ne pense pas qu'il faille encore en tirer une conséquence aussi rigoureuse. Mais parlons de ce qui vous intéresse, de Charles...

PAULINE.

Mon mari?... voilà trois jours que je ne l'ai vu; il a ses affaires et j'ai mes plaisirs... Il ne veut pas me sacrifier les unes, je suis bien, bien résolue de ne pas me priver des autres, ce qui fait que nous ne voyons pas le même monde, que nous nous rencontrons rarement dans les mêmes lieux, et que nous sommes ensemble le moins possible.

MADAME DÉTREVILLE.

Mais sais-tu, mon enfant, que tu prends un petit

air bien dégagé pour m'apprendre une aussi mauvaise nouvelle ? Comment, vous êtes mariés depuis dix-huit mois tout au plus, vous vous aimiez comme on s'aime à vingt ans, et déja vous êtes assez étrangers l'un à l'autre pour passer trois jours sous le même toit sans vous voir!... Prends-y garde, Pauline ; la légèreté de caractère compromet le bonheur et quelquefois aussi l'honneur d'une jeune femme presque autant que l'inconduite.

PAULINE, *se levant.*

En venant vous faire mes adieux je ne m'étais pas préparée à entendre un sermon ; je craindrais d'affaiblir mes regrets en prolongeant ma visite ; trouvez bon, ma chère bonne, que je vous quitte plus tôt que je ne l'aurais voulu.... Aussi bien ma marchande de modes, mon maître de composition, et mon écuyer, m'attendent chez moi ; nous ferons aujourd'hui une partie de cheval dont vous entendrez parler à Bagnères-de-Luchon.

(*Elle sort.*)

SCÈNE III.

MADAME DÉTREVILLE, MADAME BEAUVERLET.

MADAME DÉTREVILLE.

Concevez-vous tant d'inconvenance et d'étourderie ?

MADAME BEAUVERLET.

Cela vous surprend! vous ne savez donc pas ce qui se passe?

MADAME DÉTREVILLE.

Il ne se passe rien qu'une chose malheureusement trop commune dans un très jeune ménage où l'amour seul a voix au conseil : on n'a point compté sur l'ennui d'un éternel tête-à-tête, sur le repos fatigant d'une paisible possession, sur les plaintes, sur les reproches, les caprices; sur le décompte des prévenances et des égards mutuels, sur la connaissance de quelques défauts intimes que l'habitude révèle, et chacun cherche de son côté à s'étourdir sur le malheur de sa position...

SCÈNE IV.

LES MÊMES; LA MARQUISE D'ORNEUIL.

LA MARQUISE.

Ma chère madame Détreville, vous avez bien le valet de chambre le plus poli qu'il y ait dans la capitale; ne m'a-t-il pas ouvert les deux battants de la porte du salon, comme dans un jour d'assemblée!... A moins pourtant, j'en juge au sourire de madame Beauverlet, qu'il n'ait voulu faire une épigramme sur mon embonpoint.

MADAME DÉTREVILLE.

Vous ne pouvez pas le supposer.

LA MARQUISE.

Je suppose tout de la part de ces gens-là; ils sont si insolents! quand ils ne sont pas si bêtes!... Eh bien, ma belle, vous partez donc pour Bagnères?... je vous en félicite; les eaux, cette année, sont *composées* à merveille: vous y trouverez la duchesse de Hauteville, ma cousine; la vicomtesse d'Armoise, ma nièce; la princesse de Walberg, ma parente.... Je les ai prévenues de votre arrivée, et je suis certaine que vous recevrez leur visite *en personne*[1].

MADAME DÉTREVILLE.

Je crains bien de ne pouvoir la leur rendre; je ne verrai personne.

LA MARQUISE.

La princesse, au moins... elle est d'une des dix familles chapitrales qui restent en Europe.

MADAME DÉTREVILLE.

Y songez-vous, marquise? moi la femme d'un maître de forges!

LA MARQUISE.

Dites donc d'un propriétaire de mines: nous avons en Allemagne une foule de grands seigneurs qui exercent sans déroger cette noble industrie. Je vous aurais accompagnée, mais j'entre de service à

---

[1] Il est d'usage aux eaux de faire des visites par cartes aux personnes qui arrivent; les mots *en personne*, écrits sur ces cartes, annoncent qu'on a l'intention de se lier avec celle qui les reçoit.

la cour le mois prochain, et, toute malade que je suis, vous savez qu'il y a tel poste où il faut savoir mourir.

MADAME BEAUVERLET.

Heureusement madame la marquise n'en est point à lutter entre sa santé et son devoir.

LA MARQUISE.

Je suis plus malade qu'on ne le pense; mais *noblesse oblige*, comme dit un de mes cousins.

MADAME DÉTREVILLE.

Si elle oblige à être bienfaisante, la vôtre est bien ancienne; et les services que vous rendez journellement...

LA MARQUISE.

Moi, ma chère, je n'en rends qu'à moi seule : je soulage des maux dont je suis témoin, parceque je souffre de voir souffrir; mais, il faut bien que j'en convienne, il n'y a de ma part ni bonté ni réflexion, et j'oublierais bientôt qu'il y a des malheureux au monde, si leur vue ne me forçait à m'en souvenir.

MADAME DÉTREVILLE.

Avec un si bon cœur, quoi que vous en disiez, comment se fait-il qu'on ne parle à Paris, passez-moi le mot dont on se sert en votre absence, que de votre cruauté pour votre fille unique?

LA MARQUISE.

Parceque le public est un sot et un indiscret,

qui se mêle de ce qui ne le regarde pas. Vous sentez bien que je ne me soucie guère de me justifier auprès de lui : avec vous, mon amie, c'est autre chose, et je veux bien vous dire la vérité sur cette affaire. On croit et l'on va par-tout répétant que j'immole ma fille au préjugé de la naissance, et que je m'obstine à refuser sa main à l'homme qu'elle aime, parceque cet homme n'est pas noble; cela est faux : je m'oppose à ce mariage, et je m'y opposerais dût-il en coûter la vie à ma fille, que j'aime plus que moi-même, non pas seulement parceque cet homme est roturier, ce n'était qu'une objection, mais parceque ce roturier est un sot, sans autre mérite qu'une assez jolie figure, et que ce sot a huit cent mille livres de rente.

MADAME BEAUVERLET.

Pour le coup voilà un motif, de refuser un gendre, qui ne se serait pas présenté à ma pensée !

LA MARQUISE

C'est peut-être pour cela qu'il s'est présenté à la mienne. Madame Détreville va m'entendre. Si l'homme sans nom qui s'avise de prétendre à la main de ma fille s'en était fait un dans les armes, dans les lettres, ou même dans les arts, par sa valeur, son esprit ou ses talents, j'aurais eu quelque peine mais enfin j'aurais pu me décider à l'accepter pour gendre; je me serais donné à moi-même et aux autres l'excuse honorable de céder à la considération du mérite personnel, que j'apprécie ce qu'il vaut à l'époque où nous vivons : mais que je vende à prix d'or le déshonneur de ma famille ! que je devienne la belle-mère d'un riche malotru, sans avoir rien à répondre à ceux qui me reprocheront une pareille mésalliance, sinon que cet homme de rien a gagné à la Bourse deux ou trois millions d'écus ! ce serait une bassesse insigne à laquelle je ne descendrai jamais.

MADAME DÉTREVILLE.

Je suis loin d'approuver vos préjugés ; mais dans cette occasion je sens que je partagerais toutes vos répugnances, avec d'autant moins de scrupule que le goût de mademoiselle votre fille pour ce petit Crésus ne peut avoir de racines bien profondes...

SCÈNE V.

LES MÊMES ; MADAME DE SAINT-GENEST.

MADAME DE SAINT-GENEST, *à madame Détreville*.

J'arrive un peu tard, ma chère bonne, mais j'avais à terminer quelques dispositions ; quand on s'absente pour deux ou trois mois...

MADAME DÉTREVILLE.

Quoi ! vous partez aussi, Caroline ?...

MADAME DE SAINT-GENEST.

Mais sans doute.

MADAME DÉTREVILLE.

Pour Saint-Genest?

MADAME DE SAINT-GENEST.

Non, pour les eaux, aujourd'hui même, avec vous... Ne vous étonnez pas, Sophie, ou ces dames vont croire que vous ne comptiez pas sur moi.

MADAME DÉTREVILLE.

Mais, mon amie, je sais et ces dames savent que vous êtes retenue à Paris par des affaires de la plus grande importance, par un procès au gain duquel votre présence est presque indispensable.

MADAME DE SAINT-GENEST.

Peut-être dit-on aussi, et je ne m'en informe guère, qu'un lien plus doux et plus puissant m'y retient encore; mais vous êtes souffrante, vous vous en allez à deux cents lieues, et vous auriez pu croire que je vous laisserais partir seule, que je vous abandonnerais aux soins d'une femme de chambre!... cela ne ressemble ni à vous ni à moi... : mes gens sont en bas qui aident les vôtres à charger la voiture. Ainsi je ne vous causerai aucun retard, et nous partirons quand vous voudrez.

MADAME DÉTREVILLE, *embrassant tendrement madame de Saint-Genest.*

Tout cela pourrait en surprendre une autre. Eh bien, moi, j'en avais si bien le pressentiment, que ce matin, au lieu de trois chevaux de poste pour la diligence, j'en ai commandé six pour la berline.

LA MARQUISE

Vous serez forcées d'avoir vos femmes avec vous. Si vous voulez, ma chère, je vous prêterai ma voiture de voyage; elle est faite sur le dernier modèle : les gens y ont derrière une place couverte et très commode.

MADAME DÉTREVILLE.

Mille remerciements; ma femme de chambre a l'habitude de voyager avec moi; et, si vous voulez que je vous le dise, cette mode anglaise de placer des femmes sur un siège devant ou derrière, avec des laquais, a quelque chose qui révolte...

MADAME BEAUVERLET, *bas à madame Détreville.*

Dites-moi franchement, est-ce que notre visite un peu longue ne gêne ici personne?

MADAME DÉTREVILLE.

Non pas, que je sache.

MADAME BEAUVERLET, *à part.*

Vous êtes sûre qu'il n'y a personne dans ce cabinet?

MADAME DÉTREVILLE, *souriant avec embarras.*

On n'y peut entrer que par cette chambre.

MADAME BEAUVERLET, *à part en se levant.*

Vraiment oui, et pour que la marquise, un peu maldisante de sa nature, n'en fasse pas, ainsi que moi, la réflexion, vous ne serez pas fâchée que je l'emmène, n'est-il pas vrai? (*On tousse dans le cabinet.*) D'ailleurs le jeune homme est enrhumé.

MADAME DÉTREVILLE, *riant*.

Le petit indiscret!

(*On tousse encore, et tout le monde se regarde avec embarras et surprise.*)

MADAME DE SAINT-GENEST, *en faisant à madame Détreville un signe d'intelligence.*

A propos, ma chère, je vous ai envoyé le relieur pour mettre vos livres en ordre; c'est lui que j'entends sans doute?

MADAME DÉTREVILLE.

Non vraiment; vous verrez que c'est quelque curieux impertinent qui s'est glissé là pour nous écouter. Je ne suis pas fâchée de le confondre. (*Allant vers la porte du cabinet.*) Allons, sortez, monsieur, vous êtes découvert!... (*Il sort.*) Voilà le jeune homme.

LA MARQUISE.

Eh! c'est notre bon ermite!

MADAME BEAUVERLET, *à madame Détreville.*

Comment, ma chère, vous saviez qu'il était là.... et vous ne nous avez pas prévenues! c'est un véritable guet-apens. Ah çà! monsieur, ne vous avisez pas de répéter ce que vous avez entendu, ou vous aurez le sort de Panthée, je vous en préviens.

MADAME DÉTREVILLE.

Laissez-le dire, mesdames; il vient de se convaincre d'une chose dont il avait l'impertinence de douter; c'est que presque toutes les femmes valent mieux que leur réputation.

N° XIII. [2 mai 1823.]

XIIIe CONSOLATION.

LES FEMMES AU JUGEMENT DERNIER.

O frailty ! thy name is woman
SHAKESPEARE.

« Le synonyme du mot *femme*, c'est le mot *faiblesse.* »

Il est plus facile d'accuser un sexe que d'excuser l'autre.
MONTAIGNE, liv. III.

Il était minuit, je venais de lire quelques pages des Confessions de Jean-Jacques, et je réfléchissais à la profondeur de cet abyme que l'on nomme le cœur humain. De toutes les sciences, la moins avancée, me disais-je, est certainement l'étude de l'homme. Quelles lumières sur nos pensées, sur nos sentiments secrets, sur nos innombrables faiblesses, ne jailliraient pas d'une confession universelle faite par tous les hommes avec la même audace de franchise qui caractérise les mémoires de l'immortel Génevois!

Mais si nous ne savons presque rien sur nous-mêmes, si l'histoire de notre ame est une énigme impénétrable, nous connaissons bien moins encore cette autre moitié du genre humain, avec laquelle nos alliances les plus intimes sont encore des combats; je veux parler des femmes : langage, pensées, formes, habitudes, tout diffère entre nous; une histoire des femmes manque et manquera toujours à la littérature de tous les pays. Les femmes connaissent trop bien leurs intérêts pour se peindre autrement qu'en buste; et les hommes qui voudront parler d'elles trahiront toujours leur prévention ou leur ignorance... Elles ont des secrets d'état qu'elles seules pourraient révéler et qu'elles ne révéleront pas. Le vicomte de Ségur a écrit sur ce sujet attrayant un livre plein d'esprit, qui ressemble à un voyage imaginaire; Thomas les a pesées au lieu de les peindre; Diderot leur a consacré ses hymnes, et Juvénal les a déchirées dans ses satires. Toutes les médailles de ce poète le représentent horriblement laid : il avait le nez camus, les yeux petits, les cheveux crépus; maltraité par la nature et par les femmes, il s'en est vengé par des injures. Le dépit est souvent plus cruel que la haine.

Le secret que les femmes gardent si bien sur leur compte s'explique par cette seule observation : Les femmes perdent à se faire connaître ce qu'elles gagnent à se laisser voir.

Il faut avouer que les plus grands hommes ont

débité les plus grandes sottises quand ils ont voulu juger et définir les femmes. Aristote ne soutient-il pas, avec un orgueil très peu philosophique, que la nature ne s'avise de former les femmes que lorsque l'imperfection de la matière dont elle fait usage ne lui permet pas d'en fabriquer des hommes! Selon ce précepteur d'Alexandre, le but unique de la nature est d'engendrer des hommes, et c'est par impuissance qu'elle produit l'être sans lequel l'autre ne saurait se perpétuer. Il faut avouer que cet universel Aristote est quelquefois bien bête.

Pendant que je causais ainsi avec moi-même, et qu'en me moquant d'Aristote je cherchais à pénétrer le mystère féminin, une idée assez bizarre traversa mon esprit; j'allai jusqu'à imaginer qu'il n'était pas impossible de se procurer un talisman qui obligerait un jour les femmes à tous les aveux que rien n'a pu leur arracher jusqu'ici. Quel trésor pour un observateur! que de confessions pénibles, que de singulières confidences! qui me cachera dans un petit coin du *pandémonium* où se passerait une pareille scène!

C'est un privilége, ou si l'on veut une infirmité de mon esprit, de s'exalter sur l'objet qui m'occupe exclusivement, jusqu'à réaliser à mes yeux la pensée la plus extravagante, et à donner tout-à-coup un corps aux fantômes de mon imagination.

Le tonnerre gronde, les éclairs brillent, les quatre

trompettes sonnent, les groupes de Michel-Ange se reproduisent sur la voûte céleste ; un ange femelle parcourt les airs en déployant l'écharpe d'Iris, sur laquelle je lis ces mots : *Jugement dernier des femmes.* Au même instant une flotte aérienne remplit l'espace, et des milliers de barques où s'entassent les ames de toutes les générations féminines abordent sur tous les points de la vallée de Josaphat, où vient s'abattre l'ange messagère de l'Éternel. Un long roulement de la foudre a commandé le silence, et j'entends distinctement ces mots : « Les hommes sont jugés ; que les femmes de tous les pays et de tous les âges renaissent à ma voix : voici le jour de la sentence universelle. »

Quelque adorateur que je sois du beau sexe, cette convocation générale effraya ma curiosité. La vieillesse et la laideur devaient nécessairement se trouver en grande majorité dans ce congrès de siècles féminins : quelle fut ma surprise quand la plus ravissante variété de beautés et de grace apparut à mes yeux dans cette vallée redoutable ! A ma terreur succédèrent des émotions plus douces, dont l'ivresse m'empêcha quelque temps de porter sur toutes ces femmes le regard impassible de l'observateur. Quand ce premier trouble fut passé, je vis plusieurs anges occupés à classer ces dames par groupes de nations ; et mon œil enchanté parcourut avec une volupté plus paisible tout ce que la nature, dans sa longue fécondité, a produit de beautés sur la terre; car, je dois le dire, les plus belles avaient soin de se placer aux premiers rangs, et l'ange, qui appartenait au même sexe, semblait favoriser cette coquetterie vivante encore après le trépas.

Je reconnaissais l'odalisque aux formes onduleuses, aux yeux de gazelle, et au teint cuivré; la fille des bords de la Tamise, aux yeux bleus et aux longs cheveux blonds, à la démarche languissante; la Romaine, aux regards plus étincelants encore que le jais de sa chevelure; la Française svelte et légère, plus remarquable encore par la naïveté de sa grace et l'élégance de sa pose que par la perfection de ses traits; les femmes des contrées les plus sauvages devaient un certain charme à leur jeunesse. Une remarque que mon admiration ne me permit pas de faire plus tôt vint pourtant frapper mon esprit: Comment parmi ces légions innombrables de femmes ne s'en trouvait-il pas une qui parût avoir plus de trente ans? J'allais en demander la raison à l'ange inspecteur, quand il adressa lui-même la question suivante à cette jeune milice.

« Qu'avez-vous fait dans votre vie? » Un seul mot, un mot de deux syllabes, sortit à-la-fois de toutes les bouches; je le laisse à deviner à celles de ces dames qui vivent encore.

« Je le savais, reprit l'ange; mais comment l'avez-vous fait? voilà sur quoi vous devez me répondre. » Alors il s'éleva un murmure confus, un chuchotement général auquel l'ange lui-même ne pouvait rien entendre; c'était la tour de Babel reproduite au jugement dernier.

J'admirai l'ordre que l'ange établit dans ce tumulte; il choisit dans chaque groupe une seule femme qu'il chargea de représenter sa nation, et lui donna la parole au nom de ses concitoyennes. De petits anges, distribués çà et là, étaient chargés de recevoir les confessions particulières qui sortaient de l'ordre commun. J'étais tout attention.

Une Indienne parla la première; c'était la nature même. Elle avait fait de la volupté sa vertu, et le nombre de ses amants était son orgueil. Consacrée au service des dieux et plus spécialement aux plaisirs des brames, elle avait rempli sa double destinée avec un zèle infatigable; elle s'était mariée à vingt-huit ans avec le plus riche et le plus vieux banian de la contrée; il était mort six mois après, et, pour satisfaire à l'usage, elle s'était brûlée avec lui. Amour, ignorance, abandon, telle était l'histoire de sa vie.

Vint ensuite le tour d'une belle Anglaise, qui, d'un ton prude et doctoral, raconta, toujours avec la plus grande délicatesse, les douze perfidies dont elle avait été victime. Romanesque à quinze ans, sentimentale à vingt, dévote à vingt-cinq, toujours tendre, elle aurait pu épargner à son auditoire la longue narration des voyages de son cœur, et l'analyser en trois mots : besoin d'aimer, pruderie, et prétention.

« La grande, l'unique affaire de ma vie a été, dit la Française, celle de toutes ces dames : j'ai fait précisément ce qu'elles ont fait, l'amour. Vous voulez savoir comment? En honneur, je serais embarrassée de répondre.... » — Il est vrai qu'on a besoin d'une grande mémoire, interrompit l'Anglaise avec humeur, quand on a tant à raconter. — L'ange imposa silence à la prude, et ordonna à la Française de continuer. Elle reprit : « Milady a bien quelque raison : beaucoup de sentiments m'ont effleuré le cœur; mais d'autres objets plus sérieux m'attachaient à l'existence. Je dansais à ravir, je causais à merveille, je faisais les honneurs de chez moi avec une grace inimitable; et cependant les plaisirs n'ont pas occupé toute ma jeunesse; j'ai par-ci par-là rendu quelques services : le vieux général B*** m'a dû sa pension de retraite, et je me souviens d'avoir sacrifié cinq à six mille francs, que je destinais à une promenade à Longchamps, pour doter une jeune fille qui n'avait d'autre recommandation auprès de moi que sa vertu et sa pauvreté : veuve, j'ai beaucoup aimé le mari que j'avais perdu; je ne ferai point ici le récit de mes aventures; je ne veux pas, comme cette jeune brune de l'Indoustan, raconter avec ingénuité les folies que je me suis permises, et encore moins, à l'exemple de cette vaporeuse lady, faire de la pruderie avec de l'innocence. Légèreté, grace, amour, caprice, et bienfaisance, voilà ma vie tout entière. »

Toutes les femmes se mirent à chuchoter : il était impossible de ne pas s'apercevoir de l'envie qu'elles portaient à la Française.

L'Italienne, qui prit ensuite la parole, raconta vivement les trois mésaventures qui avaient autant de fois empêché son mariage ; les trois pensions qu'elle avait reçues d'un cardinal, de son fils, et de son neveu ; elle fit le récit fidéle de ses pratiques de dévotion, et raconta avec quelle attention respectueuse elle avait soin de couvrir chaque soir d'un voile épais le visage de sa madone : l'ange sourit ; l'Italienne se tut, il n'y avait qu'une chose, une pensée, une action, un souvenir, un culte véritable dans la vie de l'Italienne, l'amour; mais l'amour tel que les sens l'entendent, tel que la nature l'a fait.

« Hélas ! s'écria l'Allemande, lorsque la belle Italienne eut achevé son discours, j'ai passé ma vie à chercher ou plutôt à essayer mon *idéale;* j'avoue que mes recherches m'ont quelquefois entraînée loin, et que mon existence a été un long voyage de découverte. Le sentiment m'a toujours servi de guide; pourquoi le ciel m'avait-il donné ces yeux d'azur dont la flamme humide attirait l'amour sans le fixer ? L'innocence de mes pensées ne s'est point ternie dans le cours de dix intrigues amoureuses, et le peintre de Munich qui m'épousa trouva le bonheur dans mes bras. Si j'eusse écrit mes mémoires, je les aurais intitulés *La coquetterie sentimentale, ou le vague des sentiments porté dans le positif de l'amour.* »

L'ange complimenta l'Allemande sur la finesse d'observation et la sagacité métaphysique avec laquelle elle avait eu soin de s'apprécier elle-même. « Jeune Américaine des États-Unis, poursuivit-il, voici votre tour; qu'avez-vous fait? »

« Rien que des enfants, répondit-elle; mais on doit m'en tenir compte comme autant de bonnes actions, car ces enfants sont devenus des hommes libres. »

Pendant que l'on procédait à cet examen général, les confessions particulières se terminaient, et les anges chargés de ce soin faisaient leur rapport. Toutes les femmes attendaient en silence le résultat de cette grande journée. Tout-à-coup un jour pur éclaire la scène, et l'ange prononça d'une voix harmonieuse le petit discours suivant.

« Si les maris, les amants et les pères siégeaient ici à ma place, mesdames, la sentence qu'ils porteraient contre vous serait sans doute plus cruelle. Élevé par ma nature au-dessus des faiblesses de cette humanité qui voit aujourd'hui briller son dernier jour, je vous remets la plus grande partie des fautes qui ont marqué chaque jour de votre existence, et dont la liste, gravée sur ces immenses tables d'airain, servira de leçons aux mondes futurs. Beaucoup vous sera pardonné, à vous qui avez beaucoup aimé. Vos faiblesses sont l'ouvrage des hommes : étonnées et ravies de céder à la séduction, et douées d'une sensibilité plus vive, vous n'avez opposé le plus souvent qu'une molle résistance qui demandait à être vaincue, ou vous avez fait honneur à vos principes de cette sévérité qui n'était qu'une coquetterie de plus; faiblesse pardonnable, que votre organisation même vous imposait. Ne tremblez donc pas, vous qui avez pendant votre vie connu quelques sentiments véritables, vous serez pardonnées. Mais vous, tartufes de vertu, qui cherchiez dans le mystère de vos amours un droit pour haïr et pour nuire; mais vous dont le cœur sec ne s'est pas un moment épanoui, furies de médisance, qui cachiez vos poignards sous le scapulaire; femmes d'intrigues qui du lit des monarques et des grands, où vous reposiez nonchalamment couvertes des tissus de l'Inde et de la Perse, avez opprimé le peuple, allez dans l'abyme, et tombez à jamais dans des profondeurs moins obscures que votre ame.

« Quant à vous, femmes voluptueuses ou légères, le bien que vous aurez fait décidera du sort qui vous attend. Soit que vous ayez déguisé sous la mysticité germanique ou sous la grace française ce bonheur d'être belles, et ce besoin d'être aimées, qui vous occupait tout entières, l'amour vous sera pardonné; le ciel n'est inexorable que pour la haine, l'envie, la dureté du cœur, le mensonge et la perfidie.

« Vous qui fûtes belles, sensibles et sages, autant du moins que les hommes pouvaient l'espérer d'un sexe dont la sagesse détruisait l'empire et dont la faiblesse était l'escence; vous qui, par l'emploi brillant de vos talents, avez fait la gloire et le bonheur des hommes; un doux Élysée, un immortel bonheur vous attendent. »

Je vis alors s'élever d'un côté un palais magnifique, dont l'imagination seule pourrait mesurer l'étendue. De l'autre côté se projetait sur un abyme, dont le fond échappait aux regards qui voulaient en sonder la profondeur, un pont d'une étendue immense, et qui, semblable à la fameuse arche de l'Alcoran, n'offrait dans toute sa longueur qu'une lame étroite et aiguë, plus fine et plus aiguisée que celle d'un rasoir: mon esprit s'étonnait lui-même des merveilles qu'il se plaisait à créer; je cherchais vainement à deviner la double destination de l'édifice magique et du pont miraculeux: l'ange prit encore une fois la parole.

« Il vous a plu, mesdames, de mourir toutes, sans exception, jeunes et belles. Je ne vois ici que des Orientales de douze à quatorze ans, des Anglaises de dix-neuf, des Italiennes de vingt, des

Françaises de vingt-cinq ans. La mort, ordinairement si variée dans les coups qu'elle porte, s'est avisée d'une singulière uniformité. Mais descendez un peu dans votre mémoire, consultez vos souvenirs, et soyez bien sûres de l'âge précis où vous avez quitté le monde; car celles-là seules traverseront sans danger le pont de l'abyme, qui s'y présenteront à l'âge qu'elles avaient au moment où elles ont cessé de vivre. »

Vous eussiez vu toutes les femmes se presser, s'agiter, et céder à leurs voisines le dangereux honneur du pas. L'ange avait beau leur crier : Passez donc, on vous attend de l'autre côté: presque toutes reculaient devant l'abyme, dont elles mesuraient avec effroi la profondeur. « Je m'aperçois, dit alors en riant l'ange rapporteur dans ce grand procès, que, même après leur mort, les femmes ne veulent pas convenir de leur âge, et que la laideur est pour elles le tourment le plus redoutable: qu'une métamorphose subite commence donc le supplice de celles que poursuit la colère céleste. »

Au même instant, les dévotes hypocrites, les intrigantes de cour, les tyrans femelles de toutes les conditions, les femmes ambitieuses, avares et cruelles, perdirent tous leurs charmes, et les rides de la vieillesse sillonnèrent à longs traits ces beaux corps, enveloppes insidieuses d'un cœur corrompu ou d'une ame perverse.

Celles qui n'avaient à expier que des erreurs conservèrent la beauté de leurs formes, mais se virent au même instant couvertes de la tête aux pieds d'une longue robe d'une étoffe épaisse, qui ne laissait deviner aucune des beautés dont elles étaient pourvues, et qu'elles ne devaient quitter qu'à l'expiration du temps plus ou moins long de leur pénitence. Parmi les femmes de cette dernière catégorie, j'en remarquai plusieurs, les plus coupables sans doute, dont le nez devint rouge, la voix rauque, et la tête absolument chauve.

Les véritables élues du ciel se distinguèrent tout-à-coup par une beauté divine, dont la Vénus des Grecs, embellie de tous les charmes de Psyché et des Graces, ne pourrait donner qu'une idée imparfaite.

Séparée en trois corps, l'armée des femmes s'avança sur le pont aigu; les réprouvées roulèrent dans l'abyme, les pénitentes restèrent suspendues au-dessus du gouffre, et les élues arrivèrent à l'autre bord; mais je ne comptai qu'un bien petit nombre même de ces dernières qui achevât le trajet d'un pas ferme et sans chanceler sur la route.

Je les suivis jusque dans le palais céleste qui leur étoit destiné. La description de ce séjour des anges femelles appartiendrait de droit à nos auteurs romantiques; eux seuls pourraient nous retracer ces coupoles de diamant s'élevant à perte de vue sur dix rangs de colonnes de rubis, de saphirs et d'émeraudes, d'où les rayons épurés du soleil font jaillir les flots d'une lumière émaillée des plus riantes couleurs; ces fleuves de vif-argent qui se dessinent en portiques, s'élèvent en gerbes, et retombent en cascades dans un lac immense, où flottent des îles de fleurs; cet air embaumé, ces jardins où se jouent des myriades d'oiseaux d'un plumage plus brillant que le colibri, d'une voix plus mélodieuse que le rossignol. Je renonce à décrire ces merveilles et je reviens à des observations qui me sont plus familières.

Dans quel langage humain trouverais-je des expressions pour rendre la voluptueuse pureté du délire qui s'empara de moi en entrant dans la céleste Gynecée? Toutes les vertus, tous les talents, tous les sentiments généreux, toutes les passions aimables personnifiées, en ces lieux de délices, sous les formes toujours variées d'une éternelle jeunesse et d'une impérissable beauté! Au centre d'une des îles flottantes s'élève le *palais des Souvenirs*, où les femmes se revoient et se retrouvent telles qu'elles étaient sur la terre: au moment où j'y entrai, cinq femmes en sortaient, les unes en riant, et les autres les larmes aux yeux; je reconnus Agnès, Ninon, Héloïse, Corinne et Corilla.

L'histoire, l'éloge et la critique des femmes s'y trouvaient résumés en quelques sentences inscrites sur les colonnes de cristal qui soutenaient la coupole de ce léger édifice. J'en ai retenu quelques unes.

— Les femmes ont des défauts; les hommes ont des vices.

— Être ou chimère inconcevable, abyme de douleur et de volupté [1].

— La société dépend des femmes [2].

— Les vertus des femmes sont difficiles; la gloire n'aide pas à les pratiquer [3].

— Les femmes sont des maîtresses pour les jeunes gens, des compagnes pour les hommes mûrs, des nourrices pour les enfants et pour les vieillards [4].

— La vertu a quelque chose de plus aimable dans les femmes [5].

— La plus indifférente est quelquefois la plus sensible.

— Une belle femme avec les qualités d'un honnête homme, perfection de l'espèce humaine.

— Les femmes ont plus ou moins de bon sens, à proportion des goûts qui les dominent.

— Il en sera des femmes comme des passions; on ne cessera de s'en plaindre, et l'on y reviendra toujours.

— La plupart des femmes ont des vertus que les occasions seules peuvent dévoiler.

[1] Rousseau. — [2] Voltaire. — [3] Madame Lambert. — [4] Oxienstern. — [5] Duclos.

—Quelque vertu qu'ait une femme, le caprice ne perd pas son droit.

—Les femmes dont le sentiment est fin ont plus d'esprit que les hommes les plus spirituels.

—Les femmes, avec plus de sentiment, d'imagination, de goût et de finesse, auront moins de jugement et moins d'esprit que les hommes : incapables d'application, elles ne pourront avoir de génie; elles apprécieront tout et n'inventeront rien.

—L'erreur de la plupart des femmes est d'échanger des sentiments contre de l'esprit.

—La mémoire des femmes est plus dangereuse que leur esprit.

—Les femmes vulgaires connaissent la honte sans connaître la pudeur.

En sortant du *palais des Souvenirs* j'entrai dans un bois de lauriers au milieu duquel s'élève un temple d'une éclatante blancheur; sur le fronton je lus ces mots : *Dévouement sublime.* Au fond du sanctuaire je trouvai réunies le petit nombre de femmes qui ont laissé au monde, avec l'exemple du génie, de la force d'ame, une vertu sans tache, un courage inconnu à leur sexe, et souvent au-dessus du nôtre. Là se trouvait la noble *Aria*, sur le sein de laquelle se voyait encore la trace du poignard dont elle se frappa pour encourager Pétus; l'épouse de Sénèque, cette jeune *Pauline* qui s'ouvrit les veines près de son mari expirant; *Lucrèce*, qui ne voulut point survivre à sa honte; *Éponine*, qui partagea neuf ans la retraite souterraine où se cachait Sabinus, et qui le suivit sur l'échafaud; *Jeanne d'Arc*, qui sauva la France; *Boadicée*, qui sauva l'Angleterre; l'adorable *Élisabeth de France*, qu'aucun péril, aucune menace, ne put décider à séparer son sort de celui de son auguste frère; *madame Roland*, qui se dévoua si généreusement pour son pays et pour son époux, qui montra l'ame de Socrate sous les traits d'une femme jeune et belle, et dont le courage fit pâlir ses bourreaux; l'héroïque *Charlotte Corday*, qui poignarda le monstre qu'une nation tout entière ne savait que craindre et haïr; *madame de La Fayette*, qui s'enterra vivante dans les cachots d'Olmutz, où son illustre époux expiait son dévouement à la cause de la liberté dans les deux mondes. Telle fut ma vision; j'ai voulu en rendre compte avant que la réflexion l'ait effacée de mon esprit.

n° xiv. [3 mai 1823.]

XIV. CONSOLATION.

L'HOMME AUX DIX-SEPT FEMMES.

Nulli benè nuptus
MARTIAL.
Souvent marié, et toujours célibataire.

Ne vous récriez pas, lecteur, ce titre ne vous annonce pas un chapitre de Laclos ou de Crébillon. Un courage d'un genre extraordinaire, dont un homme né dans la classe la moins honorée de la société a donné l'exemple, fera le sujet de cette méditation. On l'a souvent dit, ces gens-là ont aussi leurs passions, leurs drames, leurs romans, et leur héroïsme. Nous sommes généralement portés à croire qu'ils sont, par le fait seul de leur position, étrangers aux maux et aux inquiétudes qui tourmentent les habitants des villes :

> Hélas! grands et petits, et sujets et monarques,
> Distingués un moment par de frivoles marques,
> Égaux par la nature, égaux par le malheur,
> Tout mortel est chargé de sa propre douleur.

Savez-vous qui me citait hier ces beaux vers? Le bon homme George Grounmann, portier d'une maison voisine de la mienne, et qui m'apportait un roman que m'envoyait sa jolie maîtresse. Ce roman devint le texte de notre conversation. « Grounmann, lui demandai-je, je sais que vous aimez la lecture, et que vous vous connaissez en bons livres; je parierais que vous avez parcouru celui que vous m'apportez. — Très rapidement, monsieur; c'est un roman. — Ce genre d'ouvrages ne vous plaît pas, à ce qu'il paraît? — Non, monsieur; tous les romans sont si fades, comparés à mon histoire! — Comment diable! vous avez une histoire? — Et une histoire merveilleuse, qui plus est. Quand, par désœuvrement, j'ai la patience de suivre dans le cours de ses mésaventures le héros imaginaire de ces récits de commande, je le compare à moi-même, qui ne suis pourtant pas un héros, et cela me fait sourire de pitié.

« Voilà, me dis-je, continua Grounmann, un homme bien à plaindre! il a éprouvé quelques malheurs dont il s'est tiré plus ou moins courageusement; mais, après tout, ses malheurs lui étaient personnels; et c'est à son profit qu'il a employé, pour s'y soustraire, cette force de caractère que l'on fait sonner si haut; mais moi, pauvre diable, dont la vie a été éprouvée par tant de traverses, je n'aurais jamais eu à me plaindre du sort, dans la condition et à l'époque où je suis né, si j'avais pris la société au mot, et que je me fusse dit une bonne fois : Je suis jeté dans la classe la plus obscure, dont on m'a défendu de sortir; voici venir une révolution qui me permet de rentrer dans mes droits d'homme et de citoyen, j'en userai sans me mettre en peine des maux qui peuvent en résulter pour ceux qui s'appellent mes maîtres, parcequ'ils ont vu le jour au premier étage et moi sous la grand'porte. Mais la raison qui me suggérait ces premières idées ne tint pas contre mon cœur, qui valait mieux qu'elle; et, quand je pouvais rester tranquille sur le rivage, je me suis jeté dix-sept fois à l'eau pour sauver ceux qui se noyaient : je ne m'en repens pas; mais Dieu sait que j'ai bien à cela quelque mérite. »

Ce peu de mots me donna l'envie d'apprendre l'histoire du bon homme George.

« Parbleu, lui dis-je, vous devriez bien me conter votre roman; il m'intéresserait plus en effet que tous les exploits et toutes les passions factices dont nos contes en prose sont ordinairement semés. — Volontiers, monsieur, reprit le bon homme George en prenant place auprès de moi.

« Je suis né au faubourg Saint-Germain, dans la loge de l'hôtel du comte de L***, où mon père, sous le nom de suisse, comme on disait alors, était concierge, comme on dit aujourd'hui, ou tout simplement portier, comme on devrait dire. Dès l'âge de neuf ou dix ans je faisais les commissions de l'hôtel, et je me souviens qu'à défaut de coureur le neveu de son altesse m'avait choisi pour sa correspondance du matin avec mademoiselle Allard, célèbre danseuse de l'Opéra. Cette demoiselle me prit en amitié, et me fit entrer à Sainte-Barbe, où elle payait ma pension : j'avais quelques dispositions, j'aimais l'étude, et il est probable que l'écolier serait un jour devenu professeur si, dans une querelle entre un brillant élève, son répétiteur, et un pauvre boursier, je n'eusse pris parti pour ce dernier. Le nez du jeune seigneur fut cruellement maltraité dans cette explication à coups de poing : le noble battu porta plainte, et le recteur décida, dans sa justice, que celui qui avait fait saigner du nez le gentilhomme agresseur serait chassé comme un vilain.

« Il n'était pas bien sûr que ma main fût coupable du horion malencontreux ; mais il y allait pour mon ami Bertrand de la perte d'une bourse ; je risquais beaucoup moins, je pris sur moi la faute, et je fus mis à la porte : c'était mon poste de toute éternité. Mon père venait de mourir, et ma mère me mit sur le corps le baudrier paternel, que j'acceptai avec une extrême répugnance.

« Cependant quelques années de ma jeunesse s'écoulèrent assez doucement ; j'avais découvert le parti que je pouvais tirer de ma position ; j'usai du privilége des suisses de grande maison, je vendis du vin en bouteilles, et j'écrivis mes *Mémoires*.

« La première partie de cet intéressant ouvrage, qui ne verra le jour qu'après ma mort, ne contient guère que des observations locales; mais peut-être y trouvera-t-on la preuve qu'il y a des choses qu'on ne pouvait apprendre à cette époque que dans la loge d'un suisse du faubourg Saint-Germain.

« C'est dans les détails de ces mémoires que nos enfants pourront apprécier l'influence des robes de cour dans la monarchie; plusieurs intrigues pour et contre Maupeou y sont clairement expliquées. On y verra les affaires se traiter parmi les plaisirs, les mouches qui couvraient le visage des jolies femmes servir à tracer la marche des armées, les édits bursaux sortir des *petites-maisons*, et les lettres de cachet griffonnées de la main d'une petite-maîtresse.

« Cependant la révolution approchait : je m'étais créé une philosophie à mon usage; j'avais alors trente ans, et je sentais plus vivement qu'un autre tout le prix de la liberté qu'elle nous promettait : j'avais quelque réputation parmi les hommes de mon faubourg, et je prévoyais le moment d'un triomphe auquel j'avais le desir et le pouvoir de m'associer; mais un plus noble orgueil me retint volontairement sous la livrée que j'avais acceptée malgré moi.

« Tant que le baudrier de suisse avait été une sorte de distinction pour moi, parmi les hommes de mon rang, je l'avais regardé comme un signe d'esclavage. Je vis approcher le moment où il pourrait être un titre de proscription, et je m'en fis honneur. Les maîtres que je servais subirent toutes les infortunes de l'époque : les valets de l'hôtel les avaient quittés. Ils voyaient avec inquiétude le moment où l'abandon de leur dernier serviteur pourrait les livrer sans défense à leurs ennemis : je restai dans l'hôtel.

« Mes sentiments d'indépendance et la bizarrerie de mes principes philosophiques, que je n'avais jamais cachés, étaient généralement connus ; ce genre de réputation put seul me faire échapper aux périls d'un poste que je conservais avec d'autant plus d'obstination que j'en voyais le danger s'accroître.

« Un mouvement populaire mit en danger la vie et les biens de cette noble famille. Un asile que je sus lui ménager sur les bords du lac de Lucerne, où mon père était né, et un fidéicommis par lequel toute la fortune du comte L***, l'hôtel excepté, passa sur ma tête, furent les moyens que j'employai pour arriver à un résultat qui n'était pour moi ni sans difficultés ni sans péril.

« Monseigneur, en émigrant, avait laissé à la garde de ma mère sa fille unique, âgée de treize ans, qu'il n'avait pas voulu exposer aux chances d'un voyage dont il ne voyait pas le terme.

« Mademoiselle Amélie (qui depuis..., mais alors

elle était aussi aimable que douce et modeste) fut élevée par ma mère avec plus de soins et plus de tendresse qu'elle n'aurait pu l'être, j'ose le dire, dans sa propre famille, même au temps de sa splendeur.

« Avant de continuer, je dois vous faire faire une plus ample connaissance avec l'ami Bertrand, ce boursier de Sainte-Barbe, dont j'ai déja parlé. Dans le grand mouvement, ou, si vous l'aimez mieux, dans le grand bouleversement politique qui s'était opéré, Bertrand, chez qui l'exagération des principes n'avait pas altéré l'extrême bonté du cœur, avait fait son chemin : il était alors, en 1793, président de section et officier municipal; mais les honneurs n'avaient pas changé ses mœurs : non seulement il était resté mon ami, mais nous avions formé ensemble une sorte d'association dont le but, vraiment chevaleresque, était de détourner de la tête des femmes les coups de la foudre révolutionnaire; dans cette intrigue, d'un genre tout-à-fait nouveau, il était la pensée, et j'étais l'action.

« Je reviens à mademoiselle Amélie, au moment où sa position et la nôtre étaient devenues d'une extrême difficulté : elle touchait à sa seizième année, et, quelque soin que ma mère eût pris à la dérober aux regards, elle était devenue l'objet de l'attention sérieuse d'un homme de la *Montagne*, fils d'un aubergiste de Tours, et alors conventionnel, qui logeait dans l'hôtel, et dont les soins (je commençais à m'en apercevoir) ne déplaisaient pas à la noble demoiselle. Je me hâtai d'en prévenir son père, avec qui j'entretenais une correspondance suivie, par l'intermédiaire de l'ami Bertrand.

« M. le comte daigna, pour la première fois, m'écrire de sa propre main, et ce fut pour adresser, à ma mère et à moi, les plus sanglants reproches : comment avions-nous souffert qu'un homme de *rien*, qu'un monstre *sans naissance et sans fortune* eût jeté les yeux sur sa fille ! Il m'*ordonnait* de prendre des mesures pour la lui renvoyer sur-le-champ, en affectant aux frais de son voyage le produit de sa ferme de Mont-Rouge, qu'il m'autorisait à vendre.

« J'avoue que je perdis patience à la lecture de cette lettre, et que j'y répondis avec le sentiment d'indignation que m'inspirait tant d'orgueil et d'ingratitude : je finissais par dire à M. le comte que c'était assez pour ma mère et pour moi des dangers auxquels nous nous étions exposés jusqu'ici pour sa famille ; que nous étions prêts à remettre mademoiselle Amélie aux mains de la personne qu'il devait se hâter de nous indiquer, s'il voulait la soustraire aux poursuites de l'homme de *rien*, qui pouvait *tout*; mais que, dans tous les cas, il était nécessaire qu'il pourvût aux frais du voyage de sa fille, attendu que le séquestre était encore sur tous ses biens, et que, malgré le fidéicommis, je n'avais pu jusqu'ici ni vendre la moindre partie de ses propriétés ni même en toucher le fermage.

« Soit que la réflexion eût éclairé M. le comte de L*** sur son injustice envers nous, soit que son cœur paternel eût été vivement ému des malheurs qui menaçaient sa fille, et dont je n'avais point adouci la peinture, la réponse que je reçus, pleine des témoignages de la plus vive reconnaissance, me fit bientôt oublier mon ressentiment, et je ne pensai plus qu'à achever mon ouvrage, en cherchant le moyen de remettre Amélie entre les bras de son père.

« Notre amoureux *terroriste*, sans soupçonner mon projet, en craignait néanmoins le résultat, et ne trouva rien de mieux, pour s'opposer au départ de la jeune personne, que de solliciter l'ordre de la faire arrêter comme fille d'émigré. Bertrand m'aida pendant quelques mois à déjouer cette intrigue infernale, dont le secret, dévoilé à notre jeune pupille, avait changé en horreur l'inclination qu'elle avait d'abord éprouvée pour un pareil séducteur. Informé par Bertrand du succès inévitable et prochain des démarches du Montagnard, je m'avisai, pour la première fois, d'un moyen de la hardiesse duquel vous allez juger: mon ami Bertrand, officier public de ma section, dressa l'acte de mariage de George Grounmann, suisse d'origine, avec mademoiselle Amélie de L***, et lui délivra en même temps un passe-port avec lequel celle-ci, dès le jour même, partit avec ma mère pour rejoindre son père à Coblentz.

« Croiriez-vous, monsieur, que le comte de L*** se montra beaucoup moins sensible au plaisir de retrouver sa fille qu'à la honte d'apprendre qu'elle avait porté mon nom pendant trois jours; et que ma mère, pendant les vingt-quatre heures qu'elle passa dans le pauvre logement que le comte occupait, ne fut point admise à l'honneur de sa table.

« Je vous fais grace des réflexions amères, je dirai même des idées de vengeance que cette conduite impertinente fit naître dans mon esprit, et je continue ma narration.

« L'année suivante, on se préparait à vendre l'hôtel de L*** dont j'étais toujours concierge; j'adressai une pétition au département, et je parvins à faire réserver ce bâtiment pour une administration publique. Lorsqu'elle y fut installée, je témoignai à M. Duremont, chef d'administration que j'avais impatronisé dans l'hôtel, le dessein et les raisons que j'avais d'aller chercher fortune ailleurs.

« M. Duremont était un homme d'esprit et de cœur; il connaissait ma conduite, il appréciait mon caractère, et me témoignait une confiance à laquelle il était bien difficile de ne pas répondre : j'y serais parvenu cependant, s'il n'avait employé les sollitations de sa femme pour me détourner de ma résolution. Comment résister à cet ange de grace et de jeunesse? je restai concierge.

« La révolution, qui parcourait toutes ses périodes, d'excès en excès était arrivée au dernier terme de la terreur : la probité irréprochable, le patriotisme ardent du citoyen Duremont ne le mirent pas long-temps à l'abri des suspicions du comité de surveillance; il fut arrêté dans la nuit même où j'avais tout préparé pour sa fuite. J'eus l'adresse et la présence d'esprit de le faire conduire dans une des succursales des prisons de Paris dont je connaissais le concierge; huit jours après il était arrivé en Suisse avec son gardien. Rien de plus romanesque et de plus intéressant que l'histoire de sa fuite :

« Madame Duremont me devait la vie d'un mari qu'elle adorait, je n'ai pas besoin de vous parler des témoignages de sa reconnaissance. Le fugitif fut jugé par contumace, et tous ses biens confisqués.

« La misère à laquelle ce jugement réduisait cette jeune dame et l'enfant qu'elle nourrissait l'affligeait beaucoup moins que l'impossibilité où elle était de rejoindre son mari. Cette pensée funeste finit par prendre un tel ascendant sur son esprit qu'elle altéra sa santé, et ne me laissa bientôt plus d'autre espérance de lui sauver la vie que de la rendre à son époux.

« J'entrai chez elle un matin : Madame, lui dis-je,

je puis, avant un mois, vous ramener à votre mari, et vous faire rentrer dans la plus grande partie de vos biens. Elle m'interrompit par des cris de joie qu'accompagnait un déluge de larmes. Mais, continuai-je, avant de rien entreprendre, j'ai besoin que vous vous engagiez avec moi, par serment, à ratifier toutes les démarches que je vais faire, et à suivre aveuglément la conduite que je dois vous tracer, quelque inconcevable qu'elle puisse vous paraître. — Mon ami, me répondit-elle, je n'ai plus de confiance qu'en Dieu et en vous : mon sort, ma vie, celle de mon époux et de ma fille, sont entre vos mains, je vous les abandonne sans crainte et sans réserve.

« Le lendemain je lui portai à signer une demande en divorce; elle frémit et jeta sur moi un regard plein de trouble et d'irrésolution : Madame, lui dis-je en essayant de sourire, ce n'est là que la moindre des preuves de confiance que j'exige de vous. Elle me serra la main, prit la plume, et signa.

« Quinze jours après, je lui portai l'acte de divorce bien en règle. Maintenant, lui dis-je, en votre qualité de femme divorcée d'un contumace, vous voilà rentrée dans la jouissance de votre dot et de votre douaire. — Et mon mari, interrompit-elle brusquement, quand pourrai-je le rejoindre? — Quand vous serez remariée. — Remariée!... — Oui, madame, remariée avec moi. Je ne lui laissai pas le temps de revenir de son saisissement : A midi, continuai-je, vous serez la femme du suisse George Grounmann ; à une heure nous aurons nos passe-ports, et à deux nous serons sur la route de Genève, où votre mari nous attend.

« Madame Duremont prit sa fille dans ses bras, se jeta à genoux devant le portrait de son mari, et, se relevant avec fermeté : Monsieur Grounmann, me dit-elle, il n'y a que Dieu qui puisse récompenser ou punir l'action que vous allez commettre !...

« Nous nous rendîmes à la municipalité. Mon ami l'officier public m'y attendait ; il nous délivra, cette fois-ci comme l'autre, l'expédition d'un acte qu'il n'avait point inscrit sur le registre de l'état civil. En le quittant nous allons prendre nos passe-ports, qu'on nous remet sans difficulté, et nous montons en voiture pour n'en plus descendre qu'à Genève, où je remis madame Duremont entre les bras de son heureux époux.

« Je revins à Paris. Mon acte de mariage en main, je fis lever le séquestre sur la portion des biens de monsieur Duremont, dont le divorce avait remis sa femme ou plutôt la mienne en possession ; je les vendis, et leur en fis passer l'argent.

« J'appris bientôt que les époux étaient partis pour l'Amérique, et qu'ils y jouissaient du repos et de l'aisance.

« Déja mari de deux femmes, et bien certain

qu'une fois atteint et convaincu de bigamie je ne courais pas de risques nouveaux à renouveler mon stratagème, je contractai quinze autres mariages du même genre, c'est-à-dire que je sauvai l'honneur et la vie de dix-sept femmes infortunées que poursuivait la politique ou la vengeance de cette cruelle époque. Je ne vous fatiguerai pas du récit de toutes ces aventures, qui rentrent nécessairement dans le même cadre, et presque dans les mêmes détails ; je ne vous répéterai pas les mêmes doléances sur l'ingratitude ou l'oubli dont j'ai été victime ; je termine en vous disant que j'étais enfermé au Luxembourg avec ma dix-septième épouse, quand le 9 thermidor vint sonner notre délivrance, et me permit de jouir en liberté du bien que j'ai fait, des périls auxquels j'avais échappé, et de la philosophie qui se borne, pour moi, à cette maxime du roi Salomon :

Répandez vos bienfaits avec munificence,
Même aux moins vertueux ne les refusez pas ;
Ne vous informez pas de leur reconnaissance,
Il est grand, il est beau de faire des ingrats. »

N° XV. [4 mai 1823.]

XVᵉ CONSOLATION.

LES VICES A LA MODE.

***

> *There's a fashionable iniquity.*
> CONGRÈVE.
> Voici l'iniquité à la mode.

Certains vices ont, comme les comètes, leurs époques, leur retour, leurs ellipses, et leurs phases : le mouvement de la mode les ramène ou les fait disparaître, et un observateur habile pourrait désigner chaque période de vingt-cinq années par son vice favori, comme les historiens indiquent les siècles par les noms d'Alexandre, d'Auguste, de Gengis, de Catherine ou de Frédéric.

L'hypocrisie religieuse marqua les dernières années du règne de Louis XIV; l'effronterie du libertinage déshonora l'époque de la régence; la fatuité philosophique signala l'espace de temps qui sépare la mort de Voltaire de la révolution. La férocité marqua le passage sanglant de Robespierre; la licence eut son cours sous le directoire; le luxe et l'ambition accomplirent le leur dans la parallaxe impériale.

Nous sommes témoins, au moment où j'écris, du plus singulier phénomène que présente l'histoire de nos vices; rien de plus bizarre et de moins naturel que le déplacement qui s'y est opéré. La vieillesse et la jeunesse, les femmes et les hommes, semblent avoir fait échange de leurs défauts et de leurs travers; l'amour du pouvoir a passé des palais dans les temples, et la tartuferie a quitté le porche pour se placer dans les salons : il y a anarchie dans les vices.

Quelle est cette foule brillante qui se presse autour d'un tapis vert? sont-ce de vieux diplomates, d'antiques marquises, des joueurs de profession? Non, ce sont des magistrats, des hommes de lettres distingués, de jeunes militaires, des femmes brillantes de grace et de beauté, dont toute la conversation se réduit aux termes obligés du vocabulaire du wisk, de l'impériale, et de l'écarté!

Qu'un philosophe se borne à rechercher la cause de ce vice à la mode, moi j'y vois les traces d'une insensibilité révoltante et d'un égoïsme que l'aspect de l'or et le desir du gain peuvent seuls émouvoir: quand il n'y a plus ni ressort ni chaleur dans les esprits et dans les ames, la table de jeu devient une dernière ressource; les chances du gain et de la perte procurent encore une sorte d'émotion à des cœurs secs et à des esprits stériles.

La *fausse bonhomie*, dont le masque n'a jamais été plus commun, pourrait passer pour un simple travers si elle ne servait à déguiser les vices les plus odieux : les moralistes et les auteurs dramatiques ont souvent essayé de peindre ce caractère complexe dont la puissance est fondée sur l'attrait irrésistible d'une bonté apparente; mais, soit faiblesse du peintre, soit difficulté de bien saisir les traits du modèle, *le faux bon homme* est encore à traiter, et peut-être n'a-t-il jamais été plus difficile à produire sur le théâtre qu'à une époque où la société en offre un si grand nombre de copies. Qui reconnaîtrait au premier abord le méchant, l'ambitieux, le traître, l'imposteur, sous les dehors de la bonhomie que chacun d'eux affiche ? Ce ministre qui sort du cabinet du procureur du roi, où votre destinée vient d'être soumise aux rigueurs du pouvoir, vous accueille d'un ton plein de candeur et de bienveillance, et vous quitte affectueusement à l'aspect du gendarme qui vient mettre la main sur vous ! Cette duplicité a quelque chose d'infernal, et je la signale comme le trait le plus hideux de la physionomie morale de notre époque.

Mais s'il faut indiquer le vice à la mode par excellence, le vice dominateur du siècle, c'est incontestablement la *corruption*. Aujourd'hui la corruption fait tout mouvoir; elle n'a pas moins de puissance dans l'ordre moral, que la pompe à vapeur dans l'ordre physique : elle imprime le mouvement à toute la machine, assouplit les ressorts, diminue les frottements, et puise dans les dégradations dont elle s'environne la force destructive où elle se renouvelle. C'est elle qui préside à toutes les espèces d'élections, qui dispose de tous les siéges, y compris les fauteuils académiques ; elle élève les masses les plus lourdes, et précipite les esprits les plus subtils ; elle décompose les corps les plus adhérents, rapproche et combine les éléments les plus hétérogènes.

La corruption, réduite en principes, est devenue une véritable science, et des professeurs patentés en tiennent école publique. Dans le nombre de leurs élèves, qui s'accroît chaque jour, on remarque avec surprise qu'il ne se trouve guère que des vieillards et des enfants ; le premier mot que ceux-ci apprennent à bégayer est celui qui doit leur procurer la faveur à laquelle ils aspirent, ou qui peut la faire perdre à ceux de leurs concurrents qui l'ont méritée. Un jeune homme s'annonce-t-il avec quelque talent, tous les genres de corruption l'assiégent, et il aurait besoin de toute la force d'ame et de toutes les vertus d'un sage, pour résister aux séductions dont on l'environne. Jamais M. Lemercier n'a trouvé d'aperçu plus profond, plus juste, que lorsqu'il a fait figurer sur la scène la corruption comme le caractère particulier de l'époque où nous vivons. Ce serait ici la place de prouver mon assertion par des exemples; mais quelque précaution que je prisse, quelque adoucissement que j'employasse, il serait impossible qu'on ne reconnût pas les modèles de mes portraits, et que mes observations ne dégénérassent pas en personnalités : je me borne donc, cette fois, à la simple énonciation du fait; je suis certain d'être cru sur parole.

Un des agents les plus accrédités de la corruption, c'est le *mensonge;* je n'embrasserai pas toutes les subdivisions de ce vice; je ne parlerai ni du mensonge du regard et des promesses chez les femmes; ni du mensonge commercial, à qui l'on doit les faux poids, les fausses mesures, les banqueroutes, et qui arrachait à un marchand dévot cette exclamation caractéristique : *Qu'il est cruel que la religion ait fait un péché d'une chose si utile au commerce!* ni du mensonge inoffensif des voyageurs, qui ont vu des baleines de neuf cents pieds de long, et des polypes de mer qui se nourrissaient de vaisseaux de ligne; ni du mensonge littéraire, sur lequel se fonde la réputation de tant de petits beaux-esprits; ni du mensonge de bonne compagnie, qui se borne à dénaturer agréablement les faits dans un récit, et à les exagérer jusqu'au ridicule, pour les rendre plus piquants; mais je m'arrêterai un moment sur trois espèces de mensonges que leur importance et leurs résultats ont élevés à la dignité de vices dominateurs.

Je veux parler de la *politique*, de la *calomnie*, et de la *flatterie*.

Le *mensonge politique* s'exerce sur de plus grands intérêts, et dans un cercle plus étendu ; il a droit à une première mention : les ministres, les hommes d'état, les diplomates, sont ses organes habituels ; néanmoins, depuis quelque temps, on a remarqué que c'est particulièrement du banc de la Trésorerie que partaient ses oracles. C'est à son influence immédiate qu'il faut attribuer tant de paroles violées, tant de contrats rompus, tant de promesses trahies, tant de marchés frauduleux. Le mensonge politique, entouré de ses satellites ordinaires, l'orgueil, l'hypocrisie, la malice et l'envie, s'est emparé de la direction générale des affaires; nous voyons comme il les conduit.

La *calomnie*, dans un espace plus resserré, agit comme une roue d'engrenage dans le mécanisme du mensonge universel, dont la politique est le grand moteur ; elle a le département des salons. Sous le nom plus modeste de médisance, elle s'occupe à flétrir les vertus, à dénaturer les actions les plus honorables, à rabaisser tout ce qui est grand, et à réduire toutes les supériorités du talent aux viles dimensions de l'intrigue et de l'intérêt.

On a défini la *flatterie :* « Un commerce puéril dans lequel on rend fidèlement mauvaise foi pour mauvaise foi, et où tout est bon, hors la vérité. »

Cette définition ne suffit plus dans l'état actuel de la société, où son poison s'infiltre, pour ainsi dire, dans toute sa substance ; cette espèce de mensonge est mis au rang des convenances, et fait partie de ce qu'on appelle le bon ton. Plus commun qu'il ne l'a peut-être jamais été, on le reconnaît moins facilement sous le prodigieux nombre de formes qu'il emprunte.

On ne pouvait se méprendre autrefois à cet air humble et caressant, à cet abord plein de grace et de délicatesse, dont les seules nuances distinguent entre eux les flatteurs ; aujourd'hui les plus habiles sont parvenus à se faire une réputation de franchise et de brusquerie même, à l'abri de laquelle ils obtiennent d'autant plus de succès qu'ils ont l'air de vous refuser les louanges qu'ils vous prodiguent.

Par un effet de ce changement bizarre que j'ai déja signalé, les femmes ont emprunté aux hommes l'esprit de parti, le pédantisme et la passion du jeu ; ceux-ci ont emprunté aux femmes leur indiscrétion et quelques parties de leur parure. Les bottines de castor, le chapeau d'écorce, les pantalons juponnés, les redingotes à grands plis, ne prouvent-ils pas chez les hommes une tendance à quitter les attributs de leur sexe ?

Entrez dans tel salon du faubourg Saint-Germain, et prêtez l'oreille aux dissertations politiques de mademoiselle de Cérane, aux homélies religieuses de madame de Vernage, aux argumentations littéraires de madame de Sanoise, et dites-moi si jamais pédant d'assemblée, de sorbonne ou d'athénée, a mis dans ses discours plus de sécheresse, de déraison et d'entêtement.

Si je dis que l'*ennui* est un vice à la mode, on me demandera d'abord compte de la qualification de vice que je donne à un simple malaise de l'esprit : mais je ne continuerai pas moins à soutenir que l'ennui est un vice : en effet, quel autre nom donner à ce dégoût qui arrache les hommes à la vertu? à cette apathie qui éteint en eux toutes les passions généreuses? L'ennui n'est qu'une infirmité quand il est le fruit du temps et d'une longue expérience de la vie, mais ce mal est un vice quand il atteint l'homme dans sa fleur, quand il s'attache à ces jeunes gens vieillis avant l'âge, et blasés sur des plaisirs qu'ils n'ont jamais goûtés. Paris est plein de ces jeunes *ennuyés*, et partant ennuyeux, qui sont ou plutôt qui se disent las du monde avant de l'avoir connu, et qui se donnent les airs de haïr les hommes pour se dispenser de les servir et de leur plaire. C'est un spectacle odieusement ridicule que cette vieillesse anticipée, que cette caducité juvénile, qui admet toutes les difformités physiques et morales des hommes courbés sous le poids des ans, sans aucune des vertus que donne l'expérience, sans aucun des plaisirs dont les souvenirs peuvent encore être la source.

N° XVI. [5 mai 1823.]

XVIe CONSOLATION.

UNE PROVINCIALE A PARIS.

Madame de Mérange attendait une jeune dame de Lunéville, qu'une vieille tante lui avait recommandée, et dont elle s'était fait une idée d'autant plus ridicule, que sa tante lui en faisait un plus pompeux éloge. La réception de madame de Bodlosquet était un petit divertissement que madame de Mérange avait voulu ménager à ses amies du noble et du brillant faubourg. Il avait été convenu, sans doute pour mettre la provinciale plus à l'aise, que ces dames arriveraient parées de tout ce que le luxe, le goût et la mode pourraient leur fournir de plus délicieux. Une vingtaine de jeunes gens, connus pour l'excellence de leurs manières et la grace de leur persiflage, devant lequel aucune vérité, aucune vertu, ne restaient solennelles, avaient été prévenus, ainsi que ces dames, de se rassembler de bonne heure, afin de rendre le cercle plus imposant et, conséquemment, l'entrée de la petite dame de Lunéville plus amusante.

Attendu que la lettre de recommandation de la tante prévenait que sa jeune amie avait des talents de toute espèce, on n'avait pas manqué d'inviter des amateurs et même des artistes de première force, pour se donner le plaisir d'entendre la virtuose de Lorraine estropier, sur un magnifique piano d'Érard, une vieille sonate de Steibelt, ou de la forcer à chanter en patois italien quelque air aussi nouveau que *Si m'abandonnè*, ou *Nel cor più non sento*.

Cette soirée où l'on se promettait tant de plaisir arriva; le cercle était brillant et nombreux, et la provinciale était depuis une heure l'objet des plaisanteries les plus aimables et des mots les plus heureux, lorsqu'on l'annonça sous le nom de la baronne Bilboquet. Cette première espièglerie était l'ouvrage d'un de ces messieurs, qui avait été donner la consigne au laquais chargé d'annoncer.

La jeune dame, sans se déconcerter du fou rire que son nom ainsi défiguré excitait dans le salon, s'avança avec autant de grace que de dignité vers la maîtresse de la maison, qui se confondait en excuses sur la sottise de ses gens. — « De grace, madame, ne vous fâchez pas, lui dit-elle; on peut pardonner à des laquais de jouer si à propos sur les noms. — Pas mal du tout, pour un mot de province, dit un jeune homme en s'approchant d'un groupe qui se formait au milieu du salon, et dans lequel on commençait à passer en revue la nouvelle arrivée. — Savez-vous qu'elle est bien! — Une taille charmante, un maintien presque assuré. — Une parure élégante. — Oui, et qui eût été de très bon goût du temps du roi Stanislas.... » Tout injuste qu'elle était, cette observation maligne, commentée à voix basse, finit par prévaloir, et devint le texte d'un éloge ironique de l'ancienne cour de Lunéville, dont la tradition paraissait ne pas être perdue. On voulut avoir sur ce point l'avis de madame de Bodlosquet. Quelque adroitement que la question fût faite, la jeune dame s'était aperçue de l'intention qui l'avait dictée.

« Je ne puis guère, répondit-elle, m'appuyer, pour avoir une opinion à cet égard, que sur les souvenirs de ma bisaïeule, ou sur les rapports de la respectable tante de madame de Mérange ; mais, si je dois en croire les uns et les autres, la cour du bon roi Stanislas offrait un modèle dont il faut désespérer de revoir jamais la copie : les femmes y étaient belles, spirituelles et indulgentes ; les jeunes gens, d'une exquise politesse, savaient s'y contraindre sans contraindre les autres, et s'étaient guéris d'un penchant au persiflage, auquel ils étaient enclins, depuis que madame de Boufflers avait comparé les persifleurs à ces vilains petits sauvages des bords de l'Orénoque, qui soufflent de petites aiguilles empoisonnées au nez de ceux qui les approchent. » Cette répartie, à laquelle applaudirent ceux mêmes qui l'avaient provoquée, commençait à rompre la ligue, et fut pour madame de Mérange un avertissement de changer bien vite le terrain d'attaque.

On parla de faire de la musique. « On était instruit que madame de Bodlosquet chantait à ravir, et l'on espérait bien qu'elle ne se refuserait pas au désir qu'on avait de l'entendre » : elle s'en défendit d'abord avec une modestie pleine de charmes, qu'elle appelait elle-même un orgueil bien entendu; « elle savait à quel degré de perfection l'art du chant était poussé à Paris, et il y aurait de la cruauté à exiger d'elle qu'elle compromît sa petite réputation devant une pareille assemblée. » Madame de Mérange l'assura qu'elle aurait affaire à des juges d'autant plus indulgents, qu'ils n'étaient eux-mêmes que de simples amateurs. L'on insista pour l'entendre avec d'autant plus d'ardeur qu'elle paraissait plus timide; elle finit par consentir à faire sa partie dans quelque morceau d'ensemble bien facile.

On courut au piano; et, sans la consulter, on ouvrit devant elle une partition de Rossini, en lui indiquant la partie si difficile du soprano dans le quatuor de la *Donna del Lago*. — « Je chante ordinairement le second dessus, dit madame de Bodlosquet en pliant les feuilles de la partition pour les retourner plus facilement, et ce n'est qu'au refus de ces dames que je me chargerai de la première partie, où se trouvent deux ou trois notes un peu hautes pour ma voix. » — Chacun se regardait avec étonnement. Pendant la ritournelle un peu longue du morceau, elle en dirigea le mouvement sans affectation, en l'indiquant du doigt sur le bord du piano, où sa main était appuyée. Les premières mesures de récitatif qu'elle chanta de la manière la plus ferme et la plus pure excitèrent dans l'assemblée une rumeur où la surprise avait encore plus de part que l'approbation; mais bientôt ce dernier sentiment fit place à l'admiration la plus vive lorsqu'on entendit la petite provinciale attaquer en se jouant les plus grandes difficultés, multiplier et varier les agréments sans nuire au charme de l'expression, et mériter enfin que plusieurs étrangers demandassent à leurs voisins si ce n'était pas madame Pasta qui chantait. Étrangère à toute autre impression qu'à celle de la musique, madame de Bodlosquet, qui paraissait s'intéresser bien davantage au succès général de l'admirable quatuor qu'à l'effet isolé qu'elle pouvait y produire, suivait de l'oreille et des yeux toutes les parties, suppléait à la rentrée du concertant en retard, remettait dans le ton, sans qu'on s'en aperçût, celui qui s'en était écarté, et porta l'enthousiasme au comble par la chaleur entraînante qu'elle imprima au *stretto*, où sa voix dominait plus encore par la justesse de la mélodie que par la puissance des sons.

Madame de Bodlosquet fut reconduite à sa place au milieu des transports d'applaudissements qu'elle avait excités; son triomphe fut complet, et il est juste de dire que ses rivales, et particulièrement madame de Mérange, s'y prêtaient avec une grace parfaite. Cependant une jeune dame connue pour la supériorité de sa danse, et qui tenait à trouver sur ce point important la provinciale en défaut, s'arrangea pour improviser un petit bal au piano et se plaça vis-à-vis de madame de Bodlosquet qui se fit d'autant moins prier qu'elle convenait d'aimer beaucoup la danse.

Autre surprise, autre succès; la dame de Lunéville dansait à ravir, et, qui plus est, savait toutes les figures les plus modernes : il se trouva même qu'elle seule était en état de conduire le *Cotillon*.

La danse cessa et l'on plaça des tables de jeu: cette fois l'aimable Lorraine fut obligée de convenir qu'elle n'avait jamais touché de cartes de sa vie, et ne parut pas du tout humiliée de son ignorance. Quand madame de Mérange eut formé les parties, elle s'approcha de madame de Bodlosquet; quelques hommes, au nombre desquels je me trouvais, se réunirent autour d'elle, et il s'établit dans ce petit cercle une conversation dont je crois avoir retenu les traits principaux.

« Vous ne jouez pas, lui dit madame de Mélange en s'asseyant près d'elle, vous devez nécessairement vous ennuyer beaucoup dans une ville de province, où vos talents mêmes ne servent qu'à vous isoler davantage du reste de la société.

— Mais, pardonnez-moi; si l'on peut appeler talent à Paris le peu que je sais en musique et en peinture, nous avons à Lunéville plusieurs familles où l'on aime les beaux-arts, et où on les cultive avec quelque succès. Dans le monde où je vis, par exemple, et dont la maison de madame votre tante est le point de réunion le plus habituel, je pourrais vous citer cinq ou six personnes à qui les partitions des grands maîtres de l'Italie, de la France et de l'Allemagne ne sont point étrangères, et avec qui nous faisons de la musique une fois par semaine. — Et les autres jours? — Nous dessinons, nous brodons, nous causons. — De quoi peut-on causer à Lunéville? c'est ce que je voudrais savoir, interrompit un vieux fat que vous reconnaîtrez à cette question. — Eh bien, monsieur, reprit madame de Bodlosquet avec un sourire moqueur, nous jasons, si vous croyez qu'on ne puisse causer qu'à Paris. — Pardon, madame, ajouta-t-il plus follement encore, à en juger par vous je vois qu'on peut trouver à qui parler dans votre endroit; mais, d'honneur, je ne sais pas ce qu'on peut faire ou dire à Lunéville depuis la suppression de l'école militaire des cadets gentilshommes, où j'ai été élevé, par parenthèse. — Peut-être, monsieur le baron, la suppression de l'école des cadets n'a-t-elle pas eu pour notre ville d'aussi graves inconvénients que vous paraissez le croire ; toujours est-il certain qu'on y vit d'une manière très tolérable, qu'on y rencontre des hommes de bonne compagnie, des vieillards très estimables et très spirituels, qui n'y regrettent pas du tout l'école des cadets où vous avez été élevé. » Le baron ne fut pas du tout fâché qu'on vînt en ce moment lui offrir une carte de wisk qui lui donnait l'occasion de se tirer du mauvais pas où il s'était engagé, et dont l'avertissait l'éclat de rire qui l'accompagna dans sa retraite.

« Je ne prétends pas justifier, du moins dans sa forme, la question que le baron vous adressait assez maladroitement ; mais, continua madame de Mérange, j'avoue que j'ai de la peine à concevoir que dans tout l'éclat de la jeunesse, des talents, et de la beauté, on puisse s'habituer à cette vie monotone et végétative de la province ; j'ai besoin, pour cela, que vous acheviez de me révéler votre secret, en me donnant une idée de la manière dont vous passez votre temps. — Comme vous, mesdames, à aimer, à sentir, et à chercher à plaire, avec cette seule différence que nous trouvons dans nos habitudes des plaisirs sinon plus vifs, du moins plus durables que ceux dont vous placez la source dans le mouvement et dans la variété. Sans vouloir m'offrir en rien pour modèle, j'userai de la permission que vous m'avez donnée de me prendre un moment pour exemple. Je suis mariée depuis quatre ans, et je vous dirai bien bas, de peur d'être entendue du ci-devant cadet-gentilhomme, que j'aime mon mari, et que je crois en être aimée avec passion. Vous voyez que voilà déja quelques heures de la journée sur lesquelles l'ennui ne saurait avoir de prise. J'ai deux enfants; je ne chercherai point une expression pour vous donner une idée de l'affection que je leur porte, et dont je m'accuse; car l'idolâtrie est un défaut. Leur éducation, que je commence au berceau, suivant le précepte du philosophe de Genève, occupe délicieusement ma matinée. J'ai pour compagne, et pour amie, une parente de mon mari, de quelques années plus âgée que moi. Si je voulais vous exprimer la nature et la force du sentiment qui nous unit, je serais réduite à la définition de Montaigne: *C'est parceque c'est elle, c'est parceque c'est moi.* Nous nous voyons tous les jours, et il est rare que nous ne fassions pas, de trois à quatre heures, une promenade à laquelle nous donnons toujours le même but, ce qui ne nous empêche pas d'y trouver le même plaisir. Notre fortune nous permet d'avoir chaque jour cinq ou six personnes étrangères à notre table, et il n'est pas un de ces convives habituels, d'âge et de sexe différents, qui ne concoure à l'agrément de nos petits dîners. Bon ou mauvais, nous allons chaque soir au spectacle, quand il ouvre à Lunéville, et de là nous allons achever la soirée, qui se prolonge rarement plus tard que minuit, chez la personne de la société qui reçoit ce jour-là. Dans ces assemblées du soir, dont la conversation, la musique et la lecture font les frais tour-à-tour, nous nous sommes volontairement privés de deux moyens de distraction dont les avantages ne nous ont pas paru compenser les inconvénients : on ne médit pas, et on ne parle pas de politique. Telle est la vie que nous menons à Lunéville, et à laquelle on finit, je vous assure, par trouver quelques douceurs, pour peu qu'on se résigne à vivre dans une petite société où chacun, averti par Duclos, apporte de la politesse sans fausseté, de la franchise sans rudesse, de la complaisance sans flatterie, et des égards sans contrainte. »

La petite provinciale fit événement chez madame de Mérange ; on quitta les tables de jeu pour l'écouter, et elle eut la gloire de convaincre ces dames qu'on pouvait à la rigueur trouver en province des femmes qui ne fussent pas tout-à-fait déplacées dans les plus brillants salons de Paris.

N° XVII. [6 MAI 1823.]

XVIIᵉ CONSOLATION.

QUELQUES VÉRITÉS DURES.

Les Contrastes.

> La France est le pays des contradictions et des contrastes.
> VOLTAIRE, *Dict. philos.*

> Que sais-je!
> MONTAIGNE.

> Depuis quelque temps on dit moins de sottises, mais on en fait bien davantage. Ne serait-ce pas qu'on a donné le pouvoir à ceux qui avaient la parole?
> M.

S'il était vrai, comme le dit Raphaël Mengs, que le beau dans la nature et dans les arts fût le résultat des oppositions et des contrastes, certes aucun peuple ne serait plus beau que le peuple français, et aucune ville plus belle que Paris; les contrastes, au moral comme au physique, y frappent de toutes parts l'esprit et les yeux : le génie et la sottise, la laideur et la beauté, la difformité et la grace, la fierté et la bassesse, la franchise et l'hypocrisie, l'honnête homme et le méchant, le riche et le pauvre, l'or et la boue, le palais et la cabane, s'y montrent à chaque pas, et presque toujours accouplés pour rendre le contraste plus frappant. Néanmoins je me permettrai cette fois, contre l'avis de l'auteur des *Réflexions sur le beau*, que je viens de citer, de croire avec Horace que du rapprochement immédiat des êtres d'une nature tout-à-fait opposée, il ne peut résulter qu'un ensemble monstrueux beaucoup plus propre à exciter la surprise que l'admiration. Si je voulais m'écarter un peu de mon sujet, je n'aurais pas de peine à prouver que l'abus du précepte de Raphaël Mengs a produit, dans la littérature et dans les arts, ce genre extravagant auquel on a donné le nom de *romantique*, et que l'abbé Leblanc a si bien défini dans ce passage de ses *Lettres sur les Anglais*.

« Déja, dit-il, quelques uns de nos artistes et de nos littérateurs ne se font plus scrupule de faire contraster la lune avec un dragon, une feuille de rose avec une aile de chauve-souris; ils ne suivent plus aucune règle dans leurs bizarres productions; après avoir entassé sans goût et sans choix des colonnes sur des chapiteaux, des rochers sur des plaines, des cascades dans un désert, ils croient avoir fait preuve d'une imagination sublime s'ils ont placé dans quelque coin de ce chaos un amour épouvanté, et s'ils ont eu l'heureuse idée d'encadrer le tout dans une guirlande de fleurs : voilà ce qu'on appelle des peintures du nouveau genre. »

Mais sans prolonger la discussion sur l'effet des contrastes, j'en reviens à dire que cette capitale est aujourd'hui plus que jamais la ville des contradictions et de l'antithèse.

Commençons par le contraste le plus révoltant; je le mets en action dans une scène dont je fus témoin l'an passé. M. de Lezy est revenu d'Angleterre il y a cinq ou six ans, ramenant avec lui sa fille aînée, l'une des plus jolies personnes que j'aie vues de ma vie. Pendant l'absence assez longue qu'avait faite M. de Lezy, sa femme était restée en France. La réunion des deux époux avait accru leur famille d'une seconde fille qui promettait d'être plus belle encore que sa sœur aînée : jugez de ma surprise en apprenant, quelques semaines après la première visite que j'avais faite dans cette maison, que cette enfant, que j'avais vue le mois dernier si bien portante, était attaquée d'une petite-vérole de la plus maligne espéce.

Je courus chez M. de Lezy ; je le trouvai, ainsi que sa femme et son autre fille, dans la chambre de la pauvre petite malade luttant contre l'affreuse maladie qui l'emporta deux jours après. Je ne vous parle point du désespoir de cette famille, et je ne prends de cette scène douloureuse que ce qui appartient à mon sujet.

« J'entends, me dit M. de Lezy la première fois que je le revis après cette cruelle catastrophe, les reproches intérieurs que vous m'adressez et que la pitié laisse expirer sur vos lèvres : non, mon ami, ce n'est point mon imprévoyance qu'il faut accuser de mon malheur, c'est ma stupide faiblesse pour les préjugés de ma femme ; j'ai voulu faire vacciner cette enfant un mois après sa naissance, comme l'avait été sa sœur, mais ni raisonnements ni prières n'ont pu vaincre sur ce point la répugnance de madame de Lezy. Deux hommes, son médecin et son directeur, ont mis à profit mon absence pour s'emparer de son esprit, et pour lui prouver, l'un, que cette espèce d'inoculation, tout en préservant de la petite-vérole, pouvait devenir le germe de plusieurs autres maladies plus dangereuses ; l'autre, que c'était contrarier les vues de la Providence que de chercher à se soustraire à un mal qui entrait nécessairement dans ses desseins. J'ai vainement essayé de dissiper ses craintes et d'opposer l'autorité d'une expérience de plus d'un quart de siècle aux chimériques terreurs d'une double superstition ; j'ai sans cesse offert à ma femme l'exemple de sa fille aînée que la vaccine a si heureusement préservée du fléau qui menaçait sa sœur. Je n'ai jamais su résister aux pleurs d'une femme : j'ai compté sur les bienfaits du temps pour faire entendre raison à la mienne : vain espoir, la maladie s'est déclarée, et ma fille est morte! Dans son désespoir, madame de Lezy s'est jetée d'un extrême dans un autre ; elle abjure la médecine et la Providence : la sagesse voulait qu'elle se contentât de changer son médecin et son directeur. »

Pour observer un contraste tout aussi prononcé, mais moins affligeant, j'ai assisté le même soir à une séance de l'Athénée et à une séance des Bonnes-Lettres. Comment supposer que les orateurs et leur auditoire, dans ces deux sociétés, appartiennent à la même ville et à la même époque?

J'entre à l'Athénée ; j'y trouve une assemblée nombreuse et choisie ; j'entends successivement, et avec le même plaisir, deux habiles professeurs : l'un, profondément instruit dans les sciences physiques, invoque l'expérience des siècles et les progrès des lumières, dont il est un des plus zélés propagateurs, pour mettre à la portée de tous les esprits les grandes découvertes et les hautes vérités sur lesquelles se fondent les nouvelles doctrines ; l'autre, fier de toutes les conquêtes de la raison humaine qu'il s'est appropriées par l'étude, donne la morale pour base à la politique, et fonde ainsi l'art de gouverner les peuples sur cette conscience universelle où les lois humaines ont leur principe, leur garant, et leur juge. Les leçons et les discours de ces deux orateurs portaient l'empreinte d'une ame forte, d'un sens droit, et d'un talent courageux.

L'esprit et le cœur préoccupés des grandes vérités que je viens d'entendre, j'arrive à la société des Bonnes-Lettres, et je me crois transporté à mille lieues du pays, à six siécles de l'époque où je me trouve. Un disciple de Galien, abusant du don de la parole, définit la raison une lumière obscurcie, et s'évertue à combattre les doctrines de Locke et de Cabanis qu'il prêchait autrefois avec toute l'éloquence de la conviction : cet apôtre d'une philosophie cabalistique a pour mission de subtiliser la matière au point de la soumettre immédiatement à l'autorité spirituelle. Un plus vieil adepte de la science de l'*absolu* s'est chargé de la partie de l'histoire qu'il réduit à l'art de flatter la puissance, et d'entonner le *Te Deum* quel que soit le vainqueur.

Rabelais peint à merveille l'éducation des enfants des rois quand il dit que Gargantua passa les dix premières années de sa vie à boire, manger, et dormir; à manger, dormir, et boire; à dormir, boire, et manger; mais enfin cette éducation, très bonne pour les princes qui n'ont pas autre chose à faire dans ce monde, n'est pas suffisante pour leurs sujets qui ont besoin de gagner la vie que leurs maîtres ont reçue gratis : il est à-peu-près prouvé qu'un peuple est d'autant plus vertueux, d'autant plus riche qu'il est plus instruit; ceux qui le gouvernent auraient donc intérêt à perfectionner son éducation, s'il n'était également vrai que l'amour de la liberté est un résultat non moins certain du progrès des lumières : de là ces maximes contradictoires de la philosophie et de la politique, *Instruisez le peuple pour qu'il soit heureux; ne l'instruisez pas pour qu'il soit soumis* : de là aussi deux sortes d'enseignement dans un pays où les philosophes et les prêtres se disputent, depuis près d'un siècle, le privilége de l'instruction publique; de là enfin ce contraste si choquant en France, au dix-neuvième siècle, de l'enseignement mutuel et des *écolâtres*. Il serait inutile de chercher les avantages d'une méthode sur l'autre: c'est aux preuves qu'appartient maintenant la discussion; je leur laisse la parole.

Tout Paris connaît Vanière : c'est un homme qui avait juré de mourir sans renoncer à aucun de ses préjugés; tel est son entêtement sur ce point, qu'avec un bon cœur et un esprit juste, à beaucoup d'autres égards, il en est encore à regretter la torture, les lettres de cachet, et la révocation de l'édit de Nantes : je ne parle pas de la gabelle, son père était fermier général.

Nous disputions ensemble l'année dernière sur les deux modes d'instruction populaire : j'avais épuisé vainement, à l'appui de la cause que je soutenais, toutes les ressources de la raison et de la logique; à mes arguments les plus forts contre ses préjugés sa réponse était toujours la même : « La sagesse du siècle, me disait-il, consiste à traiter de préjugé tout ce qui gêne ses vices, et l'on a tout dit quand on a répété ce mot, d'un ton de supériorité qui ne blesse pas du tout mon amour-propre : je veux bien croire, ajouta-t-il, que je ne connais pas comme vous toutes les erreurs auxquelles l'esprit humain peut se livrer, mais je me persuade que je n'ignore aucune des vérités essentielles à son bonheur. — Vous me prouvez cette fois encore, lui dis-je, qu'on peut être aussi fidèle à l'erreur qu'à la vérité, lorsqu'on ne l'a pas reçue par l'impression de l'exemple, et que les préjugés d'un homme d'esprit ne peuvent être déracinés que par l'expérience ; voulez-vous la prendre pour juge dans la question importante que nous discutons en ce moment ; je vous en offre le moyen : nous avons deux petits-fils du même âge, à quelques jours près, et nous songeons l'un et l'autre à commencer leur éducation : eh bien, placez le vôtre dans une de vos maison de la *doctrine*, à qui nous devons tant de grands hommes de la force de M. de P.......n ; moi, j'enverrai le mien à l'*école mutuelle*, et d'aujourd'hui en un an, jour pour jour, nous réunirons à déjeuner mon petit Camille et votre petit Théodore, et nous leur ferons subir un examen qui nous mettra à même de juger et de comparer leur progrès. » Non content d'accepter le défi, Vanière y mit pour condition que celui de nous qui serait vaincu abandonnerait son opinion et adopterait pour son élève le mode d'enseignement que l'expérience d'une année aurait démontré le meilleur.

Dès le lendemain les deux enfants furent mis en pension, et l'année suivante, à pareil jour, un jury composé de quelques amis communs se réunit chez Vanière pour prononcer sur le degré d'instruction de Théodore et de Camille. Ai-je besoin de dire que la supériorité la plus incontestable fut acquise à l'élève de l'école mutuelle? celui-ci lisait couramment toutes les espèces de caractères imprimés ou manuscrits, écrivait presque correctement tout ce qu'il pouvait lire, savait d'une manière imperturbable les deux premières règles de l'arithmétique, tandis que l'élève des *frères* épelait encore ses mots et traçait à peine sur le papier quelques jambages informes. Vanière, obligé d'avouer la défaite de Théodore, croyait du moins réclamer pour lui l'avantage de l'instruction chrétienne; mais à sa grande confusion l'élève des écolâtres resta sur ce point même beaucoup au-dessous de son petit concurrent. Vanière s'est rendu de très bonne grace à l'évidence; nos deux enfants sont aujourd'hui dans la même école mutuelle, d'où ils sortiront à dix ans presque aussi savants que l'honorable élève des frères ignorantins l'est à soixante.

La France aujourd'hui ne ressemble pas mal à

ces *Silènes*[1] auxquels Alcibiade comparait Socrate.

Le plus jeune de mes fils a vingt ans; il se rappelle qu'au sortir de l'enfance on ne lui parlait que de victoires, de patrie, de grandeur nationale, de lumières acquises, de vertus philosophiques; mais il regarde autour de lui, et les objets qui l'entourent ne lui offrent que des images de défaite, de corruption, de fanatisme, d'avarice et d'ignorance : il ouvre le Silène : quel contraste du dedans avec le dehors! Voltaire et l'abbé de La Mennais, la gaillotte et les bateaux à vapeur, les jésuites et les jolies femmes, la lumière et les ténèbres, la philosophie et la superstition, la liberté et les gendarmes.

Les Pourquoi.

Un de mes plus vieux amis est tombé dans une singulière espèce de folie: à toutes les demandes qu'on lui adresse, à toutes les observations qu'on lui fait, il ne répond guère que par un mot : *Pourquoi?* Ces deux syllabes sont devenues les ritournelles obligées de tous ses discours. Soit qu'il parle de religion, de morale, de politique, de science ou de littérature, sa phrase la plus raisonnable, sa pensée la plus juste, la plus claire, est tout-à-coup brisée par

[1] Espèce de statues risibles au-dehors, et qui renfermaient au-dedans des images divines.

cette interrogation fatale. Je passe rarement une semaine sans lui rendre visite ; à l'intérêt que je lui porte se joint, il faut bien que j'en convienne, le desir d'observer et de suivre les progrès de cette maladie de son intelligence.

Je trouvai dernièrement mon pauvre ami Gérard de B... dans sa petite maison de Passy : la demeure du nécromancien, qui a fourni à Rembrandt le sujet de son joli tableau, n'est pas plus bizarrement pittoresque. Au fond d'un belvéder, dont les draperies d'un violet sombre éteignaient le jour et faisaient une véritable chambre obscure, l'ami Gérard était assis dans un fauteuil gothique ; près de lui, sur un guéridon en forme de trépied, brûlait une lampe dont la clarté douteuse se mêlait à la lueur non moins équivoque qui pénétrait dans ce réduit. Sur une grande table, dont une partie se rabattait sur les longs bras d'un fauteuil qui lui servaient de supports, étaient placés un astrolabe, des récipients, des cornues, plusieurs instruments de physique, des débris d'histoire naturelle, et quelques livres épars. La fourrure dont il était enveloppé, sa barbe qu'il avait laissé croître, son attitude méditative, et l'étrangeté de tant d'objets, contribuaient à lui donner l'air d'un vieux sorcier en retraite qui préparait une évocation.

« C'est vous, me dit-il, en se soulevant à demi... Pourquoi ?... — Parceque je vous ai toujours aimé, et que je m'intéresse à vous. — Pourquoi vous intéresser à moi ? je ne m'intéresse à rien, à personne. — Eh pourquoi cela, mon ami ? Ah ! pourquoi !..... Voilà le mot.

Felix qui potuit rerum cognoscere causas.

Asseyez-vous, et causons. »

Son mot favori, qui m'était échappé, flattait sa manie, et me donna l'occasion de reconnaître, en l'écoutant, la vérité de cette réflexion de Montaigne :

« Rien ne touche à la plus haute folie comme la
« plus haute sagesse ; il n'y a de l'une à l'autre qu'un
« tour de cheville. »

« Oui, sans doute, continua Gérard, heureux, mille fois heureux, celui qui peut connaître le pourquo o des choses! mais, *quis potest ?* tout n'est-il pas incertitude et mystère ? Qu'est-ce que la vie ? qu'est-ce que la mort ? pourquoi naître ? pourquoi souffrir ? le passé, le présent, l'avenir, qu'est-ce que ces mots signifient ? je veux le savoir, et si je dois ignorer toutes ces choses, pourquoi m'avoir donné le desir de les connaître ?

« J'ai passé ma vie à demander compte à la nature de l'ignorance où elle me laisse ; j'ai interrogé toutes les sciences, et toutes m'ont répondu que les causes finales leur étaient cachées : si le monde physique est inexplicable à mes sens imparfaits, du moins, m'étais-je dit, l'être moral ne se dérobera pas à cette conscience éternelle dont je sens en moi la divine émanation. Qu'est-ce donc que le bien et le mal, le juste et l'injuste, le vice et la vertu? Autre mystère du cœur où la raison, effrayée de ses propres découvertes, s'arrête encore dans un doute insupportable.

« Fatigué de ce vol hardi dans un espace sans mesure et sans limite, je suis redescendu sur la terre que j'ai parcourue en tous sens pour chercher le pourquoi des coutumes, des mœurs, des institutions, des gouvernements, chez les différents peuples; par-tout absurdités, folies et contradictions! les Chinois adorent ce que les chrétiens méprisent; les lois commandent à Benarès ce qu'elles punissent à Lisbonne; là vous pouvez épouser autant de femmes que vous pouvez en nourrir; ici vous ne pouvez en avoir qu'une, et vous êtes condamné à mourir sans enfant si par hasard elle est stérile; j'ai dépensé la plus grande partie de ma vie et de ma fortune dans des courses lointaines, où je n'ai rien appris, sinon qu'on peut devenir crédule par bêtise après avoir été incrédule par présomption.

« A soixante ans, j'ai tout vu, tout senti, tout essayé, et j'ai trouvé avec désespoir que tout était vide, que rien n'était vrai sur rien, et que l'homme le plus savant est celui qui s'aperçoit le plus tôt que la vie n'est qu'une longue mystification dont la mort, à tout prendre, est encore le trait le moins absurde.

« La curiosité fit le tourment de mon enfance; j'interrogeais avec franchise, on me répondait sans bonne foi, et je faussais ma débile intelligence en cherchant la vérité sur la route de l'erreur où l'on égarait mes premiers pas : l'amour, qui dévora ma jeunesse, me laissa convaincu qu'il ne nous concentre en nous-mêmes que pour nous rendre plus complétement malheureux, et qu'il n'est plus un plaisir dès qu'il cesse d'être une folie.

« Dégoûté de ce roman, j'étudiai l'histoire; dégoûtant amas d'absurdités, de bassesses et de mensonges! Pourquoi tous ces écrivains semblent-ils s'être donné le mot pour accréditer des erreurs? Bayle me répond : Lorsqu'ils voulaient dire la vérité, ils ne le pouvaient pas; lorsqu'ils ont pu la dire, ils ne le voulaient plus. Eh! misérables, que vous revient-il aujourd'hui d'avoir flatté le lâche Octave et flétri la mémoire du grand Julien?...

« De toutes les études, celle de l'homme est la plus positive et la plus nécessaire. A l'exemple de Montaigne, je fis de moi-même l'objet de mes observations et de mes expériences : quel en fut le résultat? Que l'homme est une énigme sans mot, un composé bizarre de mouvements sans but, de passions sans objet et de desirs sans terme. Découragé d'une existence inexplicable que rien ne motive, que rien ne console, je me suis assuré par moi-même qu'il n'y a pas d'homme à qui la vie pèse autant qu'à celui à qui il n'en coûterait plus rien pour la perdre. »

— « Je vous ai bien écouté, lui répondis-je avec l'expression du plus vif intérêt, et je vois, mon cher Gérard, que la pénétrante activité de votre esprit vous est devenue fatale : né quelques siècles plus tôt, vous eussiez cherché dans l'astrologie, comme cet adorable Julien dont vous me parliez tout-à-l'heure, les moyens de satisfaire au besoin insatiable de tout savoir, de tout comprendre, qui fait le tourment de votre vie.

« Une ambition surnaturelle vous porte à demander au passé, à l'avenir, l'explication des mystères que la raison humaine ne saurait pénétrer; vous vous révoltez contre l'imperfection de votre nature; mais pourquoi, vous demanderai-je à mon tour, ne donneriez-vous pas à votre intelligence une direction plus utile à vous-même et aux autres? Laissez là toutes vos théories spéculatives sur le passé qui n'est plus, sur l'avenir qui peut ne pas être; occupez-vous du présent qui vous appartient. — Il me semble entendre un médecin dire au malheureux qui souffre : enivrez-vous pour vous étourdir sur vos douleurs. Ce présent, auquel vous voulez que je m'applique, n'est-il pas aussi effrayant que le passé, aussi obscur que l'avenir? J'ai passé un moment derrière le théâtre, j'ai vu mettre en place les décorations, jouer et s'habiller les acteurs de cette farce tragi-grotesque, dont le hasard, sous le nom de politique, dispose les scènes à tiroir; je n'y ai rien compris.

« J'ai lu dans les lettres de Guy-Patin qu'un certain charlatan, nommé Pétronas, qui vivait du temps d'Hippocrate, n'employait, pour toutes sortes de maladies, qu'une seule et même drogue, de la ciguë mitigée, et cependant ses malades guérissaient. Ce n'était pas, ajoute l'ennemi de l'antimoine, par une bonne qualité qui appartînt à son remède, mais par des révolutions heureuses qui s'opéraient fortuitement sur ses malades. Il en était de cette penacée comme d'un coup d'épée qu'un homme dangereusement malade d'un abcès reçut dans son mal, et qui se trouva guéri par le fait d'une blessure presque toujours mortelle. Nos Pétronas politiques ne sont ni plus prudents, ni plus habiles; ils poussent le plus souvent au hasard, mais par hasard ils peuvent percer l'abcès.

« Qui sait, qui peut savoir pourquoi cet empire croule? pourquoi cet autre se relève? Est-ce parceque César a craché à droite ou à gauche en allant au Capitole? est-ce parceque le caprice d'une reine a fait choix d'un amant cardinal? Pourquoi telle ou telle grande bataille, d'où dépendait l'existence d'un royaume, a-t-elle été gagnée ou perdue? Est-ce parceque d'un côté les soldats étaient à jeun, et de l'autre qu'ils avaient eu une double ration d'eau-de-vie? est-ce parceque la fortune a trahi les plus braves? Eh! mon ami, connaître ce qui va se passer dans une heure, pénétrer dans les intrigues où vous jouez un rôle à votre insu, démêler au milieu de ce tourbillon d'atomes politiques le faible germe de la grande catastrophe qui va peut-être ébranler le monde, faire entrer dans les calculs de la raison la leçon de l'expérience, la sainteté des promesses, l'évidence du bon droit, la puissance de la volonté, la force des caractères, l'ascendant de la vertu, en un mot prophétiser le présent en lui accordant la durée d'un jour, n'est ni plus facile, ni moins fou que d'annoncer ou d'expliquer l'avenir. »

La contradiction ne fait qu'aigrir les esprits de cette trempe; aussi, dans la suite de cet entretien, me suis-je borné à faire observer au philosophe Gérard qu'il voyait juste, mais qu'il avait tort de ne regarder qu'un côté de la médaille, et de perdre, à rechercher inutilement les causes, le temps et le talent qu'il pouvait mettre à juger les faits...

En rentrant à Paris par les Champs-Élysées, je méditais sur ce que je venais de voir et d'entendre, et, sans m'en apercevoir, je me laissai entraîner au charme, ou, si l'on veut, à la folie des mêmes spéculations auxquelles, un moment auparavant, je blâmais le vieux Gérard de s'être livré. Je me mis à interroger à mon tour mes souvenirs, mes impressions, mes lectures, les usages anciens, et les mœurs contemporaines.

Je m'adressai d'abord à l'histoire : « Fille du temps, mère de l'expérience et conseillère des hommes, ne pourrais-tu m'apprendre pourquoi tes documents les plus certains offrent tant d'incertitude?

Pourquoi tu as conservé tant de fausses vertus, et laissé dans l'oubli tant d'actions généreuses?

Pourquoi Salomon, qui possédait cent femmes et trois cents concubines, qui bâtit des temples à la Vénus impudique des Sidoniens, qui se distingua entre tous les rois par le luxe de sa cour, par la magnificence de son palais et la somptuosité de sa table, est appelé par toi le modeste, le tempérant, le sage?

Pourquoi David, le plus cruel, le plus débauché des tyrans, est honoré dans tes annales du nom d'*homme selon le cœur de Dieu?*

Pourquoi *admires-tu dans Alexandre ce que tu hais dans Attila?*

Pourquoi le christianisme, qui recommande si impérieusement la pureté des mœurs, a-t-il vu naître, et s'étendre des vices plus odieux, des débauches plus effrénées que celles dont Tibère avait offert au monde le hideux spectacle?

Pourquoi Gracchus est-il l'objet d'un culte historique, tandis que la mémoire de Rienzi est si ridiculement travestie par le père Du Cerceau? »

Je me suis mis ensuite à réfléchir sur les us et coutumes des nations, et je n'y trouvai ni plus de justice ni plus de bon sens.

Pourquoi les langues et les villes, formées les unes et les autres de pièces de rapports, de cabanes et de palais réunis, de mots barbares et de termes sonores, offrent-elles tant d'incommodités et de vices de construction?

Pourquoi les pays les plus chauds sont-ils précisément ceux où les hommes ont grand soin de charger leur tête d'une espèce de pyramide d'un poids énorme, de couvrir et de ceindre leur corps de l'étoffe la plus chaude qu'ils puissent trouver, tandis que les peuples de l'occident et du nord, emprisonnés dans des vêtements étroits et légers, ne songent pas à se mettre à l'abri de la rigueur de leur climat, en se couvrant de draperies larges et chaudes?

Pourquoi, chez le peuple qui a le plus de prétention à la grace et à l'élégance, les hommes entourent-ils leur cou d'un carcan incommode qu'ils appellent cravate, et les femmes étreignent-elles leur poitrine et leur taille dans un étau de baleine?

Pourquoi, chez la même nation, l'amour d'une jeune fille est-il regardé comme un crime, et celui d'une femme mariée comme une faiblesse?

Pourquoi en France, où l'égalité est regardée

comme le premier des biens, la servitude n'est-elle pas le plus grand des maux?

Pourquoi les Anglais, si fiers d'une liberté nominale, sont-ils, de toutes les nations de l'Europe civilisée, celle où le régime féodal a laissé les traces les plus profondes?

Pourquoi les annales de ce même peuple anglais, où brillent tant d'actions glorieuses, offrent-elles tant d'exemples d'inhumanité, d'avarice, d'égoisme et de perfidie?

Pourquoi le peuple du monde qui aime le plus la gloire paraît-il être celui qui craint le moins la honte?

Pourquoi chez nous le talent qu'on idolâtre ne peut-il réussir sans intrigue, ni percer sans cabale?

Pourquoi le théâtre des mauvaises mœurs et du mauvais langage est-il devenu depuis six ans le rendez-vous de la bonne compagnie?

Pourquoi la plus aride, la plus triste des passions, l'amour du jeu, s'est-elle emparée de la jeunesse?

Pourquoi à tous les âges, dans tous les rangs, tant d'égoïsme et si peu d'esprit national?

Pourquoi cette ame de prince s'est-elle logée dans le corps d'un pauvre artisan?

Pourquoi l'ignoble instinct de l'animal le plus immonde est-il le partage de cet homme que la fortune et la société ont comblé de faveurs et de richesses?

Pourquoi cet autre, qui pouvait faire de bons chapeaux, fait-il de mauvais sermons?

Pourquoi tant de haines, de jalousies, de bassesses et de sottises? pourquoi tant d'efforts ridicules pour étouffer la vérité? tant d'inutiles mensonges, de lâchetés commises, de mépris soufferts, d'espérances honteuses, pour arriver quelques jours plus tôt ou plus tard à prendre pompeusement possession de quelques pieds de terre, au milieu des malédictions qui accompagnent à son dernier gîte l'homme injuste et puissant dont la vie était un fléau pour ses semblables? pourquoi l'issue malheureuse d'une seule bataille a-t-elle fait d'un peuple de géants une nation de pygmées?

J'allais entamer une nouvelle série de questions, lorsque j'arrivai à la porte de ma cellule: je me proposais d'y répondre à tête reposée; mais, je dois le dire à ma honte, je n'ai trouvé à tous mes *pourquoi* que cette réponse des enfants: *Parceque*....

Boutades philosophiques.

N'est-il pas vrai que le corps d'un homme ne peut se trouver que sur un point à-la-fois? Qu'importe donc que ce point unique soit indiqué par le caprice de l'individu, ou par celui de quelques gens vêtus d'une simarre et coiffés d'un mortier? La chose importante, en quelque lieu que vous soyez, c'est d'y être bien avec vous-même.

L'emprisonnement (dégagé, il est vrai, des souffrances physiques de toute espèce dont les exécuteurs de notre code draconien ont su l'enjoliver) n'est que l'obligation de séjourner dans le même endroit aussi long-temps qu'il plaît à ceux qui vous y envoient. Cette contrainte est bien peu de chose pour l'homme dont la vie est dans la pensée. N'est-ce pas dans l'isolement que l'ame apprend à connaître toute sa puissance? que l'esprit, forcé de se replier en tous sens sur lui-même, s'interroge, se pénètre, et, comme aurait dit Montaigne, se tâte dans tous les points?

Donnez donc aux écrivains de bonnes lettres de cachet, de bonnes geôles, de bons cachots; le talent périt faute d'orages, comme les vaisseaux dans un calme plat.

— Qu'est-ce que le talent et même le génie? La faculté de tirer au profit des autres des jouissances nouvelles de ses études, de ses souvenirs et de ses impressions. Comment arriver à cette possession entière de son être moral sans se concentrer en soi-même, sans créer, si j'ose m'exprimer ainsi, le *vide* autour de soi? Tous ces avantages, la prison vous les procure; on convient assez généralement que les tribunaux ne l'épargnent point aux gens de lettres : donc les tribunaux tendent à multiplier en France les hommes de génie et de talent. Je ne serais pas étonné, cependant, que ceux-ci se crussent dispensés de la reconnaissance.

—La réputation est une sorte d'existence où l'on n'est pas. La prison, l'absence ou la mort, ajoutent toujours quelque chose à la meilleure ou à la plus mauvaise réputation.

—Il y a des gens d'une nature si indulgente qu'ils ont besoin d'une grande injustice pour se déterminer à haïr : jusque-là le mépris leur suffisait.

—Si les occasions de faire des malheureux sont très fréquentes pour les hommes puissants, on conviendra que ceux de notre époque n'en laissent échapper aucune.

—Sir William Jones parle d'un pays, sur les bords de l'Indus, où, tous les dix ans, les jugements des tribunaux sont revisés par un conseil suprême. Les condamnés peuvent s'y porter accusateurs de leurs juges, et s'ils parviennent à prouver leur innocence, les magistrats, à leur tour, subissent l'arrêt qu'ils ont rendu. Sir William observe que le tribunal suprême n'est jamais convoqué; circonstance, ajoute-t-il, qui ferait infiniment d'honneur aux juges de ce pays s'il y avait quelque exemple de condamné qui eût survécu dix ans à sa condamnation.

—Quel est le philosophe qui a dit que l'espion de police est un homme prudent et timide qui a pesé tous les inconvénients de l'état de voleur et tous les dangers du métier d'assassin?

—Un livre curieux à faire serait celui où l'on indiquerait par quelle échelle de bassesse, d'injustice et d'impudence, le plus médiocre, le plus méprisable et le plus méchant des hommes est quelquefois parvenu à se faire appeler *votre excellence*.

—La Flore française s'est enrichie d'une plante étrangère qui ne fleurit que tous les trente ans; cette plante ressemblerait à la liberté, si cette dernière parvient à s'acclimater sur notre sol.

—L'avantage et l'inconvénient de la prison, c'est que tout y marque, tout y fait impression, comme le son le plus léger fait bruit dans le silence.

—On ne parle jamais mieux de liberté qu'en prison. Milton ne travaillait à son Éden que dans une cave; Apollon rendait ses oracles dans un souterrain de Délos.

—D'échos en échos une grave injustice se propage, se grossit, et finit par faire autant de bruit qu'une grande cruauté.

—Les grands espaces nuisent au bonheur; en toutes choses on a besoin de voir ou de sentir des limites: c'est pour cela que Milton imagine un paradis d'une petite étendue, et un enfer immense.

— Continuons ce propos interrompu, où l'on ne trouvera d'autre liaison que celle du lieu qui les inspire, par une anecdote que le souvenir doublement pénible des frères Faucher rappelle à mon esprit.

Si la ressemblance des frères entre eux a souvent produit des méprises funestes, elle a, du moins une fois, donné lieu à cet exemple d'un dévouement héroïque.

Les frères Montain, tous deux médecins distingués, exerçaient à Lyon, leur patrie, un art où ils s'étaient acquis l'estime et l'amitié de leurs concitoyens, lorsqu'en 1815 tout ce qu'il y avait de Français dans cette ville se fédéra pour opposer au torrent des armées étrangères une défense nationale.

Le docteur Montain aîné se trouva compromis dans une affaire de conspiration, et fut condamné à cinq ans de détention. Il avait déjà passé plus d'un an dans une prison de Lyon très malsaine, et dans laquelle il avait contracté des douleurs si vives qu'il avait obtenu d'être transféré à Paris, et d'achever à Sainte-Pélagie le temps de sa détention. En sortant des cachots de Lyon le docteur Montain était perclus au point de ne pouvoir se traîner qu'à l'aide de béquilles.

Son frère l'accompagna dans un voyage qu'alongeait beaucoup la correspondance de gendarmerie, qui ne fait que trois ou quatre lieues par jour : cependant le grand air et l'exercice rendirent quelque vigueur au malade.

Arrivés à Paris, on écroue un docteur Montain à

Sainte-Pélagie ; les deux frères s'embrassent tendrement et se séparent.

Une semaine s'était écoulée, et le prisonnier venait de recevoir une lettre par laquelle il apprenait que son frère était en sûreté dans une ville de la Belgique ; il demande alors à comparaître devant M. le procureur-général : celui-ci se rend à la prison, et le docteur Montain lui déclare qu'il est retenu par un acte arbitraire, attendu que ce n'est pas lui, mais son frère, qui avait été condamné à Lyon.

L'enquête ordonnée sur-le-champ prouva en effet que le plus jeune des deux frères avait trouvé le moyen, dans la route, de prendre la place de son aîné, et que celui qui avait été écroué à Sainte-Pélagie n'était point celui qu'avait frappé l'arrêt.

On ne trouva dans le code aucune loi qui incriminât cette action généreuse, et les deux docteurs Montain se trouvèrent ainsi rendus à la liberté.

— Les mémoires de Sainte-Pélagie seraient un livre curieux à faire... *J'y songerai.*

Le desir d'avoir.

En mettant de l'ordre dans de vieux papiers, il m'est tombé dernièrement sous la main un numéro du *Courrier de l'Europe*, où je trouve consignée cette remarque de lord Temple : « Mes réflexions m'ont conduit depuis long-temps à pressentir la marche rétrograde que prenaient nos affaires; mais du moins j'accordais quelque délai à mes craintes : il était réservé à nos hommes d'état d'anticiper sur un si triste avenir : leur folie, leur ignorance, leur faiblesse et leur témérité, précipitent le cours des choses avec une rapidité qu'il eût été difficile de prévoir... Ils ne répondent pas; je les soupçonne de connaître mieux le livre des *Nombres* que celui de la *Sagesse*. »

Je serai plus affirmatif que lord Temple, et je dirai positivement que de nos jours les hommes du pouvoir connaissent infiniment mieux ce livre des *Nombres* que le *Manuel d'Épictète*. C'est une honteuse épidémie que cet amour de l'or qu'ils ont inoculé à la nation entière. Depuis le ministre jusqu'au garçon de bureau, depuis le valet qui monte dans les carrosses jusqu'au laquais qui monte derrière, tout le monde en est atteint : aujourd'hui le vice est une chance, la pensée est un calcul : les devoirs, les plaisirs, les engagements, s'expriment en chiffres; le mariage, l'amour même n'est plus qu'une règle d'arithmétique. Le langage s'est empreint de la corruption des mœurs, et le mot de spéculation est par-tout employé comme synonyme de bienfait, de service, de dévouement et d'amitié.

Chez nous, comme chez les Anglais, on entend aujourd'hui par homme *respectable* un homme *à son aise;* par un *homme chaud, ardent,* un homme qui s'occupe de sa fortune; et l'on cite un billet d'un député tout semblable à celui d'un membre de la chambre des communes à lord Walpole : « Si vous ne m'envoyez pas d'argent, je voterai selon ma conscience. »

On comparait devant le Tasse l'état où se trouvait alors l'Italie avec l'état où elle s'était vue sous les anciens Romains : le prince de Conca fut d'avis qu'il n'y avait pas de parallèle à établir entre deux ordres de choses si différents : « Au contraire, dit le Tasse, cette différence même peut donner lieu à une comparaison très juste : chez les Romains d'autrefois les magistrats travaillaient de concert à enrichir la république, sans s'inquiéter de leur fortune; chez les Italiens d'aujourd'hui c'est à qui ruinera le public pour enrichir sa famille. Vous voyez que cela revient à-peu-près au même, puisque la fortune publique se compose des fortunes particulières. »

S'il est vrai, comme le dit l'historien Hume, « qu'il n'y ait qu'un vice au monde, *l'intérêt* (pris dans le sens d'avarice), et que la vanité, l'orgueil, l'ambition, la fourberie, l'hypocrisie, le vol, l'inhumanité, se réduisent à ce pernicieux élément, *le desir d'avoir*, » rien de plus facile que de remonter à la source de tous les vices dont la société actuelle est inondée. Jamais l'intérêt personnel n'y a joué un plus grand rôle, jamais *le desir d'avoir* ne s'y est produit avec plus d'impudence. Ce mal, il faut pourtant en convenir, n'est pas sans compensation, il nous a guéris radicalement de la gloire.

Si je ne craignais d'avancer un paradoxe dont la preuve exigerait de trop longs développements, je dirais que la cause première de cette dégradation en tous genres, dont les progrès frappent les yeux des moins clairvoyants, c'est la médiocrité; politique, religion, morale, belles-lettres, sciences, beaux-arts, elle a tout envahi, tout rapetissé, tout appauvri: suivons-la dans ses conquêtes, et nous serons effrayés des maux qu'elle nous a faits et de ceux qu'elle nous prépare.

Depuis quelques années la lutte était franchement établie entre le vice éclairé et la vertu à talent, si j'ose m'exprimer ainsi. Il était probable que le premier l'emporterait; mais ceux qui voient des ressources par-tout où ils trouvent de l'esprit et du caractère ne désespéraient encore de rien: malheureusement la médiocrité a profité du conflit pour établir sa puissance, et, plus forte encore du nombre de partisans qu'elle traîne après elle que des conseils d'une folle présomption, elle a été portée au pouvoir par tous ceux qui ne désespéraient pas d'y arriver au même titre.

Si nous considérons un moment la société comme un régiment divisé par compagnies, nous les trouverons presque toutes commandées par des capitaines qui devraient tout au plus en être les sergents.

Des deux espèces de preuves que je pourrais fournir à l'appui de cette vérité, je choisirai la moins directe, et je me contenterai de nommer les hommes placés de droit par leur mérite et par l'opinion à la tête des lettres, des sciences, des arts, de l'industrie, du commerce et de l'administration, et rejetés en serre-file par la médiocrité usurpatrice. Pour éviter, dans cette appréciation du mérite contemporain, de rester sous l'influence de mes affections ou de mes opinions personnelles, je citerai ce passage d'une lettre que m'écrivait, la semaine dernière, un illustre étranger :

« Cette prééminence en tout genre, que réclament si niaisement quelques uns de vos écrivains, vous serait infailliblement acquise si les hommes de génie et de talent que vous possédez en plus grand nombre qu'en aucun autre pays n'étaient pas nominativement exclus des grandes fonctions publiques, et bannis, pour ainsi dire, de la carrière des lettres et des arts, par le choix ridicule des hommes auxquels on en confie la direction. Je ne crois pas que vous puissiez aujourd'hui me montrer un seul nom européen parmi tous ceux que la faveur ou l'intrigue a mis en évidence.

« Veut-on citer en Angleterre les hommes d'état, les publicistes, les jurisconsultes, les généraux, les magistrats, les administrateurs qui réunissent au plus haut degré les talents et les vertus qu'exigent les premières fonctions de l'état, La Rochefoucauld-Liancour, Ségur, Boissy-d'Anglas, Pontécoulant, Foy, Dupont de l'Eure, B. Constant, Bignon, Girardin, Royer-Colard, Laborde, Daru, Bigot de Préameneu, Méchin, Châteaubriand, Gérard, Clauzel, Lamarque, Dupin, Mérilhou, Barante, Guizot, sont les premiers qui se présentent à l'esprit; eh bien, dans ce nombre, un seul a paru sur la scène politique pour en être justement banni par ceux qu'il y avait élevés!

« Béranger, Lebrun, Étienne Arnault, Chénédollé, Castel, sont du très petit nombre de vos poetes dont les ouvrages sont venus jusqu'à nous, et les uns ne sont pas, les autres ne sont plus même de l'Académie française!...

« D'où naît la dégénération de votre école de peinture, naguère encore la rivale des anciennes écoles d'Italie et de Flandre? De la perte de son chef, et de la défection de ses trois principaux élèves.

« Dans vos chaires d'instruction publique quels sont les remplaçants des Cousin, des Tissot, des Daunou, des Bavoux? »

Je me borne à citer ce court fragment d'une lettre que l'auteur anglais doit publier en entier dans un des journaux littéraires de son pays, et dans laquelle il indique avec une rare sagacité et sans ménagement la cause de cette atrophie morale où nous sommes réduits.

Un autre Anglais, abusant avec autant de lâcheté que d'insolence du caprice de la fortune, qui s'est amusée à lui faire la réputation d'un grand général, était venu, disait-il, pour nous donner une leçon de morale dont nous avions besoin. La seule que nous aurions pu recevoir de lui est celle d'attacher moins de prix à la gloire des armes, à laquelle Fabius et Octave ont des moyens aussi sûrs et moins dangereux de parvenir qu'Antoine et Annibal.

« On n'instruit pas les hommes, dit l'abbé Terrasson, en leur apprenant ce qu'ils savent, mais en leur faisant trouver en eux-mêmes les qualités et les vertus qui s'y trouvent ensevelies sous les préjugés de l'erreur. » A qui donc est-il réservé d'apprendre aux Français que cette légèreté qu'on leur reproche, et qui leur donne dans l'histoire une physionomie souvent équivoque, est bien moins un vice du caractère national qu'un défaut particulier à certaines classes? Ce qu'il y a de plus exposé à la légèreté dans le sens moral, c'est la fermeté poussée jusqu'à l'entêtement; or cette disposition est toute française. « Ce qu'un Français a résolu, dit Adisson, n'est pas toujours très sensé, mais bien ou mal, il l'exécute.» Chaque page de notre histoire fournit une preuve de plus à l'appui de cette vérité, que la révolution a mise dans une si terrible évidence. Comment se fait-il donc que les Français restent sous le poids de cette accusation de légèreté qu'ils méritent si peu? C'est qu'on n'a point encore pris l'habitude de compter le peuple pour quelque chose; c'est que l'on continue à confondre les mœurs de la nation avec celles de la cour, et qu'en appliquant au caractère national les mots *légèreté* et *inconstance* on leur a donné la même signification.

Les Français ne sont point *légers*, ils veulent fortement ce qu'ils veulent; mais ils sont *inconstants:* ils haïssent avec fureur le lendemain ce qu'ils aimaient avec passion la veille. La légèreté des hommes du pouvoir, et l'inconstance du peuple, sont cause qu'on ne fait jamais en France tout le mal et tout le bien que l'on pourrait y faire. De la légèreté des uns résultent ces demi-mesures, ces basses intrigues, ces petites perfidies qui ne sauraient avoir de grands résultats; de l'inconstance des autres naît le découragement des gens de bien et l'éloignement des hommes habiles, que l'ingratitude de leurs concitoyens poursuit trop souvent jusque dans la retraite où ils vont gémir sur les maux de leur patrie.

N° XVIII. [7 mai 1823]

XVIIIᵉ CONSOLATION.

LE PASSÉ, L'AVENIR.

> Liberté, tu seras toujours douce,
> et le pain le plus amer te devra une
> agréable saveur
> STERNE.

Entre nos vieux poëtes que j'ai vus tomber dans un mépris tel, qu'on leur préferait les Dorat, les Voisenon, et même les Vigée, j'aime sur-tout le bon Philippe Desportes, chanoine de Saint-Josaphat, Tyron, et autres lieux. Ce poëte chartrain me paraît quelquefois aussi supérieur au vieil Anacréon que celui-ci l'est à M. de Marcellus.

On sait que Desportes est l'auteur de la délicieuse villanelle qui a pour refrain :

Nous verrons, volage bergère,
Qui premier s'en repentira,

et d'une autre chanson qui se termine par ces deux vers :

> Je sers une dame infidèle,
> Et ne puis cesser de l'aimer.

Je n'examine pas si le chanoine de Saint-Josaphat était régulier, du moins dans sa conduite, et si ses amours avec *la volage bergère* et *la dame infidèle* étaient bien orthodoxes ; mais je sais, et cela me suffit, que ces deux petites pièces de vers sont des modèles de grace et de sensibilité.

Je me suis amusé aujourd'hui à feuilleter les six volumes de différents formats dont se compose la gloire poétique de Desportes, et j'ai marqué d'un large et profond onglet (désespoir des bibliophiles) une page où se trouvaient les vers suivants : en les citant je fais assez connaître l'intérêt de circonstance qu'ils avaient pour moi :

> Douce liberté desirée,
> Déesse, où t'es-tu retirée,
> Me laissant en captivité?
> Hélas! de moi ne te détourne!
> Retourne, ô liberté, retourne,
> Retourne, ô douce liberté!

> Quel charme ou quel dieu plein d'envie
> A changé ma première vie,
> La comblant d'*infélicité?*
> Et toi, liberté desirée,

> Déesse, où t'es-tu retirée?
> Retourne, ô douce liberté!
>
> Las! donc sans profit je t'appelle,
> Liberté précieuse et belle!
> Mon corps est trop fort arrêté:
> En vain après toi je soupire,
> Et crois que je puis bien te dire
> Pour jamais adieu, liberté!

Je m'étais d'abord laissé entraîner au charme d'une poésie douce et simple, si supérieure, du moins à mon oreille, à tout ce cliquetis de paroles, à ces riens sonores qui résonnent sur la lyre moderne; mais au dernier vers,

> Pour jamais adieu, liberté!

mon imagination, à qui la solitude ajoute sa puissance, prend encore une fois son vol, et me rend présent à toutes les horreurs de cette captivité qui ne finit qu'avec la vie...

Te voilà donc, être misérable à qui des hommes osent ravir la lumière des cieux! Le soleil embrase l'horizon; je te demande à quelle heure du jour tu crois être, et tu me réponds qu'il est nuit, qu'il est toujours nuit; il n'y a pour toi qu'un point dans la durée, comme il n'y a qu'un point dans l'espace. Parle cependant, mortel infortuné! es-tu ce Latude, victime du caprice d'une courtisane? ce malheureux Trenck, sacrifié à l'orgueil du trône?

es-tu ce grand citoyen, ce La Fayette, victime de la liberté même? ce vertueux Barnevelt?.... Réponds!.....

Je l'interroge en vain; ils ont éteint sa pensée, ils ont écrasé son intelligence; sa langue ne sait plus articuler que ces mots: J'ai faim: un pain noir tombe de la voûte; il se traîne sur la paille infecte, et se saisit avec avidité de l'aliment grossier qu'il dévore : le plus vil des animaux n'est ni plus vorace ni plus stupide.

C'est ainsi que l'homme civilisé traite son semblable... et les auteurs de ces longs assassinats parlent d'un Dieu rémunérateur et vengeur!... Misérables, vous n'y croyez pas, ou vous êtes encore plus imbéciles que méchants.

Je m'interrogeais moi-même au sein des cachots où mon ame était plongée : je me demandais combien de soupirs Mirabeau avait étouffés dans son donjon; combien de fois Fouquet avait dû compter et recompter les clous énormes qui garnissaient la porte de son cachot; combien de fois ce rayon éclatant qui passait au-dessus du guichet du Tasse avait dû frapper son œil altéré de lumière; comment Galilée avait pu chaque matin se proposer et résoudre un nouveau problème astronomique, en mesurant l'angle formé par l'ombre projetée sur le mur de sa prison. Tour du Temple, donjon de la Bastille, *Black hole* de Calcutta, citerne profonde des tyrans de la Perse, où notre savant et brave Joubert languit pendant sept mois, repaires affreux où les Dalmates enterrent leurs prisonniers, pontons des Anglais, où leur cruauté plus ingénieuse a trouvé l'art de faire flotter la peste, l'enfer, et la mort ; cachots de la Conciergerie, où la même furie, sous un masque différent, plongea tant d'innocentes et tant d'illustres victimes, ouvrez-moi vos gouffres profonds, et laissez-moi compter les pleurs, les soupirs, les gémissements dont vous avez été les témoins !...

La pensée s'affaisse sous de trop affreuses images, comme le corps sous des fardeaux trop pesants, et l'imagination, semblable à l'oiseau que vient d'effleurer un plomb homicide, fuit avec la rapidité de l'éclair, s'emporte et ne s'arrête que dans des régions inconnues. Qu'on dorme ou qu'on veille, le privilége du songe est de prendre absolument le contre-pied de la réalité.

Les yeux tout grands ouverts, assis plutôt qu'étendu sur mon lit, je voyais distinctement les rives de la Seine ; sur ses quais majestueux, de longues allées de rosiers en arbres, et d'orangers acclimatés en pleine terre, mêlaient toutes les pompes de la nature à celles de l'industrie : tout était changé ; je lisais sur le Louvre : COMMERCE ; sur l'Institut : GÉNIE ; sur l'École militaire : PATRIE ; sur la chambre législative : LIBERTÉ.

Mon étonnement redoubla à la vue des flots d'un

peuple immense qui couvraient le Champ-de-Mars et les deux rives de la Seine : quel délire du bonheur ! quelle fête !... c'était celle des nations ; je reconnaissais, à leurs costumes différents, tous les grands peuples de la terre ; j'errais avec ravissement au milieu de cette foule joyeuse et cordiale, où tout le monde parlait français et semblait animé du même esprit. Mais pourquoi cette alégresse ?

Le *monde était libre*, et Paris était le siège du grand congrès des peuples souverains, représentés par leurs chefs, sous les noms de président, de roi, d'empereur, de sultan, de doge, de lama, de schah, de pèscha, de rajha, de bey, de dey, de nabab, etc.

A l'extrémité des Champs-Élysées s'élevait un monument superbe dont l'arc triomphal de l'Étoile formait l'entrée principale ; ce palais avait quatre façades, sur chacune desquelles on lisait un de ces mots : *Constitution, liberté, paix, justice.* Ce palais du congrès universel avait reçu le nom de *Capitole*, et l'auguste assemblée, qui ne se réunissait que tous les vingt-cinq ans, célébrait alors pour la première fois les jeux séculaires institués en l'honneur de sa fondation.

Croira-t-on que ce qui me surprenait davantage au milieu de tant de merveilles, auxquelles mon admiration ne pouvait suffire, c'était de me trouver à une fête à laquelle assistaient quelques millions d'individus et où je ne voyais pas un seul *gendarme* ?

J'en faisais la remarque à un vieux brame de mes amis que j'avais quitté il y a trente ans au bord du Gange et que je rencontrais sur le bord de la Seine, se promenant avec le curé de Saint-Sulpice. « Les effets cessent, me dit-il, quand les causes n'existent plus : tout a changé sur la terre ; la philosophie règne d'un bout du monde à l'autre ; la puissance est sans orgueil, la force sans abus, la faiblesse sans lâcheté : que serviraient aujourd'hui les geôles, les bourreaux, les espions, les libellistes, les censeurs, et tous les agents visibles et invisibles de ce pouvoir qu'on appelait jadis la police? Le congrès est en séance ; entrez avec nous, les discours que vous allez entendre vous feront connaître toute l'étendue de la réforme générale qui s'est opérée dans les mœurs et dans la politique des nations... » Tous ceux qui se présentaient pour entrer au Capitole portaient à la main un rameau d'olivier ; on m'en offrit un, je le saisis avec empressement... Hélas ! je n'avais empoigné qu'un des énormes barreaux de ma fenêtre... Je repris mon livre, et je répétai avec Desportes, en continuant ma lecture :

>Retourne, liberté, retourne !
>Retourne, douce liberté !

n° XIX [8 mai 1823]

XIX.ᴱ CONSOLATION.

RÊVERIES.

Une scène de la ligue.

La tour du bois de Vincennes,
Sur tours neufves et anciennes,
A le prix or saurez en ça
Qui la parfit et commença
Inscription de 1337.

« Bodille était un singulier gentilhomme, lequel,
« par vie et vengeance contre le tyran Childéric, es-
« pia l'occasion, et le tua vaillamment. Les histoires
« louent son magnanime courage pour apprendre
« aux tyrans à ne point abuser de leur puissance
« envers leurs sujets, *principalement envers les gen-
« tilshommes.* Se trouvera-t-il point un Bodille en
« France, qui venge l'injure faite non à un simple
« gentilhomme, mais à un prince des plus vaillants
« que jamais la terre ait portés (le duc de Guise),

« par un plus lâche et plus fainéant que jamais ne
« fut Childéric (Henri III)? »

Exhortation de la Sorbonne avant le meurtre de
Henri III.

Signé Julien de Moranne, 17 mars.

Telles étaient les exhortations infames qu'adressaient aux fidèles de ce temps-là les révérends docteurs de Sorbonne. Je venais de feuilleter avec horreur les pages sanglantes des mémoires de la ligue, où se trouve consignée cette épouvantable doctrine du fanatisme, quand, à la fin du deuxième volume de mon édition de 1602, je vis que le relieur avait placé un supplément d'environ quinze pages d'une écriture ancienne et très fine. Je cherchai vainement à déchiffrer ces caractères du seizième siècle, embarrassés de jambages, de fleurons, et obscurcis par des abréviations sans nombre. Après cinq ou six heures de recherches inutiles, je quittai le volume, plus curieux de connaître le sens des pages manuscrites que satisfait de la lecture de l'ouvrage imprimé, d'ailleurs si riche en matériaux précieux pour l'histoire. Pour peu que j'eusse envie de disserter dans le goût allemand, le lecteur trouverait tout au moins ici une feuille d'impression consacrée à une discussion plus ou moins obscure sur les *plaisirs du mystère et la volupté secrète que trouve l'intelligence dans la recherche de l'inconnu.*

Quoi qu'il en soit, je dois rendre grace à mon ami Matthieu Laumier, qui, long-temps employé aux archives, distingue un T d'un R gothique aussi facilement que le plus habile professeur allemand. A peine mon ami l'archiviste eut-il le livre entre les mains, qu'il lut presque couramment la scène suivante, écrite sans doute par un témoin des troubles civils de cette époque. Je me contente d'en altérer légèrement le style un peu trop suranné.

« C'était, dit le vieil auteur de ces feuillets manuscrits, dans le couvent des célestins, qui servait de conciliabule principal aux membres de l'union et à leurs adhérents, c'était dans ce couvent gothique que se passait la scène que je m'en vais fidèlement et naivement raconter. Il y avait au fond de la salle un grand crucifix de bois noir, auquel était appendue une hallebarde qui servait ordinairement, dans les processions de moines armés, au petit père feuillant, l'un des plus ardents prédicateurs que Dieu nous eût fait l'insigne grace de nous donner. Dans une armoire de la sacristie, à demi ouverte, on remarquait cinq à six casaques blanches, tachées de sang, lesquelles avaient été portées pendant la Saint-Barthélemy, et que l'on conservait avec le plus grand soin, comme précieuses et saintes reliques. L'écrit admirable de maître Jacques Roux, jadis spadassin, et alors ligueur, sur la juste punition des hérétiques, était ouvert sur un petit autel auprès duquel les débris du festin de la veille avaient laissé quelques traces.

« Deux Flamands, qui servaient dans l'armée de la ligue, et qui avaient long-temps combattu sous le duc d'Anjou, avaient déposé sur la devanture de la cheminée leurs feutres immenses, ornés de belles plumes rouges, et jouaient aux cartes sur un prie-Dieu. L'un était capitaine et l'autre simple chef de gens d'armes, ce qui équivalait alors au grade de lieutenant.

PREMIER FLAMAND.

Je jure Dieu, Walbrod, que nous ne ferons rien cette année... Cœur à la dame... Ce Béarnais, que le diable puisse emporter! nous fait déja la figue; les dernières bicoques que nous avons mises à sac ne nous ont pas rapporté grand'chose... Pic,... re-pic,... capot.

SECOND FLAMAND.

... Vous êtes le plus heureux soudard de la chrétienté...; le gros duc de Mayenne ne joue pas plus heureusement... Mais, ventre Dieu! que faisons-nous dans ce couvent, murés ainsi que de closes nonnains? Voici dix heures à l'horloge de bois,... et cette sainte Judith ne vient point!

PREMIER FLAMAND.

Elle va venir, soyez-en sûr... Je fais les cartes... Le signe de la croix :... *Ab Jove*, comme disait le vieux pédant de Hambourg...

SECOND FLAMAND.

Entendez-vous? la cloche annonce que la duchesse est arrivée; elle fait la revue de ses moinillons,... et je ne doute pas que la grande procession cléricale, à laquelle notre présence doit donner une figure martiale, ne commence bientôt...

PREMIER FLAMAND.

Taisez-vous,... voilà le père Rose...

« Alors entra le père Rose, une grande étole rouge sur le dos, et les yeux baissés. Ce bon prêtre avait des pistolets attachés à sa ceinture.

« Il était suivi de trente petits moines, frères lais et novices, qui portaient des armes de toutes les espèces. Ces vengeurs de l'état s'embarrassaient de temps en temps les jambes dans leur nouvel équipement. Le petit père Bourrelet venait à la suite du bon père Turége, lequel remuait avec un certain air d'audace une longue hallebarde. Toutes ces pièces d'armure, traînées, portées, poussées, heurtées, faisaient un grand fracas, et accompagnaient l'hymne *des Trois frères dans la fournaise,* que les moines chantaient en chœur, en y ajoutant quelques beaux anathèmes et de très grosses malédictions contre le roi Henri III, qu'ils nommaient indifféremment Holopherne, Caligula, Néron, Nabuchodonosor, Mahomet, et l'antechrist.

« Cette belle et sainte troupe se rangea en deux lignes sur les deux côtés de la salle.

FRÈRE ROSE.

Voici le jour, voici le jour, voici le jour, comme il est dit dans Ézéchiel, où la bête aux sept cornes sera écrasée; comme il est dit dans l'Apocalypse, voici le jour du sang versé pour le Seigneur... Je prends mon texte.

« L'entrée de l'Espagnol Fortiguerra, du petit poëte, historien, philosophe, annotateur, pamphlétaire et mercenaire Jean Bouju, de l'abbé à la mode Chrysostôme Alcimadure d'Elbéne, et d'une dame d'honneur, interrompit la prédication de frère Rose.

« Victoire, amis! victoire! s'écria la dame d'honneur: le tyran, l'Holopherne, le Caligula est mort!

FRÈRE ROSE.

O bon Jacques Clément! ô saint Jacques Clément!

TOUS.

Jacques Clément!

PREMIER FLAMAND.

Quoi! c'est ce jeune paysan imbécile qui regardait si tendrement madame la duchesse?

FRÈRE ROSE.

Ne calomniez pas, ne blasphémez pas, ne parjurez pas! frère Jacques Clément ne regardait que le ciel. Frère Jacques, priez pour nous, priez pour nous!

(*Tout le monde tomba à genoux, en chantant, et*

en pleurant avec une exaltation frénétique, l'oraison de Jacques Clément.)

LA DAME D'HONNEUR.

O pauvre Jacques Clément! beau Jacques Clément! moine héroïque, tout admirable et tout aimable! il est donc vrai que tu as accompli cette œuvre méritoire!...

JEAN BOUJU.

Hélas! oui, madame; je l'ai vu, moi, Jean Bouju, historiographe; je l'ai vu, ce martyr, et je vous demanderai la permission de réciter à l'illustrissime dame, nouvelle Judith, nouvelle Dalila, le poëme en sixains que j'ai composé pour la postérité, avec, j'ose le dire, une élégance qui ne contrarie point la sublimité des pensées.

LA DAME D'HONNEUR.

Maître Jean Bouju, je ne doute pas que la noble sœur du duc de Guise ne soit sensible à cette petite joyeuseté rhythmique; mais pour le moment elle a quelque chose de mieux à faire que de vous écouter.

« L'Espagnol Fortiguerra, qui n'avait pas encore parlé, se mit à pérorer pendant que la procession demi-guerrière et demi-monacale défilait en chantant le cantique de délivrance pour aller édifier la ville de Paris.

FORTIGUERRA.

Je suis d'avis, moi, qu'après le grand coup que

nous venons de frapper il ne reste plus qu'à placer la couronne sur la tête la plus digne.

FRÈRE ROSE.

Il faut s'entendre, seigneur. *Spiritus salvat*, l'esprit sauve. Il n'y a qu'une tête digne de la couronne : c'est la tête, le chef, le principe de l'Église catholique.

L'ABBÉ D'ELBÈNE.

Et l'avis du frère Rose serait de placer de suite sur nos bannières la légende choisie autrefois par la république de Florence : *Sous le règne de Jésus?* Le très saint et très éloquent frère Rose y trouverait un peu son compte. Moi qui suis attaché à mes engagements, je crois que le duc de Mayenne...

FORTIGUERRA.

Bon d'Elbène, permettez-moi de vous dire que les fruits de ce grand mouvement doivent nécessairement appartenir à celui qui les a semés, à mon souverain, à mon maître, le prince des catholiques.

LA DUCHESSE, *qui entre, entend ces derniers mots.*

Comment, messieurs, vous seriez infidèles à vos promesses !

UN DES FLAMANDS.

Eh non, madame ! ils ne sont que fidèles à leurs intérêts.

JEAN BOUJU.

Je viens d'écrire un petit pamphlet pour le duc de Mayenne : c'est le Tocsin des bons catholiques.

FORTIGUERRA.

On ne vous l'a payé que trois ducats; j'en offre six pour récompense de vos labeurs en faveur du roi mon maître.

FRÈRE ROSE.

Messire Jean Bouju sait qu'il a la nappe mise au couvent; il ne voudra pas, en désertant la bonne cause, perdre...

LA DAME D'HONNEUR.

.... Trois dîners par semaine!... Mais il sait aussi, monsieur Bouju, que le duc de Mayenne a payé le pourpoint de soie, autrefois noir, qu'il nous montre aujourd'hui, et qu'un autre pourpoint....

JEAN BOUJU.

Quel embarras! quel embarras!

L'ABBÉ D'ELBÈNE.

Nous sommes tous d'accord sur un point, c'est que le fléau de la France, ce roi qui s'associait aux hérétiques, a été justement frappé...

FRÈRE ROSE.

Justo, justissimo judicio condemnatus.

LA DUCHESSE.

Je suis d'avis que ce jeune héros soit de suite canonisé.

JEAN BOUJU.

Je ferai les vers latins et la prose du missel.

FORTIGUERRA.

Je donne à ses descendants ou parents, même

éloignés, des titres de noblesse de la part du roi mon maître.

FRÈRE ROSE.

Je vote pour qu'une députation soit envoyée à sa mère, qui est une pauvre paysanne de Nogent-sur-Seine.

LA DUCHESSE.

L'idée est admirable!...

FRÈRE ROSE.

Êtes-vous prête, madame? Nous avons des chevaux; nous partirons de suite.

L'ABBÉ D'ELBÉNE.

Eh bien, allons, si madame la duchesse n'est point trop lasse?

LA DUCHESSE.

Moi! point du tout... Partons.

« Alors la procession rentra, et, après une collation plus rapide que frugale, toute la troupe partit en bon ordre pour Nogent-sur-Seine. On continua, pendant la route, à chanter les litanies. On trouva la vieille villageoise occupée à arracher les mauvaises herbes de son petit champ; et le frère Rose, en la saluant, lui adressa en latin un discours qui dura deux heures. »

Ici s'arrête ce fragment curieux, qui donne une idée assez juste des mœurs de cette déplorable époque dont l'illustre La Châlotais a dit:

« Toutes les horreurs de quinze siècles renouvelées plusieurs fois dans un seul : des peuples sans défense égorgés au pied des autels ; des rois mis à mort ; un vaste état réduit de moitié par ses propres citoyens ; la nation la plus belliqueuse et la plus pacifique divisée d'avec elle-même ; le glaive tiré entre le fils et le père ; des bourreaux, des parricides, et des sacriléges, violant toutes les conventions divines et humaines par esprit de religion, voilà l'histoire de la ligue, ou plutôt celle du fanatisme : les agents que l'ambition ecclésiastique ou séculière a employés pour parvenir à ses fins ont séduit et décimé les peuples ignorants et superstitieux. »

Dans tous les temps l'ambition a été fanatique, et le fanatisme ambitieux.

Le donjon de Vincennes.

Cette guerre littéraire qui a pour champ de bataille un ou deux feuilletons et pour spectateurs de bonne foi quelques oisifs et quelques Aramintes, la guerre ridicule et puérile du genre romantique et du genre classique, n'est rien auprès d'une discussion de même importance qui s'est élevée en Angleterre depuis quelques années. Ces romantiques dont les images échevelées décorent aujourd'hui tant de brochures et tant d'almanachs, qui prêchent en style ossianique les doctrines du vague, c'est-à-dire de l'extravagant, messieurs tels et tels, pour ne pas les appeler par leurs noms, ne sont que des pygmées, comparés aux géants de même race qui ont dernièrement soutenu dans les journaux britanniques les doctrines de la *poésie naturelle* : tel est le titre mystico-romantico-absurde adopté par cette nouvelle secte, devant laquelle nos petits bons hommes doivent baisser pavillon.

Cette école singulière, qui avait pour ennemis déclarés les trois plus grands écrivains vivants des trois royaumes, Byron, Moore, et Walter Scott, a trouvé, comme de raison, des partisans fanatiques dans les seconds et les troisièmes rangs de l'armée plumitive : la médiocrité n'a rien de mieux à faire que de se réfugier dans les nuages; l'obscurité est aussi un asile.

Les principaux dogmes de cette littérature réformée, ou plutôt déformée, sont que, dans la nature, tout est *poétique;* que rien n'est défendu au génie; qu'un tableau vrai de la croissance d'un champignon sur une couche du plus vil fumier peut être le sujet d'un *carmen seculare;* que la larme d'un âne piqué par un taon peut faire le sujet d'un poeme épique tout aussi bien que la *colère d'Achille*, l'*orgueil des anges rebelles*, ou la *conquête de Jérusalem;* que le véritable sublime ne se trouve qu'à la Halle ou aux Petites-Maisons; que Pope n'est point éloquent si vous comparez les plus beaux vers de l'*Essai sur l'homme* aux communes invectives, aux vives apostrophes dont retentit chaque jour le marché aux poissons ou le gaillard d'avant d'un vaisseau à trois ponts : on voit que MM. Southey, Coleridge, et Montgommery, inventeurs de *la nature poétique*, laissent bien loin derrière eux les pâles imitateurs du barde écossais. L'Angleterre a vu éclore des poèmes que la France attend encore, et dont le titre seul peut donner un délicieux avant-goût. Gloire éternelle, des deux côtés du détroit, aux auteurs de la BOURIQUE EXPIRANTE, de la CONVERSATION D'UN TONNERRE ET D'UN ÉCLAIR, d'UN LUNATIQUE EN POINTE DE VIN, et de l'IDIOT DANS SA GLOIRE !

Un des plus jeunes adeptes de *la nature poétique*, M. Marsdell, dont l'imagination brillante égare un beau talent dans ces routes sauvages, habite actuellement Paris, et, dans nos fréquentes relations, je cherche à le ramener dans la bonne voie où il ne pourrait manquer de faire son chemin : je ne cesse de lui répéter qu'il abuse d'un don précieux ; qu'on dégrade l'imagination faute de savoir apprécier le mérite du bon sens; que la plupart du temps cette imagination n'est qu'un vernis qui sert à cacher les défauts d'un tableau, que le simple jugement saisit d'un coup-d'œil et corrige d'un seul trait ; que cette faculté de l'esprit finit trop souvent par avilir le cœur, et que ses excès, source de ridicules, ne sont point suffisamment rachetés par quelques beaux vers, ni même par les passages les plus brillants.

J'avais ramené la conversation sur ce sujet dans une de nos promenades à Vincennes, où je le voyais de temps en temps s'arrêter pour prendre des notes. « Je parierais, lui dis-je, que vous méditez un poëme romantique dont ce château sera le théâtre? — Il est à-peu-près achevé, me répondit-il. — Vous auriez pu vous éviter les frais d'invention, continuai-je, en commençant par étudier l'histoire de cette forteresse si riche en souvenirs. — Je la sais, reprit-il, dans ses moindres détails ; » et comme je paraissais en douter : « Chez nous, reprit-il, l'imagination ressemble à des décorations de théâtre qui se déplacent à volonté. Rien de plus positif qu'un écrivain anglais qui consent à se rapprocher de la terre, il retire son imagination comme on fait reculer un châssis de coulisse, et le poète le plus naturel de la Grande-Bretagne devient tout-à-coup aussi prosaïque et aussi sec qu'un de nos commis de la douane ou un de vos agents de change. Mon esprit est un peu de cette nature, et, pour vous en donner la preuve, je vais, si vous voulez, vous faire en style de chronique, qui plaît tant à M. de Barante, l'histoire de ce vieux château. » Je le mis au défi, et voici ce qu'il me débita tout d'une haleine.

« Ce hameau, qui s'appela d'abord la *Pissote*, dénomination qui appartient essentiellement à la *poésie naturelle*, prit vers le milieu du neuvième siècle, le nom de Vilcena, lequel appartenait à la forêt royale où il était situé. La chasse y était bonne, et *Philippe-le-Bel*, qui aimait cet exercice, y bâtit un petit *manoir* royal (*regale manerium*), où, par la suite, le bon roi Louis IX fit son séjour de prédilection. Depuis cette époque, jusqu'à celle où régna Philippe, on vit tous les rois de France naître et mourir dans *le royal manoir* de Vilcena.

« Ce dernier prince y avait jeté sur le même emplacement les premières assises d'un château fort que son fils eut la gloire d'achever.

« Vers 1260 on força les habitants du hameau à faire eux-mêmes la garde du parc, en *manteaux de gros drap auquel le chaperon tenait.* (Voilà du positif, j'espère.)

« Charles V assembla un concile à Vincennes et y bâtit une sainte chapelle. Le galant Charles VII et le fourbe Louis XI continuèrent à s'y loger; mais depuis la mort de cet odieux monarque, jusqu'à Charles IX, ce palais fut désert. L'auteur de la Saint-Barthélemy allait quelquefois y chercher d'affreuses inspirations; il voulut y mourir.

« Depuis ce temps Vincennes fut transformé en prison d'état : le père du grand Condé y fut enfermé; le maréchal d'Ornano périt de mort violente; le duc et le prieur de Vendôme y firent un assez long séjour, et, ce qui rentre dans le genre romantique, c'est-à-dire incroyable, c'est que les rois de France, jusqu'à Louis XIV inclusivement, ne cessèrent pas de faire leur maison de plaisance de cette prison d'état. Louis XIII et Marie de Médicis l'embellirent, et le cardinal Mazarin y venait souvent en partie fine, après y avoir établi une chambre de justice pour juger les empoisonneurs.

« Depuis cette époque Vincennes, abandonné des rois, ne retentit plus que des plaintes étouffées des malheureux qu'on y enfermait.

« Détruit en partie au commencement de la révolution, ce château fut rendu à son ancienne destination sous l'empire. Le dernier rejeton de l'illustre maison de Condé, le duc d'Enghien, y périt victime d'une politique atroce. La courageuse résistance du général Dauménil, qui, dans les deux invasions, refusa avec une si noble opiniâtreté de rendre cette forteresse à l'ennemi, est le dernier trait qui signale ce vieux monument à l'attention de l'historien. »

Mon jeune Anglais ne reçut pas les compliments que je lui fis sur la fidélité de sa mémoire, et voulut me prouver que c'était dégrader l'histoire, que de la réduire ainsi à la simple narration des vieux chroniqueurs. « Qu'ai-je besoin, me dit-il, de retenir des dates, d'apprendre une foule d'événements sans intérêt, dont vous ne me faites connaître ni les causes ni les résultats? point d'instruction sans rapprochement, point d'histoire sans philosophie. »

Quelques jours s'étaient passés depuis notre pélerinage à Vincennes, et j'étais étonné de n'avoir pas revu mon jeune Anglais; je craignais de l'avoir blessé par mes objections contre le système littéraire qu'il avait embrassé avec tout l'enthousiasme de la jeunesse. J'allai le trouver chez lui, et je le trouvai renfermé dans le cabinet le plus sombre du somptueux logement qu'il occupe dans la rue de la Paix. Il mettait la dernière main au poëme dont il m'avait parlé: je lui témoignai le désir d'en entendre la lecture; il ne se fit point prier, et poussa la complaisance jusqu'à me permettre d'en traduire quelques fragments, sans m'imposer la condition de lui garder le secret. C'est un monument précieux de la nouvelle école littéraire, où vous trouverez les vestiges de presque tous les défauts et de quelques unes des beautés qui la signalent.

Les ruines de Vincennes.

« Quel est, demande le voyageur, ce pompeux amas de ruines? — Ce fut Vincennes. Le daim léger, la biche timide, se réfugient entre les décombres de ce palais de la vengeance, où le pouvoir entassait jadis ses victimes. — A travers les meurtrières de cette tourelle dégradée, la seule qui subsiste encore, je vois passer une faible lueur: qui peut habiter un pareil séjour?—Un homme sans commerce avec ses semblables, un nécroman, que l'on craint d'approcher, et qui ne se montre jamais à la clarté du jour. »

Cependant le jeune voyageur traverse avec peine les ruines amoncelées sur le sol; il s'élève de débris en débris jusqu'à l'ouverture qui servait d'entrée à la tourelle, et ne craint pas d'aller s'asseoir au foyer du vieillard, dont l'aspect l'étonne sans l'effrayer.

Un vaste rideau rouge occupait le fond d'une salle voûtée qu'éclairait à peine la flamme violette qui s'élevait d'un bassin de cuivre, enchâssé dans la muraille.

« Jeune homme, lui dit le solitaire, je sais ce qui t'amène, et je ne punirai pas ta curiosité courageuse; je consens même à prévenir tes questions. Cette draperie sur laquelle tes yeux s'arrêtent avec inquiétude est le linceuil qui me dérobe le passé; je le soulève quand je veux m'en donner le spectacle, et tous les anciens habitants de ce donjon, où j'ai fixé mon séjour, reparaissent à ma voix. » Un léger sourire où se peignait l'incrédulité du voyageur glissa sur ses lèvres. « Le doute est le commencement de la sagesse, continua le vieillard, mais il n'en est pas le terme... Lève ce voile... » Le jeune homme l'écarta d'une main tremblante, et cette salle où il se trouvait, s'offrit à ses yeux telle qu'elle était au temps des rois qui ont habité ce palais. « La décoration est en place, dit alors le magicien en tournant les feuillets d'un vieux manuscrit, les acteurs vont entrer sur la scène. »

A un signal qu'il donna, en frappant sur un tambour d'airain, Louis XI s'avança, porté sur un chariot armé de faux tranchantes, et chargé d'instruments de supplice; Olivier le Dain tenait les rênes, et le monarque s'écriait en baisant une image de Notre-Dame d'Embrun : « Aux oubliettes! aux oubliettes!... Compère Tristan, qu'on ouvre les trappes, et que j'entende leurs gémissements!... Bien! bien!... Les poltrons, comme ils crient, comme ils souffrent!... Gloire à Notre-Dame d'Embrun! »

Charles IX parut ensuite; il était étendu sur un lit de cadavres, et ses yeux étaient attachés sur le spectre de Coligny, qui lui montrait sa blessure : « Grace! disait Charles, je brûle, j'ai froid, je sue; mais cette sueur... c'est du sang!... Donnez-moi, donnez-moi mon arquebuse!... Ma mère... ma mère!... Effroyable supplice!... »

A ses cris un homme accourt; sa poitrine est nue, sa chevelure hérissée, son regard terrible : une longue captivité semblait exalter son esprit; c'est Mirabeau : « *Désespère et meurs*, répétait-il à Charles IX d'une voix tonnante; *désespère et meurs*, exécrable auteur de la Saint-Barthélemy! J'ai langui dans les fers aux lieux où tu expires dans les remords; les souffrances abrégeront ma vie, je mourrai jeune, mais j'aurai vécu quelques jours pour la gloire et la liberté. »

A ce spectacle succéda celui de tous les personnages en robes rouges dont se composèrent les deux conciles tenus à Vincennes au dixième et au treizième siècle. Le nécromancien, qui ne se piquait pas de mettre beaucoup d'ordre dans ses évocations, fit apparaître au milieu de cette grave assemblée les *femmes repentantes* qui furent enfermées dans ce château en 1791. Ce contraste bizarre égaya un moment la scène, et fit place au tableau général des horreurs dont cet affreux donjon fut témoin.

Je ne suivrai pas mon jeune auteur dans la foule des descriptions où il se complaît, et je me borne à citer les dernières paroles que le vieillard adresse au voyageur. « Va redire aux hommes avec qui tu es condamné à vivre que le passé a été présent pour toi ; dis-leur de combien de gémissements ont retenti des voûtes élevées par la tyrannie, et combien d'horreurs quatre siècles peuvent entasser sur quelques toises de terre où la vengeance et le pouvoir rassemblent leurs victimes. »

N° XX. [9 mai 1823.]

XXe CONSOLATION.

L'ASSEMBLÉE DE FAMILLE.

Honourable iniquity.
SHAKFSPEARE.
L'immoralité se parant de formes honnêtes.

Les êtres les plus vicieux soumettent leurs transactions aux règles établies; les formes de la justice sociale sont invoquées par les brigands des forêts, et le besoin de l'ordre est senti si universellement, que ceux même qui l'outragent avec le plus d'impudence s'autorisent de ses préceptes et se parent de ses couleurs. Il existe au sein de la dépravation même un simulacre d'honneur et de décence qui la rend plus odieuse encore.

On ne se douterait sûrement pas où vont me conduire ces réflexions d'une morale sévère, que Marcus Tullius Cicéron avait faites avant moi : je me plais quelquefois, comme Montaigne, *à dévider ma pensée.*

Il importe peu de savoir au juste quelle suite d'affaires contentieuses m'avait conduit un jour de cet hiver chez la veuve d'un huissier-priseur où j'espérais trouver un procès-verbal que j'avais besoin de consulter : j'écarte toutes les circonstances étrangères au récit principal, et je monte au quatrième étage d'une maison délabrée chez la dame veuve Nozaguet, que je n'avais pas vue depuis la mort de son mari, c'est-à-dire depuis une vingtaine d'années.

Elle m'accueille avec prévenance, et, tandis qu'elle me raconte longuement tous les malheurs qui l'ont accablée depuis la mort de son mari, et qu'elle a, dit-elle, surmontés avec beaucoup de courage, je parcours avec surprise un appartement orné ou plutôt embarrassé des objets les plus confus et les plus disparates. Tous les goûts et toutes les occupations semblaient y avoir laissé des traces. Le barége en écharpe couvrait les touches poudreuses d'un piano d'Érard, dont les pédales étaient brisées. Sur la cheminée et sur les encoignures plusieurs fioles qui contenaient des liqueurs de nuances différentes semblaient annoncer un laboratoire de chimie ; les débris du repas de la veille se mêlaient sur la même table aux rubans et aux fleurs fraîchement sortis du magasin de Nourtier.

Notre conversation fut plusieurs fois interrompue par l'arrivée successive de quelques personnes dont les figures triviales et les airs bassement affectés ne me prévenaient pas du tout en leur faveur. Ne faites pas attention, me dit madame Nozaguet; nous avons aujourd'hui une assemblée de famille : ces messieurs et ces dames sont mes parents. Comme j'avais répété ce mot d'assemblée de famille avec l'accent de la curiosité : Oui, continua-t-elle, il s'agit de l'établissement de ma nièce Eulalie que j'ai l'honneur de vous présenter.

Je saluai mademoiselle Eulalie, jeune personne de vingt ans environ, d'une tournure plus leste que naturelle, et plus vive que modeste. Ses grands yeux noirs, je ne sais quel abandon, quelle *desinvoltura*, comme disent les Italiens, semblaient justifier le soin que prenait l'assemblée de parents. Je voulais me retirer : Vous ne nous gênerez pas, me dit madame Nozaguet; tous les papiers de mon premier mari se trouvent dans la pièce voisine. Je ne savais pas que la dame fût remariée, et peut-être n'en était-elle pas bien sûre elle-même; car un moment auparavant elle m'avait parlé de sa position, comme étant celle d'une veuve : quoi qu'il en soit, j'acceptai la proposition qu'elle me fit de la suivre dans un cabinet voisin, et d'y compulser les vieux dossiers où je pouvais trouver la pièce dont j'avais besoin.

Je me mis à l'œuvre, et madame Nozaguet rentra dans le salon. La curiosité n'a jamais été mon défaut; mais la porte était restée ouverte, et, à moins de me boucher les oreilles, force me fut d'assister aux débats de l'assemblée de famille : je n'en perdis pas un mot. « Pardieu (s'écria un des parents, d'un ton qui semblait accoutumé à soutenir l'*ut* des chœurs de l'Opéra), milord se fait bien attendre ! — Si vous m'en croyez, cousine Nozaguet, interrompit une voix aigrelette, vous exigerez du milord un trousseau bien conditionné ; c'est un point que je n'ai pas oublié la première fois que j'ai placé ma petite Virginie. — Tout cela est bel et bon, reprit la basse-taille ; mais êtes-vous bien sûre de votre milord Dandin? comme vous l'appelez. — Dandy, mon neveu. — Dandy, soit ; en êtes-vous bien sûre ? — Comme de moi-même, répondit Eulalie en continuant à fredonner l'air *Di tanti palpiti* arrangé en walse. — Il l'adore, continua la tante: d'ailleurs on assure qu'il a quatre-vingt mille guinées de revenus ; rabattons-en les trois quarts, comme c'est d'usage, les vingt-quatre mille francs de rente qu'il assure à Eulalie ne sont certainement pas au-dessus de ses moyens. — Je suis payée pour n'avoir pas de foi aux rentes, interrompit une autre voix de femme ; et, à votre place, j'exigerais le remboursement du capital... » Le bruit d'une voiture qui s'arrêtait à la porte mit un terme à la discussion sur la rente... Milord entra.

Tous les parents se levèrent, et la jeune danseuse

(car l'adresse d'une lettre qui venait de me tomber sous la main ne me permettait plus de me méprendre sur la profession de la jeune personne et sur l'espèce d'engagement qu'elle allait contracter), la jeune danseuse courut au-devant de milord Dandy.

« Bonjour, dit-il avec cette prononciation traînante et saccadée d'un riverain de la Tamise; comment portez-vous, ma cher cœur : je vous offert le mien avec dix mille livres par an; cela été convenu.

— « Dix mille livres... sterling, reprit la tante...

— « Sterling.. *No, no.* By god ! il serait cher par trop le amour ! cela peut pas, cela peut pas.

— « Eh bien ! dit Eulalie avec une modestie charmante, si monsieur a de l'attachement pour moi...

— « Goddem, si jé avé ! — Il faut laisser à sa délicatesse... — Ma délicatesse il était donc douze mille francs pour le dernier mot, et je entretené la voiture, lé logement, et lé petite toilette de fantaisie. »

On discuta ensuite l'article du trousseau : chaque observation de cette digne assemblée de famille avait redoublé ma colère ; je ne pus me contenir plus long-temps, et j'éclatai en entrant dans le salon.

« Eh quoi ! milord, dis-je à l'Anglais dans sa propre langue, *how do you not feel the deepest disgust for such a vile transaction? Could you throw such a shame upon your rank and name, and expect any pleasure, any love from the mercenary kiss of this thoughtless being? How, sir, can you allow her family to make her an object of traffic and ratify this ignoble speculation?*

« Mais avec vous, madame, continuai-je en m'adressant à la tante, de quels termes dois-je me servir, et de quelle épithète qualifier la scène dont vous n'avez pas eu honte de me rendre témoin? »

La dame, qui s'était remise du trouble où l'avait jetée ma violente apostrophe, ne manqua pas de trouver pour excuses à sa conduite tous ces accommodements avec le vice dont la haute société lui fournissait l'exemple; car l'ignominie a sa rhétorique, et ce bel art pourrait bien, en dernier résultat, n'être que celui de blanchir le vice et de décorer l'infamie.

Je ne voulus écouter ni ses vaines excuses, ni la burlesque *apologie* de l'Anglais, ni les excellentes plaisanteries de la demoiselle, et je sortis de cette maison rempli de haine pour les institutions qui contraignent au vice des professions tout entières en condamnant au mépris ceux qui les exercent. En y réfléchissant bien, on plaindra plus encore que l'on ne blâmera cette classe aimable de femmes que l'on s'obstine à tenir en dehors de la société, et on placera mon petit tableau à côté de cette peinture des mœurs des Bayadères, que le Hollandais Haffner a retracées dans son excellent *Voyage aux Indes*.

N° XXI. [10 mai 1823.]

XXIe CONSOLATION.

LES INCURABLES.

Heartless, thoughtless, friendless ones.
SHAKESPEARE.
Ils n'ont ni ame, ni pensées, ni amitié.

Je tiens registre de mes observations, à-peu-près comme un négociant tient ses livres de commerce; j'ai mon journal, mon mémorial, mon alphabet et mon grand-livre. Je viens d'ouvrir ce dernier à l'article *Incurables*, et j'y trouve consignées une foule de remarques que j'ai eu occasion de faire dans le cours d'une longue pratique sur les maladies morales dont je crois la guérison impossible, du moins dans l'état actuel des sociétés. Je veux aujourd'hui communiquer à mes lecteurs celles de mes observations auxquelles j'attache d'autant plus d'importance, qu'elles sont le résultat de l'autopsie la plus scrupuleuse.

Première observation.

RENÉ LEBAS. — Ce sujet a cinquante-six ans, les cheveux frisés, le ventre aplati, quoique gras, la taille courte, la main large et les yeux clignotants. Le *facies* est habituellement hâve et jaune. Le pouls de cet homme a la singulière propriété de battre du même mouvement que celui de la personne près de laquelle il se trouve placé. René Lebas a tout ce qu'il faut pour être heureux, à la manière de Fontenelle : il a un bon estomac et un mauvais cœur.

La puissance loco-motrice a changé de place dans cet individu : c'est sur le ventre qu'il se traîne, et il a une telle habitude de cette allure, qu'il va presque aussi vite que le boiteux le plus ingambe. René a commencé à ramper dès l'âge de douze ans, à l'institut des jésuites de La Flèche; il a rampé à Versailles, il a rampé au Manége, il a rampé au Luxembourg, il rampe depuis vingt ans au Tuileries : maintenant il voudrait se redresser sur ses jambes, mais l'ankilose est formée ; le mal est incurable.

Deuxième observation.

OCTAVE ARRIPE. — Quarante ans, poil roux, bouche grimaçante, front bas et plat, taille mince et difforme : atrophie universelle. Le malade est en proie à la plus horrible des maladies morales ; il a l'envie. Tout ce qu'il y a de bien, de beau, de bon au monde, est pour Arripe un sujet de chagrin et de douleur. La jeunesse, la beauté, la richesse, la valeur, les talents chez les autres, font le malheur de sa vie. Tout éloge qu'il entend, et dont il n'est pas l'objet, le fait rougir de honte et de colère ; il le prend pour une injure personnelle. Mais de tous les coups qu'on puisse lui porter, l'annonce du succès d'un de ses amis est le plus sensible. Malheur à qui lui en apportera le premier la nouvelle ; il ne lui pardonnera de sa vie. Ses haines les plus fortes ont pour objet les plus hautes réputations dans quelque genre que ce soit, et il entre dans la même fureur en entendant vanter les services rendus à l'humanité par Jenner, la gloire militaire de Napoléon, le patriotisme de La Fayette, le talent de David, le noble caractère de Daru, les vertus de Boissy-d'Anglas ou de La Rochefoucauld. Condamné à la médiocrité par la nature, et malheureusement assez juste envers lui-même pour apprécier le mérite des autres, tous les genres de supériorité lui sont odieux ; il calomniera jusqu'au malheur, si celui qui l'éprouve le supporte avec courage.

Dernièrement un incendie a consumé un établissement magnifique où la plus grande partie de la fortune d'Arripe était placée ; il s'en est consolé en songeant que ce malheur réduisait à la misère son associé, au mérite duquel on faisait honneur de la prospérité de leur entreprise.

Troisième observation.

ROMAIN LE BUFFLE. — Il a soixante ans, le front bombé, la taille sèche et droite comme un arbre sans feuillage, la constitution musculeuse, la mâchoire saillante, et l'alvéole des dents canines à découvert. Ce courtisan boxeur, qui jadis s'est fait faire place à coups de poing parmi des hommes efféminés, a la manie de descendre encore dans l'arène, et s'étonne d'être renversé par les fils de ceux qu'il a désarçonnés autrefois. Si le Buffle passe par la halle au blé, et qu'il aperçoive un jeune *fort* soulevant sans peine trois sacs de farine, il veut en faire autant, et, las de se consumer en efforts superflus, il entre en fureur contre les spectateurs qui se moquent de lui, et finit par tomber dans une sorte d'épilepsie dont on n'a pas assez de pitié. Romain le Buffle ne guérira que lorsqu'il aura vingt-cinq ans.

Quatrième observation.

AMALTHÉE GRANDIN. — Vingt-six ans, cheveux blonds, frisure artificielle, embonpoint factice, voix nasale, démarche assurée, que le malade cherche à rendre nonchalante, bouche en cœur, costume élégant.

Ce jeune malade réunit deux dispositions opposées, d'où résulte une indisposition incurable : il est *fat* et *romantique*. Prise à part, chacune de ces infirmités serait susceptible de guérison ; réunies, je n'y connais pas de remède.

J'ai vu Amalthée entrer au café de Paris et, tout en gémissant sur les longues heures de la vie, demander avec un soupir un sorbet au marasquin. Amalthée se plaint d'avoir à remplir la double destinée d'un homme à bonnes fortunes, et d'un homme de génie ; il est l'amant d'une vieille coquette ; il a composé un poëme en prose sur *les Amours des onze mille Vierges;* il a remporté le prix de l'églantine d'or aux jeux floraux de Toulouse, et s'est battu deux fois en duel avec des maris qu'il n'avait outragés que par de fausses confidences. Amalthée est incurable.

Cinquième observation.

PACOME OBLIQUET. — Il aura quatre pieds deux ou trois pouces si l'on parvient à redresser ses jambes de forme semi-circulaire ; œil louche, teint cuivré et nez de perroquet.

Ce bon homme n'a d'autre infirmité que de marcher, de voir, d'entendre, de parler, de penser et d'écrire de travers : figure, esprit, jugement, en lui tout est faux. Tout son être est un mensonge. L'objet qu'il voit n'est jamais celui qu'il regarde ; le but où il tend n'est pas celui vers lequel il se dirige. Chez lui, un sens n'en redresse pas un autre; tous concourent à la défectuosité de chacun. Ce qu'il y a de singulier, c'est qu'Obliquet a une réputation de droiture sur laquelle il vit et dont personne n'est dupe, pas même ceux qui la lui ont faite. Obliquet est d'autant plus incurable, qu'il vit à une époque où il tire un excellent parti de ses vices de conformation.

D'après ce court extrait de mes observations pathologiques, il est aisé de voir que si l'on pensait à rassembler dans un même local les incurables de toute espèce que j'ai soigneusement examinés depuis une vingtaine d'années, ce ne serait pas trop d'un quartier de Paris pour établir un si vaste hôpital.

Là se trouveraient naturellement logés ces malheureux dont la tête se tourne toujours en arrière, de manière à ne pouvoir faire un pas en avant sans trébucher; ces gens en place qui ne peuvent tomber de leur siége sans se disloquer dans leur chute; ces bourdons titrés qui vivent aux dépens des abeilles laborieuses, et s'engraissent d'un miel qu'ils ne sauraient produire; ces ministres d'un Dieu de paix et de bonté qui ne respirent que la guerre et l'intolérance; ces écrivains sans ame et sans probité qui vendent la calomnie et la louange à tant le paragraphe, et se vouent à la honte pour échapper à la misère où leur médiocrité les condamne; ces jeunes gens que leurs premières habitudes ont jetés dans le sentier de la paresse et de l'orgueil, et dont l'esprit et le cœur ne s'ouvriront jamais à une noble pensée, à un noble sentiment; ces femmes, étrangères à toutes les vertus de leur sexe, qui achèvent dans l'intrigue une vie commencée dans le caprice et le scandale.

On remarquera peut-être que tous mes incurables appartiennent aux premières classes de la société; mais on ne m'en demandera pas la raison. Le moyen de guérir quand on ne peut vivre que dans le foyer même de la corruption!

N° XXII. [11 mai 1823.]

XXIIe CONSOLATION.

LA TOUTE-PUISSANCE DES SOTS.

> Plus l'homme enrichit sa pensée, plus il accumule les elements de son propre malheur.
> — Madame DE STAEL.

Madame de Staël a raison : cette richesse de sensations et de pensées que les sots ne sauraient acquérir est en même temps, pour le génie qui la possède, une source de gloire et d'infortune. Le père de la femme célèbre que je cite en tête de ce discours a fait un petit traité *du Bonheur des sots*. J'aurai moins de peine à prouver leur toute-puissance. En effet, comme l'a dit si à propos en pleine Académie un jeune poète,

Les sots, depuis Adam, sont en majorité.

Leur supériorité numérique s'est accrue dans une effrayante progression ; ils se sont comptés, ils connaissent leurs forces, et maintenant ils commandent aux monarques, imposent aux conquérants; achètent les gens d'esprit, emprisonnent les philosophes; en un mot, ils sont nombreux, ils sont riches, ils sont adorés, ils sont maîtres, ils sont tout.

On a dit que la reine du monde était l'opinion; on s'est trompé : c'est la sottise. On traitera cette proposition de paradoxe; quelle vérité n'a pas subie cette dédaigneuse appellation? Je prouve celle que j'énonce par des faits, et j'offre de parier qu'en choisissant dans chaque siècle l'homme le plus réellement influent on verra qu'il avait le bonheur d'être un sot. En effet, sans s'arrêter au pouvoir nominal, que l'on remonte au pouvoir de fait, on le trouvera par-tout aux mains d'un vieux mage, d'un jeune courtisan, d'une femme galante, d'un financier, d'un bouffon, ou d'un eunuque : le père Letellier s'empare des dernières années du règne de Louis XIV; le régent, homme d'esprit, est mené par Dubois, qui n'est à la vérité qu'un infame et non pas un sot; mais ce Dubois est mené par un valet imbécile; madame Dubarry, la plus ignorante des courtisanes, gouverne Louis XV et le royaume; Corneille abaisse son génie devant le plus sot des trésoriers de l'épargne; lord North parvient à imposer silence à Junius. Race impérieuse des sots! sots riches, sots nobles, sots que l'on craint, que l'on envie, que l'on adore, votre puissance est éternelle, et les gens d'esprit ont été, sont, et seront toujours vos très humbles serviteurs.

Les sots sont ingrats et capricieux : Socrate enseigne la sagesse, ils l'empoisonnent; Colomb découvre l'Amérique, ils le jettent dans les fers. Les sots exilent Aristide parcequ'il est juste, Voltaire, parcequ'il est grand, Rousseau, parcequ'il est bon. Le pouvoir des méchants eux-mêmes pâlit devant celui des sots, et ceux-là, pour conquérir ou conserver la puissance, doivent au moins feindre la sottise.

Les sots, par toute la terre, ont fait triompher les idées les plus absurdes. Forts de l'appui du vulgaire, avec qui ils sont en rapport d'ignorance et de langage, ils ont mis sur la crédulité humaine un impôt dans la répartition duquel les gens d'esprit, il faut le dire, figurent souvent au nombre des plus forts contribuables.

La sottise, au bord du Gange, force par an deux ou trois cents femmes à se brûler sur le corps de leurs maris; au Thibet, elle fait fouler aux pieds des éléphants, par l'ordre des bonzes, tous ceux qui sont soupçonnés de ne pas croire à l'immortalité du grand Lama. Par-tout on voit la sottise attrouper la foule imbécile autour des charlatans de place et des inspirés de taverne. Là, elle prend une torche et allume des bûchers; plus loin, elle s'arme contre ses ennemis d'un lacet, d'un poignard; ici, plus circonspecte, elle se contente encore d'étouffer la raison sous son vaste éteignoir.

Quelques liens de parenté qui unissent la sottise et la bêtise, cette dernière est presque toujours exclue du partage de la puissance : ce n'est pas l'absence totale de raison, d'idées et de lumières, c'est la fausseté des idées et du jugement qui assure, parmi les hommes, l'empire à la sottise. Le sot commande, le stupide exécute; l'homme d'esprit souffre et se plaint : telle est la marche de toute société, jusqu'à ce qu'une révolution brise la machine pour la reconstruire... sur les mêmes bases.

Dans ce tableau général de la sottise essayons de placer quelques portraits.

Coclès est le plus dangereux des sots : son intelligence n'est pas obtuse, elle est tortue; il a la vue de l'esprit, comme le regard, fausse et de travers. Artisan des plus basses intrigues, Coclès, il faut lui rendre cette justice, s'est toujours moins occupé de se faire du bien à lui-même que de faire du mal aux autres; il se croit toujours assez payé d'une mauvaise action quand elle a eu pour résultat de flétrir la réputation d'un homme de bien, de compromettre l'honneur d'une femme, de consommer la ruine d'une famille. Un défaut absolu de courage prive cet homme des avantages de l'effronterie, et le force de nier le mal qu'il fait, même en présence de celui à qui il profite, et auprès duquel il pourrait s'en faire un mérite. Coclès est plus méchant que sot; aussi n'arrive-t-il à rien : la sottise n'est pour lui qu'un moyen d'existence.

Partas est un sot, gros d'érudition; il n'est qu'ennuyeux; il fera son chemin. L'académie des belles-lettres le couronnera quelque jour : il va publier trois volumes in-4° *sur le nombre et la forme des clous dorés employés dans le temple de Salomon.* On qualifie déja cet ouvrage de chef-d'œuvre de la sottise. Il pourra fort bien ruiner le libraire; mais à coup sûr il fera la fortune de son auteur. Quelle étroite organisation du cerveau a pu déterminer la vocation de Partas vers le talent de tout lire, de tout commenter, de tout obscurcir? Qu'importe, s'il obtient une chaire; s'il y règne comme du haut d'un trône, s'il y tient la férule qu'il agite comme un sceptre? il vivra dans l'opulence, tandis que les C***, les T***, les A***, mourront peut-être de faim dans quelque grenier !

La fatigue que causent les sots est encore pour eux un moyen de parvenir : leur vanité assommante est un lourd contre-poids dont ils se servent pour enlever leur *gloire. Pertinax* en est la preuve; il répéte depuis si long-temps qu'il est un personnage,

Que dans la ville en feu on n'eût rien fait sans lui;
Qu'on ne peut ni trahir ni corrompre son monde,
Si l'ami Pertinax en tout ne vous seconde;

que l'innombrable famille des niais a dû passer condamnation sur le mérite de son chef. Il a dit : *Je suis plus profond que Voltaire*, les sots ont répété : « Il est plus profond que Voltaire ; » *Je suis plus éloquent que Cicéron*, ils ont répété : « Il est plus éloquent que Cicéron. »

Je connais beaucoup de sots qui ont réussi, comme Pertinax, par la seule force de la persévérance : le peu d'esprit qu'ils ont n'est pas droit, mais il est ferme; ils se tiennent raides, mais de travers.

Curmudgeon est de cette espèce; il se propose un but hors de sa portée, il y marche effrontément. Le terrain est mouvant et fangeux; un aigle seul peut le franchir, mais un reptile peut s'y traîner. On le méprise, il l'ignore; on le raille, il croit qu'on l'encourage; on le siffle, il avance; on le conspue, il est arrivé. Curmudgeon se redresse alors, et les honneurs tombent sur lui: qu'il se fasse dévot, le voilà tout-puissant.

Si je soutiens que l'inertie des sots les sert mieux que l'activité des gens d'esprit, on va se récrier; et cependant voyez *Travel:* la nature marâtre lui a tout refusé, talent, naissance, esprit, taille, figure; c'est l'abrégé des imperfections humaines : comment est-il parvenu au pouvoir? Il s'est trouvé par hasard à la tête de la colonne des sots; on l'a poussé, il est arrivé au faîte, comme ce bloc de pierre que la grue va saisir au fond de la carrière où il était enseveli, pour le déposer au haut de la pyramide.

Les gens d'esprit se dispersent; les sots se réunissent: ceux-ci ont entre eux une faculté agglutinative, d'où résulte une masse onctueuse et compacte contre laquelle viennent non pas se briser, mais s'amortir les plus vigoureux efforts. Chamfort demandait combien il fallait de sots au théâtre pour faire un public; on aurait pu lui répondre qu'il n'en fallait qu'une demi-douzaine pour faire le noyau: en un moment, les autres s'approchent, se serrent; une fois en force, ils intimident les faibles, forcent les gens de goût au silence, enlèvent le succès ou déterminent la chute: le *Misanthrope* tombe, *Timocrate* est porté aux nues, et la postérité vient ensuite demander à toute une nation compte du honteux triomphe de quelques sots.

Les troupes de cette puissante coalition ont trois espèces d'armes infiniment redoutables, le moment, le préjugé et l'habitude. Colomb veut-il conquérir un monde, la sottise lui oppose un préjugé; Rousseau veut-il que le lait maternel nourrisse les enfants, la sottise s'arme d'une habitude, et prétend que les lois de la nature sont soumises à la prescription; un orateur élève-t-il la voix en faveur d'Hampden, de Russel ou de Sydney; la sottise répond qu'il y a des moments où la justice et l'humanité sont impossibles. Avec ces trois mots, ces trois armes et ces trois chaînes, il n'est pas de vices que la sottise ne fasse triompher, pas de folies qu'elle n'accrédite, pas de crimes qu'elle ne sanctifie.

N° XXIII. [12 MAI 1823.]

XXIIIe CONSOLATION.

NOIR ET BLANC.

Nimium ne crede colori
VIRGILE
Ne vous en rapportez pas à la couleur

J'ai toujours cru qu'il était possible de tirer un fort joli roman d'une anecdote que connaissent tous les navigateurs. Il s'agit d'un jeune missionnaire danois retenu pendant deux ou trois ans dans une île de l'Océanique par les charmes d'une beauté otaïtienne. Depuis que je connais ce bizarre jeu du hasard et de l'amour, mon imagination, dans ses jours de liberté et de badinage, se représente volontiers cette noire enfant du soleil enlaçant dans ses bras le fils d'un honnête marchand de Copenhague. Cette union réunissait pour ainsi dire les deux bouts du monde.

Le missionnaire Andréas Wolfstein avait beaucoup voyagé ; la belle Tabouna n'avait jamais passé les récifs qui bordent son île. On la voyait souvent, comme l'ombre d'une néréide, glisser le soir sur la mer, et faire voler son canot sur la cime des vagues. Les ondes étaient moins indépendantes qu'elle, et le soleil du tropique moins brûlant que la flamme qu'elle ne tarda pas à ressentir.

L'équipage du navire danois qui portait le missionnaire se révolta. Les matelots enchaînèrent leur capitaine, le placèrent sur la chaloupe avec quelques uns de ses amis, et l'abandonnèrent aux flots, en conservant le navire comme leur propriété.

Bientôt cette embarcation fragile, devenue le jouet des vagues, s'abyma, et, forcés de se jeter à la nage, les exilés de la chaloupe périrent tous à l'exception du missionnaire danois, lequel fut sauvé, comme vous allez voir, par l'événement le plus romanesque, ou, si vous aimez mieux, le plus romantique.

Ses forces étaient épuisées; et, bien qu'il se fût préparé par de longs exercices aux dangers de la vie maritime et qu'il nageât aussi bien qu'un matelot de Greenwich ou de Granville, après avoir lutté deux heures contre la mort ses membres s'affaiblirent, et son corps fatigué ne pouvait plus fendre la vague. De temps en temps, par un nouvel effort, il soulevait sa tête au-dessus des eaux.

Dans ce moment terrible, Tabouna dirigeait sur les mêmes bords sa barque rapide; elle voit ce malheureux près de périr, et s'élance hors de sa pirogue. Nue, elle plonge dans la mer, saisit Andréas, et tous deux disparaissent.

Sur ce point du rivage d'Otaïti se trouve une grotte fameuse dont Bougainville a parlé dans son *Voyage autour du monde*, et qui offre une entrée sous-marine inconnue même à l'audace des habitants de cette île. C'est une roche immense, sans accès et sans issue; mais, au centre, cette grotte est creusée : le soleil pénètre jusqu'au fond de cette espèce d'entonnoir, et la mer s'y précipite par une porte naturelle cachée sous les eaux. Ce fut à travers cette roche que Tabouna, supportant son précieux fardeau, fut jetée dans un petit lac au milieu d'une plaine riante entourée d'immenses rochers comme d'un rempart.

J'en appelle aux nobles dames qui s'amusent à faire à-la-fois des romans pour le public et pour les pauvres, cette scène n'offre-t-elle pas à l'imagination d'un auteur de bien aimables et de bien singuliers contrastes? le plus vieux et le plus nouveau monde se rencontrant au sein des mers, la solitude et la beauté conspirant contre la chasteté d'un pauvre missionnaire!

La belle Tabouna admirait pour la première fois cette pâleur de l'Européen, qui lui semblait si nouvelle. Les formes sveltes et gracieuses, l'innocence, le courage et le dévouement de Tabouna pouvaient-ils ne pas gagner le cœur d'Andréas? Dans cette solitude profonde, protégés par les vagues qui grondaient autour d'eux, nourris par les coquillages que la mer jetait sur le sable, et par les fruits savoureux des bananiers, ils voyaient s'écouler les jours, les nuits et les mois, occupés d'eux seuls, heureux autant que mortels ont jamais pu l'être.

Ils ne tardèrent pas à se former un langage de mots barbares de la langue danoise et du dialecte primitif des îles d'Otaïti. Tabouna dit un jour à son amant :

Bel enfant de ces contrées dont la mer nous sépare, as-tu jamais goûté dans ton pays ces plaisirs vifs et faciles que nous trouvons ici?

ANDRÉAS.

Non, Tabouna; ces plaisirs ne sont pas légitimes, et ne sont pas permis aux enfants de l'Europe.

TABOUNA.

Je ne te comprends pas.

ANDRÉAS.

Nous avons des lois.

TABOUNA.

Qu'est-ce que des lois?

ANDRÉAS.

Ce sont des conventions qui nous obligent à beaucoup de choses. Un prêtre nous unit pour notre vie à une seule femme que fort souvent nous n'aimons guère. Nous vivons avec elle dans une cellule carrée, taillée dans une vaste carrière, et où chaque famille a son petit réduit. Nos femmes nous donnent des enfants qui nous abandonnent au bout de quelques années pour vivre de la même manière.

TABOUNA.

Je vous croyais plus heureux et plus sages.

ANDRÉAS.

Nous sommes plus civilisés; nous nous entassons au nombre de dix mille, de vingt mille, de trois cent mille, d'un million, sur le même coin de terre, où nous nous disputons l'eau, l'air, et les rayons du soleil. Nous imaginons beaucoup de choses; nous trouvons une foule de secrets merveilleux; nous construisons des machines pour voler dans l'air, pour descendre sous l'eau; nous nous battons, nous plaidons pour savoir à qui d'entre nous reviendront les profits qui en résultent; nous avons porté l'industrie jusque dans les lois et dans la justice. Quand un Européen déplaît à ses semblables, soit qu'il ait voulu prendre leurs biens, ou qu'il ait attaqué leur vie, nous lui faisons son procès; et pour cela nous avons des instruments de supplice variés à l'infini: des gibets, des roues, des bûchers, des prisons, et des bourreaux. Vous voyez bien, Tabouna, que nous sommes plus civilisés que vous.

TABOUNA.

Dites donc que vous êtes plus méchants. Pourquoi vous disputer, vous égorger les uns les autres? Quels plaisirs trouvez-vous à cela?

ANDRÉAS.

Les plus heureux et les plus habiles y gagnent beaucoup de piéces d'une matière dure et brillante, qu'ils entassent pour acheter ce qu'ils desirent.

TABOUNA.

Qu'est-ce qu'acheter?

ANDRÉAS.

C'est donner une chose pour une autre. Avec de petits morceaux d'or et d'argent où la face d'un homme est imprimée, on se procure des aliments, des vêtements, des femmes, des huttes plus belles; aussi commet-on beaucoup de crimes pour se procurer cet or et cet argent, qui représentent tous les plaisirs.

TABOUNA.

O mon cher petit blanc, ne retourne pas dans ce vilain pays; ne m'as-tu pas raconté qu'ils t'avaient déja jeté une fois à la mer pour tes piéces d'or! Va, ce sont des méchants, et toi seul es bon.

ANDRÉAS.

Tabouna, nous avons aussi des arts : nous faisons avec de la pierre des images qui ressemblent à un homme, ou à une femme que la nature a faite belle comme toi.

TABOUNA.

Mais, mon ami, que faites-vous de cette pierre-là? elle ne vous aime pas.

ANDRÉAS.

C'est le plaisir des yeux. Nous avons aussi la gloire.

TABOUNA.

Encore un mot que je n'entends pas.

ANDRÉAS.

Nous rassemblons beaucoup d'hommes sous la conduite d'un seul, avec lesquels nous en écrasons un grand nombre d'autres. Nous avons inventé des machines qui grondent comme les tonnerres, qui brûlent et tuent comme eux : avec ces moyens réunis nous nous exterminons par milliers.

TABOUNA.

Vous appelez cela de la gloire !...

On dit que Tabouna et son amour retinrent pendant trois ans le missionnaire danois dans cette grotte enchantée; mais un jour un pêcheur de perles pénétra dans cet asile, et apprit aux habitants du comptoir danois le sort du missionnaire, qui fut recueilli par une frégate, et revint dans son pays. De retour à Copenhague, il écrivit ses voyages, et fut jeté dans un cachot où il mourut, pour avoir dit qu'il avait vécu dans des liens criminels avec une sauvage de l'Océanique qui lui avait sauvé la vie, et que la religion des Otaïtiens se rapprochait en quelque chose de la religion chrétienne.

n° XXIV. [13 mai 1823.]

XXIVe CONSOLATION.

LA STATUE DE PASQUIN.

Deusne?
HORACE.
En ferai-je un dieu?

LA STATUE.

Que fais-tu à mes pieds, vieillard?

LE VIEILLARD.

Je suis un ancien courtisan; la révolution m'a chassé de mon pays. Je me traîne devant toi : n'es-tu pas une idole?

LA STATUE.

J'entends; tu rampes par habitude. Mais cesse de te prosterner, crois-moi; je n'ai de pouvoir que celui d'un peu de malice. Je suis Pasquin, la terreur des papes, et l'éditeur des bons mots des Romains d'aujourd'hui.

LE VIEILLARD.

O Pasquin! publie donc mes malheurs, et fais un acte de bienfaisance. J'avais deux carrosses, et je n'ai plus même les moyens d'aller à pied. Jadis madame de Pompadour recevait chez elle l'abbé Dorimont, aujourd'hui une pauvre femme de Transteverins le loge pour deux oboles ; j'étais le prestolet le plus galant de la cour, et tu vois dans quel état le sort m'a réduit.

PASQUIN.

Mon cher abbé, ainsi va le monde ; subis-en les vicissitudes : moi, Pasquin, qui te parle, j'ai éprouvé de plus grands malheurs que toi.

LE VIEILLARD.

Que moi !.... né dans de nobles langes, élevé au château de la Gaillarde, devenu l'un des aides de mon oncle, maître queux du palais ! N'ai-je pas été porté par les caprices de la fortune au faîte de la faveur ? n'ai-je pas hérité du jeune Richelieu l'amour lucratif de l'une des antiquités les plus riches de toute la cour ? Ne m'a-t-on pas vu, attaché à Maupeou et à Calonne, devenir le bras droit de ces ministres ? Ma vocation pour les ordres se décidant tout-à-coup, n'ai-je pas accaparé trois bénéfices ? Voilà de quelle hauteur la révolution m'a précipité !

PASQUIN.

Ne te plains pas, vieillard, et prête à ton tour l'oreille à mon histoire : J'étais bloc de marbre dans une des îles de l'Archipel, quand un jeune homme, qui voulait faire sa réputation, s'empara de moi. Après avoir long-temps réfléchi à l'usage auquel il devait m'appliquer, après avoir long-temps consulté pour savoir si je serais *dieu, table,* ou *cuvette,* un soir, dans un moment d'exaltation qu'un excellent vin de Chio rendait plus vif et plus fécond, il saisit le ciseau et me dit : *Tu seras Minerve.*

LE VIEILLARD.

Toi, prêcher la sagesse ! toi, bloc informe de pierre, représenter Pallas !

PASQUIN.

Pourquoi non? N'as-tu pas été jadis un petit abbé coquet? Jette les yeux sur les lambeaux qui te couvrent, et ne ris point de ma misère. Je fus donc sculpté en Minerve, et les fragments échappés au ciseau paternel furent ensuite façonnés en coupes, en urnes, en lampes. Seul noble de la famille, je fus placé sur un piédestal, et exposé à l'adoration des hommes.

LE VIEILLARD.

Et les fous te rendaient hommage.

PASQUIN.

Dis-moi, vieillard, quels fous composaient ta petite cour lorsque tu avais l'oreille des ministres; pour moi, j'étais un modèle de beauté ; les plus heureuses formes signalaient ma statue à l'admiration des artistes.

LE VIEILLARD.

J'étais assez laid, mais j'avais de la gentillesse, et personne au chapitre de Lyon ne savait mieux que moi faire danser un pantin et broder au tambour.

PASQUIN.

Ridicules supériorités! La mienne, celle de la beauté et de la grace, dura deux cents ans. Déja les couronnes de fleurs suspendues à mes pieds s'y renouvelaient moins souvent; déja la main du temps m'avait noircie, quand les Romains m'entraînèrent au Capitole, d'où bientôt le grand nombre des divinités me chassa. Un consul de fort mauvaises mœurs m'acheta sur la place publique, et, reléguée dans un atrium, j'assistai à ses festins et à ses orgies.

LE VIEILLARD.

Te voilà *maître queux* à ton tour.

PASQUIN.

Mutilée bientôt par les jeunes fous qu'il rassemblait chez lui, je fus ensuite le jouet d'un de ces artistes à tête écervelée qui aiment les tables des riches, et qui dévorent le bien des gens qu'ils flattent. Il me reçut en cadeau de mon maître, et je devins pour lui un modèle. Il me couvrit de draperies grotesques; il ajouta à ma beauté naturelle des attributs grossiers ou ridicules.

LE VIEILLARD.

Ta fortune est faite, te voilà devenu bouffon.

PASQUIN.

Pas encore · après avoir servi tous les caprices de l'artiste, je trouvai la religion chrétienne établie. Ainsi ma puissance était déchue : Minerve n'était plus rien sous le nouveau régime.

LE VIEILLARD.

C'est mon histoire tout entière.

PASQUIN.

Mais sous tous les régimes il faut des idoles : de déesse on me fit sainte. J'étais noire, fracassée; j'en ressemblais davantage à une martyre. Un cierge fut placé dans une de mes mains, une palme chargea l'autre; je fus encore adorée. Je m'ennuyais un peu davantage.

LE VIEILLARD.

L'ancien régime était plus gai pour vous; cela est incontestable.

PASQUIN.

Cependant les iconoclastes arrivèrent, qui me mirent en morceaux. Je fus enterrée dans un des faubourgs de Rome; j'avais perdu mes bras, ma tête et mes jambes : il ne me resta plus que le torse.

LE VIEILLARD.

On t'a plus maltraitée que moi.... Qu'es-tu devenue ainsi mutilée?

PASQUIN.

Un pauvre savetier, en bêchant un méchant coin de terre, heurta contre moi et me déterra. Je lui servis de banc, et j'ornai son échoppe. Il se nommait Pasquin, et ses bons mots amusaient la canaille. Il mourut sans enfants. Son logement portatif fut pillé par ses confrères; on me dressa comme tu le vois, et je fis de nouveau une figure dans le monde.

LE VIEILLARD.

Tu t'es relevée ; enseigne-moi le moyen d'en faire autant.

PASQUIN.

Rien de plus facile : j'ai vu les mœurs de mon siècle, je me suis fait méchant ; fais-toi journaliste. Tu as été abbé, j'ai servi les autels ; je suis marbre, tu as un front d'airain et un cœur de pierre : tu peux encore atteindre à une certaine réputation de noirceur et d'ironie. Frappe à tort et à travers, barbouille du papier, répète de vieux quolibets, et fais en sorte que l'on cite tes pasquinades : tu te feras craindre, si tu ne te fais respecter. Nous nous ressemblons en tout point, mon ami : si notre esprit ne peut nous sauver, que celui des autres tourne à notre profit. Écoute, recueille, et copie. N'as-tu pas l'exemple de l'abbé Pasquin, de l'abbé Fréron, de l'abbé Geoffroy et de tant d'autres abbés dont la nullité revêtue d'un peu de malice et d'effronterie a fait la honte et la fortune !

N° XXV. [14 mai 1823.]

XXVe CONSOLATION.

LE JOURNAL D'UN ÉCOLIER.

> Geôles d'une innocente jeunesse.
> Montaigne

Lavater, dont le système ne s'appliquait pas seulement à la physionomie, était d'avis que tout se liait dans la nature humaine par une chaîne continue et mystérieuse. Il prétendait qu'un sot ne pouvait ni marcher, ni parler, ni tracer des caractères d'écriture comme un homme d'esprit; il allait jusqu'à soutenir qu'un observateur habile ne pouvait manquer de reconnaître dans tous les actes de la vie extérieure les traces des facultés morales qui distinguaient ou qui devaient distinguer un jour tels ou tels individus.

Le système qu'il avait fondé sur un examen, suffisamment approfondi, des différents caractères d'écriture ne lui paraissait pas moins rigoureusement démontré que celui qui avait pour base les traits de la figure; et j'ai eu l'occasion de m'assurer par mes yeux que l'expérience le trompait moins souvent dans les jugements qu'il portait d'après les caractères graphiques que d'après les physionomies.

Je n'oublierai jamais la singulière épreuve où je mis son talent en 1794.

Réfugié en Suisse à cette époque, je voyais assez souvent le philosophe de Zurich, et j'ai été plus d'une fois témoin des oracles qu'il y rendait. Ses méprises assez fréquentes ne m'empêchaient pas de reconnaître en lui ce génie d'observation dont il était pourvu au plus haut degré.

Un jour, dans l'intention de mettre sa perspicacité en défaut, je lui présentai quelques pages écrites à l'âge de quatorze ans par un homme qui en avait quarante alors. Pour faire ressortir dans toute sa force la pénétration du célèbre graphonomiste, je dois mettre sous les yeux de mes lecteurs le fragment d'après lequel Lavater devait porter un jugement sur la personne et sur le caractère d'un homme qu'il ne connaissait que par l'écrit sans date, sans signature, sans aucune indication, que je lui présentais.

Extrait du journal d'un écolier.

« Quel supplice d'être réveillé à quatre heures et demie du matin pour se lever à cinq!... Ce maudit

M. Lerouge a mis à bas ma couverture, il faut bien quitter le lit!... Comme je dormirai quand je serai mon maître!

« Ils prétendent que le Virgile est supérieur à tous les poètes de l'antiquité; et moi je leur soutiens que Lucain a cent fois plus de vigueur, et Ovide infiniment plus d'imagination : j'espère bien faire triompher quelque jour le chantre énergique de la Pharsale du doucereux auteur de l'Énéide.

« Le maître d'étude (l'abbé Gauterot, je n'oublierai pas son nom) a lu le paragraphe précédent que j'avais écrit en note sur une carte: le petit boiteux s'est mis en fureur et m'a donné cent cinquante vers de Virgile à copier; je lui ai demandé à troquer contre trois cents vers de Lucain.... Il *rageait!*

« Ah! c'est un crime d'aimer Lucain!... Eh bien, tant mieux! Nous le chanterons dans nos récréations, nous placerons ses vers dans nos thèmes : je me suis entendu avec Lacroix, avec Gérard, et cinq ou six autres qui ont de la tête et qui ne craignent pas les pensums.... Vive Lucain!

« Comme nous avons ri à la classe de dix heures! Le gros abbé Morizeau, le professeur de troisième, avait enlevé arbitrairement la première place à mon ami Duverier, parcequ'il avait oublié le mot *mus*. Il m'est venu une bonne idée; j'ai été prendre un gros rat dans une des souricières du réfectoire, et nous l'avons attaché sur le dos par les quatre pattes au beau milieu du siége de M. le professeur. Le gros abbé monte gravement à sa chaire et s'assied sur le rongeur, qui, se sentant oppressé sous la masse charnue qui l'enveloppe de toutes parts, profite de sa position pour y enfoncer ses petites dents pointues. Cris de douleur de la part du pédant, rire inextinguible des écoliers, et mort du rat sacrilège à grands coups de férule !... Quel est l'auteur de ce complot impie !... *Outine! Outine!* répond la bande joyeuse, comme le cyclope d'Homère.... Personne ne parle ; nous voilà tous en retenue.

« Que ferons-nous dans cette grande vilaine salle ornée de bancs noirs et durs, que l'on nomme classe? Nous débaptiserons M. Morizeau, nous l'appellerons *Maudit-sot*, et nous ferons en son honneur, et sur l'air à la mode de la *Monaco*, une petite chanson dont nous ferons retentir les voûtes savantes de notre prison. — Pendant qu'elles retentissent encore de cet hymne à la manière d'Alcée, contre le tyran, je me mets à écrire à mon vieux camarade Le Bel (le vieux camarade n'avait pas quinze ans) : je lui raconte en style homérique le combat du *rat et du professeur;* je le prie, en réponse, de m'informer des progrès que font dans sa province les idées philosophiques, et du succès qu'obtient le livre de l'*Esprit*. Je l'ai caché dans ma paillasse, et je le rendrai au principal du collége, qui me l'a déja brûlé trois fois, quand je le saurai par cœur, comme fit Racine pour le roman de Théagène.

« Le recteur nous a rendu visite et nous a harangués d'une façon toute paternelle; j'ai été choisi pour lui répondre, et je m'en suis acquitté à la satisfaction générale : finalement nous avons obtenu grace, à condition de ne plus mettre de rats sous le vénérable postérieur de M. Morizeau, et de ne plus rien chanter sur l'air de la *Monaco*, ou de *Jean, ce sont vos rats.* — Je reviens de la promenade. En passant rue Saint-Jacques, nous avons fait donner au diable la vieille *Catachrèse*, qui ne veut pas s'accoutumer à ce nom que nous lui avons donné et qu'elle prend pour une grosse injure. Cette cuisinière en plein vent tenait en main la poêle où elle avait élevé une pyramide de crêpes toutes chaudes encore de l'huile rance où elles avaient été frites : Lefebvre, d'un revers de chapeau, a fait crouler l'édifice, sur les débris duquel une douzaine de chiens sont tombés : la vieille sibylle, qui nous poursuivait en jurant par toutes les lettres de l'alphabet, n'a pu attraper que le maître de quartier; il aurait payé pour tous si la marmitonne n'eût entendu tomber dans la poêle deux petits écus que nous nous étions cotisés pour lui offrir en dédommagement. Le *quos ego* de Neptune n'apaise pas aussi promptement les flots : cette fois l'aimable Catachrèse voulait absolument nous embrasser l'un après l'autre; nous avons passé procuration au maître de quartier.... il prétendait qu'il n'avait fait que changer de supplice.

« Après les *barres*, où j'ai fait merveille, nous sommes rentrés ; et comme le souper se trouvait encore plus frugal qu'à l'ordinaire, ce qu'on aurait pu croire impossible, nous avons jugé à propos de l'égayer par une plaisanterie très *amère,* comme dirait Volange [1]. Jacques Leleu, qui se destine à la pharmacie, et qui a toujours les poches pleines de drogues, avait eu soin de frotter les fourchettes de nos *chiens de cour* avec de l'extrait de coloquinte. Je parierais que les damnés ne font pas de plus épouvantables grimaces. Pour punition nous n'avons eu que du pain sec : ce que nous y avons perdu ne vaut pas la peine d'en parler.

« L'estomac vide, et l'imagination toute pleine de mon cher Lucain, je viens de faire le plan d'un poëme épique : j'aurai bien du malheur s'il ne vaut pas mieux que le *Philippe Auguste* du chanoine Gourlier, lequel a paru l'année dernière, avec une préface où le bon homme nous assure que Voltaire n'entend rien au poëme épique... L'on s'est moqué du chanoine, et l'on n'a pas voulu lire son poème.

« On lira le mien ; c'est le *Juif errant, ou l'immortalité du crime.* Quelle machine ! quelle combinaison ! quel héros ! un homme, chargé d'un grand

[1] Acteur de la Foire, le Potier de cette époque.

crime, à qui Dieu inflige le supplice d'une promenade éternelle : ainsi mon sujet est sans bornes; l'univers est mon théâtre et l'éternité mon époque... Voilà un sujet cela ! J'ai montré les premiers vers à M. Cubières de Palaiseau, il en a paru étonné. »

Suivaient une centaine de vers détestables, remplis de tournures latines, de chevilles, de grands mots longs d'une toise, que je ne crois pas devoir transcrire ici de peur qu'on les croie faits d'hier; et je reviens à Lavater, entre les mains duquel j'avais remis ce fragment, dont l'écriture l'avait vivement frappé.

« Si j'avais lu ce fragment écrit d'une autre main que de celle de son auteur, j'aurais pu n'y voir qu'une image assez fidèle de la vie et des pensées d'un écolier de quatrième, dont la fougueuse et jeune imagination se mêlait aux espiégleries du collége, et qui promettait à l'avenir un homme gai, spirituel, malin et étourdi; mais l'examen approfondi des caractères de cette écriture me décide à porter un tout autre jugement de celui qui les a tracés.

« S'il a vécu âge d'homme, je ne crains pas d'affirmer ou que l'écrivain de ce fragment n'en est pas l'auteur, ou qu'il s'est montré dès l'âge de vingt ans sous un tout autre aspect qu'il ne se présente dans ce journal d'un écolier. Cet homme doit avoir été remarquable par des mœurs sévères et des vertus antiques : ferme dans ses principes philosophiques, il a dû être l'ennemi de toutes les tyrannies, de tous les préjugés. S'il n'est point tombé victime des factions dans vos discordes civiles, et je serais porté à le croire, à la fermeté de ses *jambages*, qui n'annoncent pas moins de prudence que de courage, si, dis-je, il survit aux grandes commotions politiques dont il a dû chercher à être modérateur, il jouira d'un renom d'équité, d'une réputation de sagesse et de vertu, qui, dans les temps de corruption où il vit, lui assureront une gloire immortelle. » Lavater ne s'est trompé sur aucun point ; cet écolier, c'était... J'allais le nommer au risque de me faire faire un nouveau procès.

N° XXVI. [15 mai 1823.]

XXVIᵉ CONSOLATION.

PROTECTEURS ET PROTÉGÉS.

Des protégés si bas¹ des protecteurs si bêtes!

Ce vers, dans la bouche du *méchant* de Gresset, n'était qu'une épigramme injuste à une époque où le patronage était généralement exercé par des gens d'esprit, et sollicité plus généralement encore par des hommes plus enclins à l'orgueil qu'à la bassesse. Quels étaient les protecteurs de ce temps-là? Les Choiseul, les Richelieu, les Conti, les Luxembourg, les Beauvau, les Turgot, les Laborde, les Boulongne. Quels étaient leurs protégés? Les Voltaire, les Rousseau, les Maupertuis, les Chamfort, les Marmontel, les La Condamine, les Ducis. Pour faire de ce même vers une allusion directe aux mœurs et aux personnages de notre époque, ne suffirait-il pas également de nommer les protecteurs et les protégés qui sont le plus en évidence? Mais de même qu'il est des vérités qu'on peut taire sans inconvénient, parcequ'elles sont connues de tous le monde, il est des vices qu'on peut se dispenser de personnifier : chacun s'en charge.

Je connais un homme d'esprit, de talent et de probité, qui a été successivement huissier du cabinet d'une douzaine d'hommes en place : je m'entretenais, ou plutôt je m'instruisais il y a quelques jours avec lui sur un chapitre dont il a fait l'étude de sa vie entière ; je me souviens des portraits les plus saillants qu'il a fait passer sous mes yeux, et je veux essayer d'en reproduire l'esquisse.

« La première observation que j'ai été à portée de faire, me dit-il, c'est qu'il y a toujours une sorte d'analogie de caractère, de qualités, de défauts, de vice et de vertus entre les protégés et leurs protecteurs.

« La première excellence dans l'intimité de laquelle je fus admis en qualité de secrétaire était un homme qui croyait avoir atteint le dernier terme de l'habileté ministérielle, le secret de la dissimulation : *tout voir, et ne pas se laisser voir,* telle était la maxime jésuitique qu'il prétendait s'être faite ; mais il se vantait, et je ne tardai pas à m'apercevoir que c'était une leçon qu'il avait mal apprise ; il n'avait pas assez d'esprit pour feindre la dissimulation. Au demeurant, c'est à la franchise de sa nullité qu'Arcas était redevable du rang où il avait été élevé par ses concurrents. A défaut de son propre triomphe, l'ambition, dans ses rivalités, aime à voir réussir le plus incapable ; on le met là pour retenir la place; sans songer qu'une fois parvenue sur l'arbre où elle s'est traînée, la limace, qui s'y colle, y tient plus fortement que l'oiseau sur la branche.

« Arcas, qui n'avait rien pour s'y élever, avait tout ce qu'il fallait pour s'attacher au pouvoir, et pour attirer dans les antichambres cette espèce de protégés qui ressemblent à ces malheureux qui battent le tambour et qui sonnent de la trompette à la porte d'un charlatan pour attirer la populace.

« Les protégés d'Arcas se partagèrent les rôles, et chacun, suivant l'usage, se mit à la suite d'un des vices ou d'une des faiblesses de son patron. Les plus bassement employés furent, comme de raison, les mieux partagés et les mieux pourvus. Philon et Bathas se disputèrent quelque temps auprès de lui la suprême faveur : une recette générale devait être le prix du dévouement le plus complet, en d'autres mots de la bassesse la plus évidente; à mérite égal Philon l'obtint avec justice. Il s'agissait pour lui d'abjurer publiquement une réputation acquise d'honneur et de probité. Bathas n'avait rien à perdre, et son exemple ne pouvait ni séduire ni humilier les gens de bien.

« Arcas serait peut-être encore en place si parmi ses protégés il n'eût pas admis un de ces espions domestiques qui s'insinuent dans le cabinet par la porte du boudoir.

« Théagène lui succéda. Faux dévot après avoir été faux brave, dans la première audience qu'il donna à ses protégés il répéta plusieurs fois ces paroles : Je veux que l'on sache, messieurs, que l'homme à qui je m'intéresse ne craint ni le mépris des philosophes, ni le jargon des beaux esprits, ni la censure de l'opinion publique : il n'a de juge que Dieu et son vicaire; il ne reconnaît d'autorité temporelle que celle du prince et des ministres. Je veux qu'on sache, messieurs, que sous mon ministère les places ne se donnent pas, mais qu'elles se méritent, non par des services vulgaires, par des talents que chacun croit posséder, par les qualités de l'esprit dont je ne fais aucun cas, mais par l'exercice des vertus apostoliques et des devoirs pieux, qui font seuls les sujets fidèles, les magistrats intègres et les bons administrateurs.

« Je n'ai pas besoin de vous dire quels furent les protégés de cet ambitieux tartufe. Cette même salle d'audience, ce même cabinet, que j'avais vus huit jours avant assiégés par une foule de militaires, de magistrats, d'hommes du monde; au milieu desquels circulaient quelques femmes brillantes de graces et de parures, n'étaient plus remplis que par des espèces de Basiles au cou tors, aux yeux baissés, au maintien silencieux et modeste. Les femmes, qui avaient leur jour d'audience particulier, pour éviter les réunions inconvenantes des deux sexes, étaient toutes vêtues avec la plus grande simplicité, et le fichu noir de madame Gertrude recouvrait soigneusement ces objets *qui font venir de coupables pensées.*

« Ce qui m'étonna davantage, tout accoutumé que j'étais à ces métamorphoses, ce fut de reconnaître sous cet air contrit, sous ce maintien dévot, des hommes et des femmes que l'on citait la veille encore pour l'extrême facilité de leurs mœurs, et pour leur réputation plus que mondaine.

« Calvus, athée converti depuis la restauration, était le favori naturel et nécessaire d'un pareil ministre : il avait prévu depuis plus d'un an l'avénement de son excellence au ministère, et s'était d'avance insinué dans ses bonnes graces, en fréquentant aux mêmes heures la même église, en y assistant à la même messe et au même sermon; un jour ils se rencontrèrent par hasard au même confessionnal. Dès ce moment la fortune de Calvus fut faite. »

« Il y a une chose que j'ai de la peine à m'expliquer, dis-je à l'huissier; comment se fait-il qu'avec du talent, de l'esprit, et si près de la source des graces, vous n'en ayez pas obtenu pour vous-même, et que vous soyez resté vingt ans à la porte d'un cabinet sans essayer d'y entrer tout comme un autre? — C'est qu'avant d'être protecteur il aurait fallu être protégé, et que je ne connais pas de rôle plus humiliant à jouer sur la terre. Je ne vous nierai pas que l'exemple ne m'ait souvent encouragé, et que je n'aie eu mes moments d'ambition ; mais je me suis consulté, j'ai senti qu'il fallait se résoudre à dépendre du caprice d'un méchant, d'un sot ou d'un fat ; rester en butte à ses hauteurs, étudier ses faiblesses, adopter ses préjugés, ses passions et ses haines, pour finir par en être l'instrument et souvent la victime ; en un mot, qu'il fallait se consumer en complaisance, en bassesse, en lâcheté. La nature ne m'a point organisé pour ce genre de vie ; je me suis rendu justice, et j'ai préféré ma chaîne de cuivre aux rubans moirés que l'ambition me montrait en perspective.

« — Il est un patronage honorable que l'on peut accepter, c'est celui de l'homme éminent par ses vertus et par son mérite : dans l'espace de vingt ans vous devez avoir eu plus d'une occasion de vous assurer un protecteur dont vous n'auriez pas eu à rougir. — De tant de ministres que j'ai vus se succéder, il en est deux dont j'aurais consenti à être la créature ; mais ceux-là n'ont gardé qu'un mois le portefeuille. C'est à l'un de ces ministres que j'entendais dire un jour à un homme en faveur et d'une probité plus que suspecte qui lui demandait une simple lettre de recommandation : Monsieur, j'aimerais mieux vous faire une lettre de change d'un million, du moins je ne risquerais que ma fortune.

« J'ai retenu les phrases suivantes d'un manuscrit

qu'il m'a donné à copier ; elles vous expliqueront le peu de durée de la faveur dont il a joui.

« Intrigue, audace, et médiocrité ; moyens de succès infaillibles au temps où nous vivons : non seulement ils conduisent aux places, mais ils peuvent seuls vous y maintenir.

« Le triomphe du talent et de la probité, quand par hasard le talent et la probité triomphent, ne saurait être qu'éphémère : c'est la victoire de Cadmus ; il a semé ses ennemis.

« .... Ce que je remarque avec le plus d'effroi, c'est que nous avons remplacé les vices de l'orgueil, que le malheur peut corriger, par les vices de la dégradation, dont les ravages n'ont point de terme : les guerres civiles, les séditions, les fureurs populaires, frappent et passent comme la foudre ; les cicatrices qu'elles laissent après elles sur le corps social ne le défigurent pas ; mais la lèpre hideuse de la corruption gagne et s'invétère de jour en jour : qui peut dire où elle s'arrêtera ?

« Bacon, qui aurait dû profiter de cet avis pour lui-même, m'avertit de me défier de ces protégés orgueilleux qui trafiquent des éloges qu'ils vous donnent ; il est rare, ajoute-t-il dans ce style d'images qui lui est propre, que ces spéculateurs n'exportent pas l'honneur de leur patron pour lui rapporter l'envie en échange. »

N° XXVII. [16 mai 1823.]

XXVIIe CONSOLATION.

LES SORCIERS.

Ambubajarum collegia, pharmacopolæ.
HORACE.

Aruspices de vices, vendeurs d'orviétan.

La démonomanie de Bodin est une des plus étranges preuves que l'on puisse citer du degré d'aberration auquel l'esprit humain puisse atteindre; il est curieux d'y observer une intelligence, d'ailleurs saine et vigoureuse, s'égarant dans des doctrines absurdes; tantôt appuyer les sophismes les plus extravagants, tantôt en chercher l'excuse dans l'ironie, et se moquer des principes mêmes qu'il a pris tant de peine à établir.

La classification des sorciers est une des parties les plus bizarres de son bizarre ouvrage; mais, il faut l'avouer aussi, c'est la plus ennuyeuse. J'en étais là, et le livre était encore ouvert devant moi, lorsqu'un vieux Gascon de ma connaissance vint me rendre visite dans ma prison, et, jetant les yeux sur mon livre : « Parbleu, me dit il, je bénis le hasard qui m'amène auprès de vous dans un moment où votre lecture vous a si bien disposé à m'entendre ; c'est de sorcellerie que j'ai à vous entretenir. Écoutez-moi quelques minutes : c'est de votre fortune et de la mienne qu'il s'agit. »

J'avais bien envie de lui dire que je ne me souciais pas du tout de sa confidence, et que je ne voyais pas ce qu'il pouvait y avoir de commun entre sa fortune et la mienne ; mais il ne m'en laissa pas le temps, et s'établit auprès de moi sans cérémonie.

« La sorcellerie est tombée, me dit-il ; eh bien ! je veux la remettre en honneur, non plus sous le nom de nécromancie, de chiromancie, d'astrologie, de magie noire ou blanche ; ces extravagances sont indignes de moi et de mon siècle. Je viens vous proposer d'établir un cours de *théurgie morale*, où nous enseignerons l'art de faire fortune en quinze jours ; de passer à volonté pour un homme de génie, pour un grand ministre, pour un grand poete, en un mot, pour un grand docteur en quelque faculté que ce soit.

« — Monsieur, lui dis-je, permettez-moi de vous interrompre un moment. Si vous possédez un pareil secret, pourquoi ne commencez-vous pas à en user pour vous-même? Autant qu'il m'est permis d'en juger sur les apparences, vous n'êtes encore ni riche ni célèbre, et vous ne feriez peut-être pas mal de faire sur vous la première application de votre talent.

« — J'avais prévu l'objection, et j'y répondrai avec franchise: toute ma science consiste à connaître les esprits avec lesquels ont fait pacte tant de sorciers de notre époque, que vous avez vus, depuis vingt ans, s'élever miraculeusement à la fortune et à la puissance; il ne s'agit maintenant que de réduire en principes les confidences que j'ai reçues, et d'en déduire, à notre profit, les conséquences: c'est en cela que j'ai besoin du concours d'un homme habile... — J'entends; vous avez besoin d'un compère. — Le nom ne fait rien à la chose: je cherche quelqu'un d'intelligent, qui puisse rédiger mes notes et en former un corps de doctrine. — Encore faudrait-il que j'eusse connaissance de votre travail préparatoire, et que vous pussiez me mettre en communication, au moins indirecte, avec les sorciers dont vous voulez trahir les mystères après en avoir fait votre profit.

« — Voici mon carnet par ordre alphabétique; je le dépose entre vos mains : j'ai posé le problème, c'est à vous de le résoudre. »

Après avoir jeté les yeux sur ce manuscrit, je vis clairement le service que mon vieux Gascon attendait de moi, et je lui fournis les moyens de publier son *Manuel des Sorciers*. Un court extrait suffira pour donner une idée de cet ouvrage original.

Extrait du Manuel des Sorciers contemporains.

« *Durvente* est un sot : je doute qu'il existe à Paris de tête plus vide, de cerveau plus creux, de cœur plus sec, et d'entendement plus obtus; non seulement il ne craint pas le ridicule, mais il s'y jette tête baissée, sans la moindre pudeur. La nature a fait à Durvente le don précieux d'une vanité excessive, qui lui donne dans le monde l'attitude d'un penseur : il a fait la gageure de garder cette attitude jusqu'à ce qu'il eût acquis la réputation d'un homme d'esprit, et, ce qu'il y a de miraculeux, c'est qu'il a gagné son pari. Destiné par la nature à végéter dans l'oubli, il croît au milieu des éloges, se fait jour au-dessus du mérite, et va répétant par-tout qu'il enfoncera les portes de l'Académie. Personne n'en doute; Durvente a deux esprits familiers à ses ordres : la patience et l'effronterie.

« — Né dans la plus profonde obscurité, *Courtalon* n'avait reçu de la nature aucun moyen d'en sortir; son intelligence, dans tout le développement qu'elle a pu recevoir, lui montrait une étude de procureur dans une petite ville de province, comme le but et le terme de son ambition. Il y parvint avec infiniment de peine, à une époque où la révolution avait déblayé les routes de la fortune de tous les priviléges, de tous les préjugés qui pouvaient gêner sa marche. Un nouvel ordre de choses se présente; Courtalon a vieilli dans un emploi subalterne, tout aussi étranger à la cause ancienne qu'à la cause nouvelle qu'il embrasse après son triomphe. Dans le grand mouvement qui s'opère, il ne désespère pas d'arriver à l'intendance dans quelque bonne maison; il se met en quête, il sollicite, il importune. Il allait demander la place d'intendant chez un ministre; on lui donne son portefeuille, et voilà M. de Courtalon ministre et grand seigneur. A quel démon a-t-il eu recours? — A l'esprit de vertige et d'erreur.

« — J'ai servi avec d'*Outreville* dans un régiment de carabiniers, où il s'était fait une triple réputation de mauvais sujet; il l'avait soutenue si brillamment le pistolet au poing, que dès long-temps personne ne s'avisait plus de la lui disputer. On citait même avec une sorte d'admiration le grand nombre de femmes qu'il avait séduites, de gens qu'il avait ruinés au jeu, et d'hommes qu'il avait tués en duel. Je perds de vue ce brave chef d'escadron pendant une dizaine d'années, et j'apprends qu'il est entré au séminaire où il est cité comme un modèle de piété, d'humilité, et de componction. J'attendrai que d'Outreville soit cardinal pour vous dire si c'est l'esprit saint qui a présidé à sa conversion.

« — On doit connaître la femme qu'on a beaucoup aimée, et qui vous a donné pendant cinq ans la preuve d'un attachement réciproque. Je puis donc assurer que madame de *Fénille* était à vingt-cinq ans la petite personne la plus jolie, la plus sensible, et la plus niaise de la cour, dont elle faisait l'amusement.

« Je suis jeune, belle, et j'ai des goûts très vifs.

« La combinaison de ces trois seules idées compose l'existence physique et morale de cette dame : elle a vu passer sa jeunesse et sa beauté sans en avoir tiré aucun parti pour son bonheur et pour sa fortune : j'ai compté sur mes doigts; ses quarante ans sont sonnés. Je gémis sur le sort que l'avenir lui destine :

« La coquette d'un certain âge
« N'a plus d'amis, n'a plus d'amants.

« Tout-à-coup j'apprends que madame de Fénille vient de faire l'acquisition d'un hôtel superbe, qu'elle vit entourée d'adorateurs, et qu'elle jouit de la plus haute considération. — Pour expliquer ce mystère, savoir quel est le directeur de madame de Fénille, et combien de fois par mois elle va à confesse.

« — *Dariole* a été élevé loin de la bonne compagnie; il n'a rien de ce qu'il faut pour réussir dans la mauvaise; il est petit, louche, et gauche; il n'a d'autre talent que de connaître à fond les vingt-deux manières d'attacher une cravate, et de répéter fidèlement les bons mots qu'il a retenus au Gymnase. Depuis quelques mois Dariole s'est lancé dans le grand monde; il monte à cheval avec la marquise de M***; on l'a vu dans la calèche de la duchesse de R***, et l'on parle de son mariage avec une des plus riches héritières du royaume. Comment expliquer ses succès autrement que par la sorcellerie?... — ou par l'indiscrétion commise il y a quelques mois au foyer de la danse de l'Opéra. »

Je me bornerai à ce petit nombre de citations, pour ne pas déflorer le *Manuel des Sorciers*, où l'auteur, en feignant de le chercher, dévoile le secret d'une foule de réputations dont il est impossible de rendre compte par les régles ordinaires et par les moyens habituels de la société.

N° XXVIII. [17 mai 1823.]

XXVIIIᵉ CONSOLATION.

NINETTE,

ou

LA FILLE DE BONNE VOLONTÉ.

> Ah ! de l'amour à la dévotion
> Il n'est qu'un pas
> VOLTAIRE

Du temps de la régence vivait ou plutôt fleurissait à Yvetot une jolie petite fille du nom de Ninette. S'il faut en croire son portrait, que j'ai sous les yeux en écrivant son histoire, rien de plus gracieux, de plus ravissant n'avait encore paru dans l'étendue de ce royaume, qui n'avait pas moins d'une lieue et demie de circonférence, et dont on ne peut prononcer le nom sans se rappeler ce bon *petit roi* immortalisé par notre Horace. Aux premiers jours du printemps de sa vie, Ninette avait une taille élégante et flexible, un visage charmant, un sourire enchanteur, et les yeux d'une expression si vive et si tendre, qu'un seul de ses regards enfantins annonçait sa destinée tout entière. Elle était orpheline ; le gros prieur d'une abbaye du voisinage s'était chargé de son enfance, et l'appelait sa nièce, depuis qu'elle avait atteint sa quatorzième année.

Le prieur tomba dangereusement malade, et, pour des raisons de famille que je n'ai point cherché à approfondir, il se hâta d'éloigner sa nièce, avant qu'une volée de cousins attirés par l'espoir de son héritage ne se fût abattue sur le prieuré. Ninette arriva à Paris avec le petit bagage et la petite bourse qu'elle tenait de la munificence de son oncle, qui mourut quelques jours après son départ.

Les mémoires manuscrits, d'où j'extrais cette nouvelle, ne disent pas ce que devint Ninette pendant les quatre premiers mois de son séjour à Paris : je respecterai ce silence de l'histoire, auquel je ne pourrais suppléer que par des conjectures plus ou moins vraisemblables. La seule à laquelle je m'arrête, c'est que l'aimable enfant, inconsolable de la perte qu'elle avait faite, avait pris le parti de cacher dans une retraite profonde son deuil et sa douleur. Ce qui rend cette supposition très probable, c'est que les roses de son teint et l'éclat de ses charmes avaient disparu, lorsqu'elle se présenta chez les personnes auxquelles le prieur l'avait recommandée, et qui refusèrent de la recevoir.

Ninette avait épuisé ses ressources, elle commençait à désespérer de son sort, lorsqu'un beau soir d'été une dame, qui la suivait depuis quelque temps sous les arcades de la Place-Royale, l'aborda de la manière la plus affable, et s'insinua si doucement dans sa confiance qu'elle en obtint l'aveu de la situation pénible où se trouvait la pauvre enfant. Elle la complimenta sur sa jolie figure: « Ah ! madame, répondit ingénument Ninette, ce n'est rien; si vous m'aviez vue avant..... — Avant quoi? demanda l'inconnue avec une espèce d'inquiétude. — Avant la mort de mon oncle, reprit Ninette en rougissant. — Vous êtes bien jeune, continua la dame en lui serrant la main; avec un peu de soin et de repos, dans un mois il n'y paraîtra plus : venez chez moi, ma chère petite; vous m'intéressez beaucoup, et je veux vous rendre heureuse. — Hélas! bien volontiers, dit Ninette; » et elle suivit sa généreuse protectrice que son carrosse attendait sur le boulevart; elles y montèrent et descendirent dans un fort bel hôtel de la rue Culture-Sainte-Catherine.

Ninette passa quelques semaines dans cette délicieuse habitation, sans communiquer avec les jeunes compagnes qu'elle voyait errer autour du pavillon solitaire qu'elle occupait; quelquefois elle cherchait avec inquiétude à se rendre compte des attentions, des prévenances singulières dont elle était l'objet. Mais elle se rassurait en jetant les yeux sur son miroir; chaque jour elle devenait plus belle, et la confiance qu'elle reprenait dans ses charmes passait facilement dans son esprit et dans son cœur.

Quelque agréable que fût sa situation, la solitude commençait à lui peser, et un jour, en sortant du bain, elle en faisait l'aveu à sa bienfaitrice, qui lui prodiguait elle-même les soins les plus touchants et les plus minutieux.

« Ma fille, lui dit celle-ci, tout est réparé; la trace du malheur a disparu, et la fleur de la jeunesse brille de nouveau sur toute votre personne; il est temps de vous dire qui je suis, où vous êtes, et à quel honneur je vous destine. Je me nomme la Fillon; à Yvetot ce nom n'est pas connu, mais il est célèbre à Paris : je suis l'*amie* d'un prince, et ma maison est une joyeuse succursale de son ministère. »

Ninette n'entendait pas bien, et avait commencé une série de questions, auxquelles la dame paraissait ne vouloir répondre que par de grands éclats de rire : on annonça MONSEIGNEUR !

« Votre excellence vient à propos pour me tirer d'embarras, dit-elle : Ninette arrive de son village, ou, comme elle dit, de son royaume; elle ne sait rien, mais elle a d'heureuses dispositions à tout, et je puis vous assurer qu'elle est digne de votre haute protection. »

Si je faisais un roman, je m'amuserais à décrire cette entrevue du plus immoral, sinon du plus criminel des homme à barrette, avec une jeune fille de seize ans, d'une ingénuité assez habile pour faire à sa honteuse éminence tous les honneurs d'une première séduction; mais c'est une simple anecdote que je raconte; je cite les faits; le lecteur se charge des réflexions.

A tout âge, dans toutes les situations de la vie, une femme dont le sentiment est fin a toujours plus d'esprit qu'un premier ministre; aussi Ninette parvint-elle à inspirer à celui-ci une passion aussi vraie qu'un homme de ce caractère pouvait l'éprouver.

Il la laissa sous la garde de la Fillon, qu'il rendit responsable de *sa vertu*. En effet, sur quel argus, sur quelle duégne plus sévère aurait-il pu compter? Dans cette maison tout lui était soumis, et chaque jour il avait un rapport fidéle de ce qui s'y était passé la veille.

Le cardinal Dubois avait suivi le précepte d'Horace dans l'institution de cet établissement : *l'utile* et *l'agréable* s'y trouvaient réunis ; c'était à-la-fois une agence de plaisir et de police ministérielle : il prétendait que les femmes galantes, par leur penchant naturel à la fausseté, avaient un grand avantage sur les hommes, en affaires politiques, et qu'il est des témoins nocturnes en présence desquels le plus profond diplomate commet toujours quelque indiscrétion. Cette pensée du cardinal l'avait amené à mettre en vogue dans un certain monde les boudoirs de la Fillon, qu'affectionnaient particulièrement les membres du corps diplomatique. Ses agents femelles avaient ordre de redoubler de zéle et d'activité, à une époque où se tramait, contre la légitimité, une conspiration devenue célèbre sous le nom du marquis de Cellamare.

Cependant l'abbé Porto-Carréro, neveu de l'ambassadeur portugais, était parvenu à tromper la surveillance du régent et de son ministre; tout était préparé pour le triomphe de la cause du duc du Maine ; don Vélasquez, secrétaire d'ambassade, devait partir avec l'abbé Porto-Carréro, dans la nuit, pour porter à Madrid les dépêches de l'ambassadeur, et le projet définitif d'une conspiration qui devait remettre les rênes de la régence entre les mains d'un bâtard de Louis XIV. Cette exposition succincte était nécessaire à l'intelligence de la suite des aventures de Ninette.

Dubois, pour la distraire utilement dans la partie séparée de son harem où elle était confinée, lui avait fait donner des maîtres d'agrément de toute espéce; le hasard voulut que son maître de dessin fût aussi celui de don Vélasquez : la manière dont il parla de son écolière piqua vivement la curiosité du jeune secrétaire d'ambassade, étonné de ne pas connaître le trésor renfermé dans une maison dont il était un des commensaux les plus assidus. Les louanges que le vieux maître de dessin avait données à don Vélasquez devant Ninette produisirent sur elle le même effet, et comme une femme ne connaît pas de mérite plus grand que celui du goût qu'elle inspire, et qu'il n'y a guère de faiblesse où ne se mêle beaucoup de curiosité, le desir de se connaître fut bientôt égal entre eux. L'or ne tarda pas à lever le seul obstacle qui les séparait : la Fillon ne mit d'autre prix à sa complaisance envers Ninette, que d'être instruite exactement des moindres démarches de ce jeune homme, dont elle pourrait être informée par lui-même.

Ninette, qui ne soupçonnait pas l'importance qu'on pouvait attacher à ces rapports, promit et tint parole.

Cette liaison durait depuis deux mois; don Vélasquez, toujours plus épris de Ninette, manquait rarement de se rendre chez elle vers le milieu de la nuit, et en sortait à la pointe du jour par une porte du jardin dont il avait la clef.

Un soir il arriva vers neuf heures. Sans être moins tendre, son air était sombre, préoccupé; Ninette l'interrogeait; il répondait par des caresses, et laissait échapper des mots mystérieux qu'elle recueillait sans les comprendre; la nuit avançait, il la pria de permettre qu'il écrivît quelques mots; son billet achevé, il le cacheta et voulut qu'elle en mît elle-même l'adresse, *A son altesse royale madame la duchesse du Maine, à Sceaux.* Puis tout-à-coup il se lève, cache le billet dans le pli de sa cravate, embrasse tendrement Ninette, et s'échappe de ses bras; elle le suit à travers le jardin et ne peut l'atteindre, qu'au moment où il monte dans une chaise de poste, où elle distingue une autre personne: ces mots, *route d'Orléans*, qu'il adresse au postillon, sont les derniers qu'elle entendit sortir de sa bouche.

Ninette au désespoir éveille la Fillon, lui raconte tout ce qui vient de se passer, tout ce qu'elle a entendu; celle-ci se lève en toute hâte, court chez le cardinal Dubois, lui rapporte ce qu'elle vient d'apprendre, sans lui dire précisément de qui elle tient ces renseignements précieux. Ils viennent à l'appui des soupçons du cardinal, qui dépêche des courriers sur la route d'Espagne; Vélasquez et l'abbé Porto-Carréro sont arrêtés à Poitiers; leurs personnes et leurs papiers sont saisis; la conspiration est découverte, et le fils de madame de Montespan n'obtiendra pas la régence, parcequ'un cardinal avait eu l'esprit de confier à des filles de joie la police du royaume, et qu'un jeune homme n'a pu se décider à quitter Paris sans dire adieu à sa maîtresse. A quoi tiennent souvent les destinées des empires !

La plupart des femmes ne connaissent de perfidie que celle que l'amour leur suggère; toute autre les révolte. On voulut récompenser Ninette du service qu'elle avait rendu; non seulement elle refusa le prix d'une trahison, dont son cœur était innocent, mais en apprenant qu'elle avait causé la perte de don Vélasquez, qu'elle aimait avec passion, elle fit sur elle-même un retour dont la vertu profita.

Du sein de la corruption, où Ninette était tombée, elle se releva seule, et trouva dans le sentiment de sa honte la force d'échapper à l'infamie. Le jour même où elle fut prévenue de la visite du régent, à qui le cardinal devait la présenter, elle sortit de chez la Fillon par la porte du jardin, dont Vélasquez lui avait laissé la clef, et se rendit dans la maison de pénitence, que madame de Beauharnais-Miramion avait fondée vers la fin du dix-septième siècle, sous l'invocation de sainte Pélagie, dans la rue du Puits-de-l'Ermite.

Ninette fut reçue dans ce pieux asile par un vénérable ecclésiastique qui en avait la direction. Véritable modèle de toutes les vertus apostoliques, ce vieillard, sous la figure duquel Raphaël aurait peint la Providence, accueillit avec bonté le désespoir de la jeune pénitente, et lui parla même de sa beauté, pour relever à ses propres yeux le mérite de son repentir.

Habile à lire au fond des cœurs, il s'aperçut bientôt que Ninette ne cherchait dans l'amour divin, dont elle paraissait saisie, qu'à donner le change à des sentiments d'une nature plus humaine; sa dévotion avait jusque dans ses excès quelque chose de terrestre qui n'échappait pas à ce sage et pieux directeur. Ninette voulait se faire religieuse; il la détourna par de sages conseils d'une résolution formée dans l'exaltation et non dans le calme de son ame.

« Ma fille, lui disait-il, vous êtes envers vous plus
« sévère que le ciel même; vous voulez vous punir
« pendant toute votre vie des erreurs de votre pre-
« mière jeunesse. Chacun sur la terre a sa destina-
« tion : vous avez contrarié la vôtre par les désor-
« dres où vous ont jetée des hommes pervers; vous
« la contrarieriez encore en embrassant un état de
« perfection auquel vous n'êtes point appelée. Vos
« premiers pas dans le monde ont été marqués par
« de grandes fautes; mais, jeune encore, vous pou-
« vez en effacer la trace, et recouvrer la pudeur
« après avoir connu la honte. »

Les touchantes exhortations de cet excellent homme firent en peu de temps de Ninette une femme nouvelle; il décida l'aimable convertie à retourner à Yvetot, où sa beauté, ses graces, sa douceur, triomphèrent de tous les soupçons et fermèrent la bouche à l'envie elle-même.

Un jeune descendant de la famille souveraine d'Yvetot conçut pour Ninette un amour qu'elle crut réprimer en lui faisant l'aveu sincère de ses fautes; mais cette confidence ne fut aux yeux de son amant que la preuve d'une nouvelle vertu; ils se marièrent, et la fille de *bonne volonté* devint la plus fidèle épouse, la plus tendre des mères, et la meilleure des femmes.

Cette retraite ouverte *aux filles de bonne volonté*, par madame de Beauharnais-Miramion, et dans laquelle une autre dame de Beauharnais fut enfermée au temps de la terreur, est maintenant une prison pour les débiteurs, pour les vagabonds et pour les hommes de lettres; on voit qu'elle a changé tout-à-fait de destination.

N° XXIX. [18 MAI 1823.]

XXIXe CONSOLATION.

LA FRANCE GUERRIÈRE.

Salve, magna parens frugum.....
Magna virûm.
VIRGILE.

Salut, terre féconde.. salut, mère des héros.

C'est une admirable faculté que l'imagination. « Sous son pinceau créateur, a dit un écrivain anglais qu'elle inspirait en ce moment, le froid squelette de la raison se revêt de chairs vives et vermeilles; par elle les sciences fleurissent, les arts s'embellissent, les bois parlent, les échos soupirent, les rochers pleurent, le marbre respire, la toile s'anime; elle ne peint pas seulement la nature, elle peut aussi la mesurer: l'imagination c'est le génie, c'est l'ame tout entière. »

J'ai peur que le sage Adisson, dans ce passage, ne fasse à l'imagination une part beaucoup trop belle. Abandonnée à elle-même, l'imagination flotte au hasard entre la folie et la sagesse ; elle a besoin du contre-poids du bon sens pour régler son essor, et c'est de l'équilibre qui s'établit entre ces deux puissances que résulte le génie, c'est-à-dire le plus haut point d'élévation où puisse atteindre la pensée humaine.

En ne considérant l'imagination qu'en elle-même, comme une partie fantastique des opérations du cerveau dont on peut dire autant de bien que de mal, il me sera permis d'avouer les jouissances dont elle est pour moi la source. Le tableau qui s'empare de ma pensée, qui l'absorbe, qui l'occupe tout entière, est un spectacle intérieur que je me donne et que toutes les féeries de l'Opéra ne pourraient pas me procurer : les richesses ne me coûtent rien, je les prodigue ; mes palais resplendissent d'or et de pierreries, toutes mes formes sont gracieuses, toutes mes couleurs étincelantes : j'ai soin de mêler à ces prestiges quelques harmonies morales qui en augmentent le charme ; et, je dois le dire, souvent enivré de ces créations imaginaires, je suis assez heureux pour oublier le monde véritable, et pour me renfermer dans une sphère intellectuelle où je vois s'effacer les réalités de la vie : je rêve le beau, le bien ; c'est encore une manière d'en jouir.

Tel est le genre de plaisir que m'a procuré la lecture d'un prospectus qui m'est tombé dernièrement sous la main, et dans lequel un architecte célèbre propose l'érection d'un monument gigantesque. M. P***, dont le génie ne s'abaisse jamais aux proportions vulgaires, a conçu l'idée *grandiose* d'élever sur les hauteurs de Montmartre (qui reprendrait son nom de Mont-de-Mars) une colonne de deux cents pieds de circonférence, ce qui suppose à-peu-près douze cents pieds d'élévation ; le palais du Corps-Législatif occuperait l'intérieur de la colonne, dont le chapiteau formerait une terrasse sur laquelle on placerait, comme dans un élysée, les statues des plus célèbres défenseurs de la patrie.

On s'est un peu moqué de cette conception sublime, je le sais; mais loin de partager cette irrévérence, j'ai été si vivement saisi de la beauté de ce plan, que mon imagination s'est mise aussitôt à l'œuvre, et qu'elle a construit, sur les dessins de M. P***, l'édifice dont on a si mal accueilli le projet.

Je la vois, cette colonne immense; elle est de marbre et revêtue d'airain. Je me transporte dans ce jardin suspendu qui en orne le faîte et qui se dessine sur l'azur d'un beau ciel. Vous voulez parcourir avec moi ce panthéon aérien, mais trois mille marches à monter vous effraient; j'ai pourvu à cet inconvénient, et nous voilà transportés au sommet de la colonne de Mars, au moyen d'une espèce de *gloire* qu'élève une pompe à vapeur, laquelle porte en même temps les eaux de la Seine sur la plate-forme, où elles circulent en rivière et retombent en cataracte.

Au point-milieu de cette terrasse, et sur un piédestal plus élevé que les autres, vous voyez un groupe de quatre figures colossales qui représentent en quelque sorte les quatre âges de la France guerrière; vous y reconnaissez les statues de Brennus, de Charlemagne, d'Henri IV et de Napoléon. Plusieurs allées plantées de lauriers et de chênes semblent s'échapper comme autant de rayons de cette constellation brillante : l'intervalle entre les arbres de ces longues avenues est occupé par les guerriers français les plus célèbres.

Parcourons les deux allées principales où se trouvent, dans l'une, toutes les vieilles gloires de la monarchie, dans l'autre, cette foule de héros que la révolution a fait éclore.

Ici *Guesclin,* qu'immortalisent une valeur héroïque et des vertus qui l'élèvent au-dessus des conquérants;

Bayard, qui ne connaissait de noblesse que le courage et la vertu ;

Condé, au regard d'aigle, le plus grand capitaine du siècle où vivait Turenne, et qui pleurait aux vers du grand Corneille ;

Turenne, que le grand Condé seul estimait au-dessus de lui-même, et dont la réputation de sagesse et d'humanité a triomphé des erreurs que l'amour lui fit commettre à soixante ans, et des cruautés sans excuse qu'il exerça dans le Palatinat;

Catinat, qui mérita seul, entre tous les grands capitaines modernes, le titre de guerrier philosophe;

Fabert, dont les gens de cour attribuèrent les talents et les succès au diable, pour ne pas convenir que le fils d'un libraire de Nancy pût être un grand général;

Villars, qui sauva la France à Denain, et qui, devant l'ennemi, ne craignait que les courtisans de Versailles.

Le voilà ce SAXON qu'on croit né parmi nous,

et que la victoire avait en effet naturalisé.

Je ne parle pas du maréchal de *Richelieu*, du *Childebrand* de Voltaire; la prise d'un fort ne constitue pas plus un héros que le titre d'académicien ne suppose aujourd'hui un homme de lettres.

Suivons maintenant cette autre avenue, dans laquelle la gloire a réuni, dans un quart de siècle, plus de statues de héros qu'elle n'en a élevé dans toutes les autres. *Dumourier, Marceau, Desaix, Kléber, Masséna, Kellermann, La Tour-d'Auvergne, Lefebvre, Hoche, Lannes, Richepanse, Lecourbe, Lasalle, Championnet, Murat, Ney....* je m'arrête à ce nom; un nuage de pleurs s'étend sur mes yeux et me dérobe la vue de quelques images que le ciseau du statuaire a laissées imparfaites ; je remarque cependant plusieurs piédestaux où la gloire a retenu des places pour ses favoris qui vivent encore : j'y lis, avec un double intérêt, les noms de *La Fayette*, *Gérard*, *Clausel*, *Excellmans*, *Lamarque*, *Roguet*, *Reille*, *Soult*, *Suchet*, *Belliard*, *Grouchy*, *Saint-Cyr*, *Drouot*, *Bertrand*....

Que de noms illustres dans la guerre! et qui ne s'écrierait en les rassemblant dans son souvenir : *Salut, ô France! mère de tant de héros!* Sur un obélisque placé à l'extrémité de chacune de ces avenues la victoire avait inscrit les noms de *Marignan*, *Rocroi*, *Fribourg*, *Nordlingue*, *les Dunes*, *Turkem*, *Namur*, *Denain*, *Fontenoi*, *Arcole*, *Lodi*, *Hohenlinden*, *les Pyramides*, *Austerlitz*, *Jéna*, *Friedland*, *Wagram*, *la Moscowa*, et de cent autres champs de batailles illustrés par nos armes.

Tous les coins de la terre, tous les fleuves de l'Europe, ont été témoins des exploits des enfants de la Gaule, et à toutes les époques quelque grand capitaine s'est élevé du sein de ce peuple plus grand, plus généreux, plus brave, mais moins habile à tirer parti de la victoire, que ces Romains qui lui disputent le premier rang parmi les nations guerrières.

Toute cette pompe fantastique conduisit enfin ma pensée à un résultat raisonnable : l'histoire de la France se déroula devant moi ; je vis un laurier impérissable en couronner toutes les époques, les attacher pour ainsi dire l'une à l'autre, mais fleurir plus brillant, plus touffu, sur le sol de la liberté. L'évocation qui m'avait charmé me rendit plus chère, en me la montrant plus glorieuse, cette belle patrie que toutes les illustrations environnent.

N° XXX. [19 MAI 1823.]

XXXᴱ CONSOLATION.

LA PARTIE D'ÉCHECS.

> L'autre reste attéré dans sa douleur muette,
> Et, du terrible mat à regret convaincu,
> Regarde encor long-temps le coup qui l'a vaincu.
> DELILLE.

— C'est assez parler de guerre ; sur cet objet, comme sur beaucoup d'autres, la parole est maintenant aux événements... C'est M. de Chauvelin qui l'a dit : Jouons aux échecs. — Vous voulez vous faire battre. — Que le hasard soit neutre, et je parie pour moi. — D'abord, mon cher, il n'y a pas plus de hasard au jeu d'échecs qu'au jeu de la guerre ; la victoire est toujours du côté du talent et des gros bataillons..... Commencez donc par arranger vos *pièces*, votre roi n'est pas sur sa *couleur*. — Et vous qui parlez, où mettez vous vos fous ? Il me semble que de tout temps leur place est auprès du *roi* et de la *dame*. — C'est que, dans votre maudit jeu, les *fous* et les *cavaliers* se ressemblent à s'y méprendre.

—Tirons à qui aura le *trait*...—Je vous le donne; je me crois assez fort pour vous faire cet avantage. —J'accepte, je ne suis pas fier...

Savez vous que plus j'y réfléchis, et plus je persiste à croire qu'il ne fallait pas entreprendre la guerre d'Espagne.—Bon! vous y voilà encore; tant mieux, je profiterai de vos distractions, je vous en préviens...—Soyez tranquille, je suis tout à-la-fois à ma pensée et à mon jeu; la preuve, c'est que je prends ce pion auquel vous avez très inconsidérément fait faire deux pas en passant devant le mien... Cette guerre est une faute dans toutes les hypothèses: les ennemis de la liberté des peuples devraient savoir, par expérience, qu'un peuple en révolution est un corps brûlant qu'il faut isoler et non pas saisir; les amis de notre gloire nationale auraient dû réfléchir que nos succès mêmes, dans cette lutte cruelle, ne peuvent être utiles qu'à l'Angleterre...—La marche est nouvelle, vous attaquez à-la-fois mes deux *tours;* mais elles sont à l'abri de vos coups...—Je les tiens bloquées, c'est tout ce qu'il me faut, et je marche en avant.

—En supposant qu'on ait pu croire la guerre indispensable, pourquoi diminuer ses forces en s'arrêtant devant Saint-Sébastien et Pampelune? on a beaucoup trop ri de la pointe du journal des Débats; il n'y avait que cela de raisonnable.—Vous voulez entrer dans mon jeu, à ce qu'il paraît? libre à vous, je retire mes cavaliers et je vous livre passage. — Et moi je fais *échec* avec mon *fou* blanc;—je le couvre avec mon pion, comme vous voyez. —Fort bien, mais je fais avancer la plus forte de mes pièces;— dans ce cas, je *roque:* venez chercher mon roi maintenant. —Patience! on saura se faire jour; je finirai par le *dépouiller*, j'en réponds sur ma *foi*... J'aurais marché droit sur Madrid, laissant à l'armée de la foi le soin de mes derrières... — Vous n'auriez pas empêché la retraite sur Séville. — Qu'importe? une fois maître de la capitale, j'aurais rallié au pouvoir légitime toutes les provinces centrales; j'aurais fait modifier, par une junte royaliste, la constitution des cortès; je l'aurais proclamée au nom de Ferdinand, et j'aurais ramené en France mon armée triomphante et glorieuse... Mais tandis que je parle vous faites votre chemin, à ce qu'il me paraît; vous voilà sur mon terrain. — Je fais une diversion; cette *tour* me gêne, je la prends en échange de la mienne, dont je n'ai plus besoin. — C'est pièce pour pièce. — A votre tour échec au roi. — Par un cavalier que j'échange avec le mien. —Autre échec. — Par un pion que je prends encore; vous jouez au roi dépouillé, à ce qu'il paraît, sans songer à la position où le vôtre se trouve. — En occupant les gens chez eux, comme dit Figaro, on les empêche de se mêler de nos affaires...

Ainsi donc vous auriez voulu qu'on se jetât imprudemment; dans le cœur de l'Espagne?...—Non, je vous ai déjà dit que cette guerre me paraissait également dangereuse et impolitique; mais du moment qu'on s'était vu forcé de l'entreprendre, j'aurais desiré qu'on la fît de manière à s'assurer la seule chance de succès dont l'Angleterre ne fût pas en mesure de profiter ; car, encore une fois, quel fruit pourrait-on retirer d'une entreprise dont le seul but avoué est de rendre la liberté absolue à Ferdinand, quand celui-ci est au pouvoir de ceux que les uns appellent ses ennemis, et les autres ses défenseurs, et qu'il est bien prouvé qu'on ne saurait l'atteindre dans la position qu'il a prise?

— Échec au roi. — Comment, au milieu de toutes mes pièces ? — J'ai paralysé tous leurs mouvements, et je dois les prendre l'une après l'autre. — Maintenant, échec. — Je recule. — Nouvel échec. — Je me place derrière mon dernier pion. — Je fais avancer ma tour : *échec et mat.* — Point du tout, votre tour ne fait point échec, mais mon roi n'a plus de case : je suis *pat*, et la partie est nulle.

N° XXXI. [20 mai 1823.]

XXXIᵉ CONSOLATION.

NOTRE SORTIE DE SAINTE-PÉLAGIE.

Ut homines et tempora sunt, ita morem geras
PLAUTE
Il faut prendre le temps et les hommes comme ils viennent

C'est la troisième fois que l'on me met en prison ; la première, j'y fus envoyé par l'ordre d'un comité révolutionnaire ; la seconde, par un arrêté du directoire, et je m'y trouve aujourdh'ui par un arrêt de cour royale, et toujours pour le même motif. Cette singularité pourrait me fournir le texte d'une consolation bien piquante, mais je n'ai que quelques heures à passer à Sainte-Pélagie, et je veux les employer à fixer quelques uns de mes souvenirs de prisonnier.

La première chose que je remarque, en généralisant pour moi cette idée, c'est l'influence de l'âge sur une même situation de ma vie.

J'ai passé cinq mois en prison au temps de la terreur; la liberté ne pouvait s'offrir à mes yeux que sous les traits de la mort; mais j'avais vingt-deux ans, et je ne sais par quel prestige d'une imagination de cet âge, j'embellissais jusqu'à ce moment terrible. Quelques fragments épars d'un écrit commencé dans ma prison d'Arras me rappellent qu'une seule pensée occupait alors mon esprit, celle d'attacher à ma mort une sorte d'éclat qui préservât ma mémoire d'un entier oubli : j'ai trop de raison et trop d'amour-propre aujourd'hui pour entretenir mes lecteurs des projets que me suggéra cette monomanie.

Mon incarcération à Lille, après le 13 vendémiaire, me trouva moins résigné à l'injustice des hommes; mais j'en avais sous les yeux une victime trop courageuse pour ne pas m'armer d'un si noble exemple contre la persécution. M. le duc de Choiseul était alors mon voisin de cachot : citer son nom, c'est proclamer le triomphe d'une ame forte et généreuse dans l'une et l'autre fortune.

Chargé de plus d'un demi-siècle je me retrouve encore sous les verrous; mais, éclairé cette fois par l'expérience et par l'habitude de réfléchir, je m'aperçois que mon caractère, sans cesser d'être décisif, est devenu plus indulgent : où je voyais des causes personnelles de haine je ne trouve plus que des raisons générales de mépris : je suis fatigué d'indignation.

Cette situation d'esprit n'a pas peu contribué à me faire supporter patiemment mon séjour à Sainte-Pélagie, où je veux consigner en quelques lignes notre manière de vivre.

Nous nous levons, comme M. le baron de la Dandinière, avec le soleil; il m'est arrivé plusieurs fois d'être plus matinal que lui, et d'être surpris la plume à la main par le bruit de mes verrous qui s'ouvraient, à cinq heures, comme ceux des autres prisonniers.

Notre toilette achevée, on n'en fait qu'une en prison, nous descendons au jardin, où nous sommes bientôt joints par quelques compagnons d'infortune de notre choix, dont l'entretien contribue plus efficacement encore que le cigarre à nous faire passer agréablement une heure, pendant laquelle un garçon de corridor fait notre chambre. Après un déjeuner frugal, dont le thé et le beurre font tous les frais, nous nous mettons au travail, chacun de notre côté, jusqu'à l'heure de nos visites. Cette partie de la journée, à laquelle nous avons dû les moments les plus doux que nous ayons passés dans notre prison, nous a fourni quelques consolations épisodiques dont nous avons eu soin d'enrichir notre ouvrage.

Nous dînons têté à tête, et soit que la prison aiguise l'appétit, soit que nous jugions des mets qu'on nous sert par comparaison avec le pain bis et la soupe maigre que l'administration des prisons accorde à ses plus pauvres commensaux, toujours est-il que chacun de nos repas nous a fourni l'occasion de faire l'éloge de la cuisine de notre traiteur, M. Lenfant, qui vaut, à tout prendre, beaucoup mieux que sa réputation. Ce que nous disons n'est pourtant pas avec l'intention de le mettre en vogue, car nous desirons sincèrement qu'il perde toutes ses pratiques du corridor Rouge.

A l'issue de notre dîner, qui n'est guère plus long que ne l'était, il y a dix ans, celui des Tuileries, nous allons faire quelques tours de jardin et assister aux parties de volant et de petits palets qui rompent l'uniformité de la promenade.

L'apparition d'un nouveau prisonnier est un sujet d'entretien et de distraction qui se renouvelle plus souvent que ne le voudraient ceux mêmes qui en jouissent. Pendant notre séjour ici notre curiosité compatissante a eu pendant plusieurs jours l'occasion de s'exercer sur un jeune homme de vingt-trois ans d'une beauté remarquable entre les plus beaux hommes de France, dont l'extérieur élégant et les manières distinguées annoncent la classe de la société à laquelle il appartient. Il n'a jamais paru dans le jardin qu'accompagné d'un gardien qui avait l'ordre d'empêcher qu'il ne parlât à aucun prisonnier. Si ce jeune homme a quelque reproche grave à se faire, l'art de Lavater est décidément en défaut, car jamais figure humaine n'a été plus fortement empreinte des caractères auxquels ce grand physionomiste attache l'honneur, la probité la noblesse de l'ame et la bonté du cœur.

Quelque plaisir que nous trouvions dans cette promenade de l'après-dînée, nous avons hâte de remonter dans ma cellule; la table d'échecs est dressée. Sans ce maudit jeu je pourrais me vanter de n'avoir pas eu un moment d'humeur à Sainte-Pélagie; mais du moins je puis justifier ceux qu'il m'a causés; je suis incontestablement, ou du moins je me crois plus fort que mon ami et mon adversaire M. Jay, et cependant il m'a gagné assez régulièrement deux parties sur trois. Je lui ai prouvé que c'était à mes distractions qu'il était redevable de l'avantage qu'il avait pris sur moi; mais il me soutient qu'à ce jeu l'attention fait une partie du talent; je n'ai pas grand'chose à répondre; c'est peut-être pour cela que je me fâche contre moi-même et contre le gardien qui vient très poliment nous séparer le soir à neuf heures, et nous enfermer séparément dans nos loges comme des bêtes féroces.

Resté seul, après avoir examiné quelque temps le maudit mat dont je suis encore tout étourdi, je finis toujours ma journée par me demander comment il se fait que je sois en prison, et cette réflexion me ramène sans cesse à la pensée de juger mes juges, ou du moins de les forcer à comparaître avec moi au tribunal de l'opinion pour y rendre compte de leur vie publique. Cette petite biographie spéciale devait naturellement trouver ici sa place : je l'avais mise au nombre de mes consolations; mais comme je ne veux ni louer ni blâmer sans preuves, comme je ne veux mettre ni mes préjugés, ni mes intérêts, ni ma reconnaissance, ni mon ressentiment à la place de la vérité, je dois attendre, pour publier séparément ce petit ouvrage, que j'aie mis en ordre, et scrupuleusement vérifié les renseignements que j'ai recueillis dans cette audience solennelle où je prétends m'arroger les fonctions d'avocat général, ou, comme on disait plus franchement autrefois, d'accusateur public. J'exposerai ma conduite et mes principes avec la même impartialité, avec la même franchise dont je ferai preuve envers les autres; car je pense avec Molière :

> Qu'il faut s'examiner soi-même bien long-temps
> Avant que de penser à condamner les gens;
> Qu'il faut mettre le poids d'une vie exemplaire
> Dans les corrections qu'aux autres on veut faire.

...Mais je ne me trompe pas... c'est nous qu'on appelle; la sept-cent-vingtième heure de notre détention a sonné... On vient nous prévenir que notre écrou est levé : nos compagnons de captivité se pressent autour de nous, et nous prodiguent les marques du plus tendre intérêt; peu s'en faut que nous ne les quittions avec peine; mais nos enfants nous pressent, le dernier guichet s'ouvre : nous sommes libres, et notre séjour à Sainte-Pélagie n'est plus qu'un rêve.

FIN DE L'ERMITE EN PRISON.

TABLE.

Préface de l'Ermite en prison............ page iij
Préliminaire........................... xj
Premier procès. La municipalité de Toulon contre
 l'auteur de l'ouvrage intitulé *l'Ermite en province*. xix
Second procès. Plaidoyer de M. Dupin pour
 M. Jouy............................ lxxxviij

Consolation I. Le Réveil....................... 1
 II. Dialogue entre lui et moi........... 7
 III. Histoire de ma chambre........... 13
 IV. Vivants et Morts.................. 29
 V. La Liberté...................... 38
 VI. La Prison illustrée................ 47
 VII. Souvenirs de prison............... 54
 VIII. Le Corridor Rouge................ 59
 IX. Les Visites...................... 81
 X. Les Femmes vues de Sainte-Pélagie... 88
 XI. Les Femmes d'aujourd'hui......... 96
 XII. Les Visites du matin.............. 108
 XIII. Les Femmes au jugement dernier.... 127
 XIV. L'Homme aux dix-sept femmes...... 144
 XV. Les Vices à la mode............... 158
 XVI. Une Provinciale à Paris............ 166
 XVII. Quelques Vérités dures............ 176
 XVIII. Le Passé, l'Avenir................ 209
 XIX. Rêveries........................ 216

TABLE.

Consolation XX. L'Assemblée de famille....... page 236
XXI. Les Incurables................... 243
XXII. La toute-puissance des Sots........ 250
XXIII. Noir et Blanc................... 258
XXIV. La Statue de Pasquin............. 265
XXV. Le Journal d'un Écolier.......... 271
XXVI. Protecteurs et Protégés........... 279
XXVII. Les Sorciers.................... 286
XXVIII. Ninette, ou la Fille de bonne volonté....................... 293
XXIX. La France guerrière............. 304
XXX. La Partie d'Échecs.............. 311
XXXI. Notre sortie de Sainte-Pélagie...... 315

FIN DE LA TABLE.

www.ingramcontent.com/pod-product-compliance
Lightning Source LLC
Chambersburg PA
CBHW070611230426
43670CB00010B/1487